GUINNESS WORLD RECORDS 2017

Bienvenue dans le *Guinness World Records 2017*. Cette édition est fantastique, et pour vous le prouver, nous avons fait appel aux détenteurs de records les plus inspirants, qui savent plus que quiconque ce que signifie repousser les limites du possible. Vous trouverez ainsi les contributions d'astronautes légendaires tels que Buzz Aldrin (ci-dessous), Chris Hadfield et Al Worden, ainsi que celle de l'administrateur de la NASA, Charlie Bolden. Nous avons aussi rencontré l'astronome Dr Alan Stern, responsable de la mission d'exploration de Pluton, et même le groupe de rock américain OK Go, qui a tourné un clip en apesanteur ! Vous trouverez aussi les dernières infos exceptionnelles de toutes vos catégories préférées du *GWR*. Il y en a pour tous les goûts !

Ce portrait est une des plus célèbres photographies jamais prises. Il a été réalisé lorsque le **1er homme a marché sur la Lune**, en 1969. Il s'agit de l'astronaute Buzz Aldrin (USA), accompagné de son confrère – et photographe – Neil Armstrong et du module lunaire *Eagle*, réfléchis dans sa visière. Lisez notre interview de Buzz aux pages 10-11.

SOMMAIRE

L'édition 2017 compte 13 chapitres, couvrant un large éventail thématique, de l'exploration de l'Univers aux derniers exploits sportifs. Vous trouverez aussi des sujets aussi divers que l'impression 3D, les robots, les dinosaures, les plantes tueuses, les figurines LEGO® ou encore les labyrinthes. Ensemble, nous explorerons l'histoire des voyages et des découvertes incroyables, du XVIe siècle à nos jours, et nous rendrons hommage aux plus remarquables dessins animés réalisés par Disney. Vous trouverez également un chapitre consacré aux records que vous pouvez tester chez vous… et un autre sur ceux que vous ne devriez définitivement pas tenter de battre !

Des photographies incroyables : Notre équipe a voyagé dans le monde entier pour recenser les records les plus impressionnants. Chaque édition du *GWR* rassemble ainsi plus de 1 000 photos – pour la plupart uniques et surtout inédites !

Galerie : Une photo d'exception vous fera changer d'air et vous donnera l'occasion d'explorer les records de façon originale.

Frise chronologique : Au fil des chapitres, en bas de page, vous trouverez une histoire de l'univers… en 200 records !

Drôle et instructif : Le *GWR* est un savant mélange d'informations insolites et de statistiques extraordinaires que vous ne trouverez nulle part ailleurs.

Images légendées : Les images les plus complexes du livre sont légendées, afin que vous puissiez saisir le moindre détail de ce que vous voyez.

Factographie :
Chaque chapitre démarre avec des photos qui amorcent visuellement le sujet. Chiffres et données clés sont mis en contexte grâce à des photographies spectaculaires et à des infographies pertinentes.

En bref :
Des petites anecdotes en lien avec le thème abordé.

INGÉNIERIE

À ESSAYER À LA MAISON
DANS VOTRE CHAMBRE

Mètre ruban : Quand vous voyez ce symbole, cela signifie que nous avons représenté, à l'échelle véritable ou agrandie, le détenteur du record.

À essayer à la maison : Ne découvrez plus seulement les records, battez-les ! Ce chapitre interactif vous propose des dizaines de records à essayer dans votre chambre, votre cuisine, votre jardin ou votre salle de sport. Allez-y, tentez le coup !

LE SAVIEZ-VOUS ?
Au fil des pages, vous trouverez des rubriques « Le saviez-vous ? », qui vous en apprendront plus sur les différents records et qui vous aideront à comprendre les catégories existantes. Jetez aussi un coup d'œil à « En bref » en haut de page !

LE MOT DE L'ÉDITEUR

Rassembler les notices du livre le plus vendu au monde devient extrêmement compliqué quand il s'agit de déterminer quelles sont celles que l'on va écarter. L'an passé, environ 1 000 candidats par semaine se tenaient prêts à tenter leur chance… et, même si seul un petit pourcentage d'entre eux y est parvenu et détient un titre officiel du Guinness World Records, il reste tant de nouveaux records qu'il est impossible de les lister dans cet ouvrage !

Cette année, nous nous sommes concentrés sur l'exploration spatiale et les pionniers de l'astronautique. Cela a facilité notre sélection. Récemment, nous avons assisté à la confirmation de l'existence des ondes gravitationnelles (voir p. 204), au survol de Pluton par *New Horizons* qui a fourni d'incroyables photographies (p. 14-15 et p. 20-21), au lancement et à l'atterrissage de la **1re fusée réutilisable** (p. 204) et même

au **1er expresso préparé à bord de la *Station spatiale internationale* (*ISS*)** (p. 104-105) !

Cette année, la NASA a annoncé qu'elle avait reçu un nombre record de candidatures pour son programme de formation des astronautes : 18 300, un chiffre époustouflant ! À l'évidence, on assiste au renouveau d'une fascination pour l'espace qu'on n'avait plus connue depuis les années 1980 et les débuts de la navette spatiale.

Pour traiter au mieux ce thème extraordinaire, nous nous sommes entourés d'astronautes remarquables. Pionnier de la Lune et inconditionnel de Mars, Buzz Aldrin sait comment repousser les limites du possible. Il nous a fait l'honneur d'une préface (p. 10-11).

Autre sensation forte, j'ai rencontré le commandant Chris Hadfield – connu pour le clip *Space Oddity* qu'il a filmé dans l'*ISS*. Chris est l'une des personnalités les plus captivantes que j'aie eu la joie de croiser et la lecture de son entretien (p. 12-13) se révélera vite

indispensable à tous ceux désireux de battre des records.

Charlie Bolden, ancien astronaute devenu administrateur de la NASA, nous a prodigué ses conseils pour repousser nos limites. Vous trouverez sa contribution p. 5. Avec Samantha Cristoforetti

– instigatrice de l'expresso sur l'*ISS* –, nous avons évoqué son record du **plus long séjour dans l'espace pour une femme**. Dirigez-vous ensuite p. 189

LE SAVIEZ-VOUS ?
Ce quatuor français a joué contre deux autres équipes nationales. Sergio Garcia menait le groupe espagnol, composé de Rafa Cabrera Bello, Pablo Larrazabal et Nacho Elvira. Thornjørn Olesen dirigeait Lucas Bjerregaard, Morten Ørum Madsen et Lasse Jensen, pour le Danemark.

La plus grande formation en vol de jetpacks aquatiques
Le 14 juin 2015, 58 participants, tous dotés d'un jetpack à eau Flyboard, se sont élevés au-dessus des vagues devant la station balnéaire de Cavalaire-sur-Mer (FRA). Cette formation record a été rassemblée par la Breitling Flyboard Family (tous FRA). Cet événement s'est déroulé lors d'un festival nautique.

LE TROU DE GOLF LE PLUS RAPIDE EN ÉQUIPE DE QUATRE
Le trou de golf le plus rapide joué par une équipe de quatre a été bouclé en 34,87 s par Raphaël Jacquelin, Alex Levy, Gregory Havret et Romain Wattel (tous FRA), à Sotogrande (ESP), le 12 avril 2016. Ce record a été battu sur le célèbre 4e trou du parcours de Valderrama en Andalousie. Les autres compétiteurs, l'Espagne – nation hôte – et le Danemark, ont terminé respectivement en 1 min et 18 s et en 49,58 s.

CHRONOLOGIE

13 700 MA

La plus grande explosion
Le Big Bang survient. Il est à l'origine de la matière et de l'énergie dans l'univers, ainsi que du temps. Une seconde après cet événement, la température atteint environ 10^{32} kelvins – la **température la plus élevée jamais atteinte**.

EN BREF

Le 1er record présenté dans le *Guinness Book of Records* (1955) est celui des **corps connus les plus éloignés** : les nébuleuses extragalactiques, à 1 milliard d'années-lumière • Le record actuel s'établit 13 fois plus loin, à 13,4 milliards d'années-lumière.

EXPLORER L'ESPACE

Le voyage spatial reste une aventure assez récente pour l'*Homo sapiens* – en 1961, Youri Gagarine devient le **1er humain dans l'espace** – et depuis les records tombent sans cesse. Se donner des objectifs ambitieux, impossibles ou presque, fait partie du métier de pionnier de l'espace... tous les candidats devraient écouter ce que ces personnalités peuvent nous apprendre. Vous trouverez les conseils avisés de certains des astronautes les plus exceptionnels, parmi lesquels Buzz Aldrin, Chris Hadfield et Al Worden (à droite). Charlie Bolden, administrateur de la NASA – et ancien astronaute – nous a fait également l'honneur de cette déclaration :

1. Craig Glenday, éditeur en chef du GWR pose pour des selfies avec Buzz Aldrin...

2. ...et Chris Hadfield

3. Le consultant scientifique du GWR David Hawksett présente ses deux certificats à Al Worden, de la mission *Apollo 15*.

« *À la NASA, nous avons l'habitude des premières mondiales : première nation réussissant un atterrissage sur la planète rouge, premiers humains qui atterrissent et marchent sur la Lune, premier vaisseau spatial réutilisable, près de 16 ans de présence continue sur la Station spatiale internationale, des missions scientifiques inédites avec d'incroyables observatoires spatiaux capables de voir d'autres galaxies et des sondes qui voyagent jusqu'aux confins de notre système solaire. À l'heure actuelle, nous programmons d'envoyer des hommes vers Mars et les astronautes continuent de battre les records du plus long séjour dans l'espace. Nous développons de nouvelles technologies de pointe en apprenant à vivre et à travailler en orbite, ainsi qu'à voyager plus loin. Et cela non seulement dans l'optique d'explorer... mais aussi d'y séjourner.* »

Charles Bolden, administrateur de la NASA

pour un entretien sur son expérience de la gravité réduite avec le chanteur d'OK Go, Damian Kulash, qui raconte le tournage en une prise d'un clip du groupe à l'intérieur d'une « comète à vomi » !

En plus du chapitre Espace (p. 14), découvrez Terre (p. 28), Animaux (p. 44), Être humains (p. 68), Jeux & Jouets (p. 138), Ingénierie & Architecture (p. 156), Arts & Média (p. 170), Science & Technologie (p. 190) et Sports (p. 206).

LE SAVIEZ-VOUS ?

En 12 mois, le redoutable Chorgnon a également terminé deux doubles Ironman aux pays de Galles, l'Ironman de Melbourne en Australie et l'Ironman du Médoc, en Gironde. Ce qui l'amène à un total de 44 triathlons Ironman réalisés dans l'année.

Le plus de triathlons Ironman courus à la suite (homme)

Ludovic Chorgnon (FRA) a accompli 41 courses Ironman consécutives, à Vendôme (Loir-et-Cher, FRA), entre le 1er juillet et le 10 août 2015. Chacun de ces exténuants triathlons Ironman comprend 3,8 km de natation, 180 km à vélo et 42,2 km de course à pied.

La plus grande quantité d'énergie électrique générée en pédalant sur une bicyclette en 4 h par une personne

Sébastien Donet (FRA) a produit 624 Wattheures (Wh) d'électricité en pédalant sur un vélo pendant 4 h, à Grenoble (Rhône-Alpes, FRA), le 17 septembre 2015. Ce record a été battu en collaboration avec l'entreprise technologique CEA-Tech (FRA).

La plus vieille galaxie connue

Formation de la galaxie GN-z11 découverte en mars 2016 par des astronomes grâce au télescope spatial *Hubble* (NASA/ESA). Son décalage vers le rouge photométrique – utilisé pour mesurer l'éloignement des galaxies – atteint 11,09.

13 300 MA ▶

CHRONOLOGIE

Le plus de rotations avec un cerceau sur un pied en pont en 1 min

Laurane Marchive (FRA) a accompli 133 rotations avec un cerceau sur un pied en position de pont en 1 min, à Londres (GBR), le 23 juin 2015. Le hula-hoop sur pied en pont est l'un des mouvements caractéristiques de Marchive, ancienne circassienne, contorsionniste et gymnaste.

QUOI DE NEUF ?
Cette année, nous vous proposons également de nouveaux chapitres : À essayer à la maison. (p. 118) – rempli d'idées de records faciles utilisant des objets du quotidien – et son antipode, À ne pas essayer à la maison. (p. 128) qui dévoile des exploits que vous ne pourrez sûrement PAS tenter, à moins d'être un cascadeur ou un professionnel entraîné !
Recordologie (p. 82) s'intéresse aux thèmes classiques du GWR : manger,

La traversée la plus rapide en voilier entre Los Angeles et Honolulu

Renaud Laplanche (USA/France) et Ryan Breymaier (USA) ont rallié Los Angeles (USA) à Honolulu (Hawaii, USA), distants de 3 564,7 km (1 924,79 milles marins), en 3 jours, 18 h et 9 s, entre les 15 et 19 juillet 2015. Le duo et son équipage de 6 hommes ont navigué sur le trimaran de 105 pieds (32 m) *Lending Club*, à la vitesse moyenne de 24,61 nœuds (45,57 km/h).

collectionner, faire pousser des légumes géants ou construire des objets gigantesques. En outre, un historique des Voyages (p. 104) vous offre une vue chronologique de ce besoin typiquement humain d'explorer sa planète et au-delà, des profondeurs de la Terre à nos voisines du Système solaire.

Cette année, une nouvelle rubrique, Chronologie, apparaît en bas de page. Il s'agit d'une histoire de l'univers en 200 records. Tâche difficile que celle de résumer 14 milliards d'années en 200 entrées... alors, nous avons bien sûr privilégié l'extraordinaire, de la **plus grande explosion** (le Big Bang) à la **1re confirmation de la découverte des ondes gravitationnelles** en 2016.

Les pages de la Galerie offrent à notre équipe de photographes la possibilité

LE SAVIEZ-VOUS ?
Laplanche et Breymaier (ci-dessus) ont battu le record précédent établi par Olivier de Kersauson (FRA) sur *Geronimo*, entre les 13 et 18 novembre 2005, en 4 jours, 19 h, 31 min et 37 s. Avec 34 m (111 pieds) de long et 20 t, *Geronimo* reste le **plus grand trimaran de course (voilier)**.

de présenter des clichés exceptionnels. L'éventail de sujets est vaste : des Nuages (p. 34-35) aux Jeux vidéo (p. 154-155), en passant par les records Disney (p. 184-185) et les Dômes (p. 160-161). Le livre est plein d'images incroyables prises par nos photographes voyageurs qui parcourent le monde afin d'immortaliser les détenteurs de record.

Les fans de sports remarqueront notre nouvelle

Le plus de ballons crevés en s'asseyant dessus en 1 min

Loris Giuliano (FRA, ci-dessus, à gauche) a fait éclater 60 ballons en s'asseyant dessus en 1 min, dans les studios de NRJ, à Paris (FRA), le 12 novembre 2015. Ce record a été tenté à l'occasion du Guinness World Records Day 2015. Sur la photo (ci-dessus à droite), on découvre Christelle Betrong, juge du GWR.

CHRONOLOGIE

▶ **13 000 MA**

La plus vieille planète
Une planète extrasolaire de l'amas globulaire M4 se forme à quelque 5 600 années-lumière de la Terre. Elle est au moins 2 fois plus vieille que le système solaire et sa découverte est annoncée en juillet 2003.

LE SAVIEZ-VOUS ?

La tour a été érigée contre un mur d'escalade. Le centre Kapla de Lyon l'a construite tout en grimpant. Après avoir été mesurée, la tour a été démontée précautionneusement, une planchette après l'autre, jusqu'à ce que la structure s'effondre.

La plus haute vague de flowriding

La vague de flowriding, produite en dirigeant une pellicule d'eau à haute pression sur une surface incurvée, est utilisée dans le cadre d'un sport de glisse s'inspirant du surf. La plus grande vague de ce type a été mesurée à 3,5 m, le 24 septembre 2015. Elle a été générée par la machine « Da Wave », située au parc aquatique Splashworld de Monteux (FRA).

approche du chapitre final. Nous avons choisi de nous concentrer sur les derniers exploits sportifs. Pour les records sportifs classiques, rendez-vous aux pages Statistiques sportives (p. 232-241), où vous découvrirez les records battus dans une grande variété de disciplines.

J'évoquerai enfin une nouvelle rubrique : « Factographie ». En tête de chaque chapitre, une double page examine en détail les records sous le prisme de photographies et de graphiques qui nous permettent d'en apprendre encore davantage. Parmi les thèmes abordés : la Lune (p. 16-17), le mont Everest (p. 106-107), les 10 plus hauts bâtiments actuels (p. 158-159), l'économie du cinéma (p. 172-173) et du sport (p. 208-209).

Un grand merci à tous les consultants qui ont travaillé sur cette édition, notamment à ceux qui débutent, parmi lesquels les cruciverbistes

Will Shortz et John Henderson, l'expert shakespearien Stuart Hampton-Reeves, le passionné d'échecs James Pratt et le cybernéticien Rohan Mehra. Enfin, merci aux milliers de candidats qui ont participé cette année. Je crois que vous conviendrez qu'ils contribuent tous à faire de ce livre une lecture des plus captivantes...

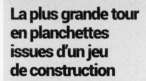

Craig Glenday
Éditeur

La plus grande tour en planchettes issues d'un jeu de construction

Avec 18,40 m, l'imposante tour a été érigée en planchettes de bois par le centre Kapla de Lyon (FRA), le 14 mai 2016. L'équipe a utilisé 9 834 planchettes Kapla pour battre ce record.

La plus grande mosaïque en éclairs

Gilles Desplanches (CHE) a créé une mosaïque de 81,27 m² réalisée à partir d'éclairs, présentée et mesurée à la gare Cornavin de Genève (CHE), le 29 novembre 2015. Il a fallu 23 700 éclairs pour confectionner cette mosaïque. L'image représentant le personnage de bande dessinée Titeuf a été conçu spécialement pour ce record par l'illustrateur Zep (CHE), alias Philippe Chappuis, créateur de Titeuf.

La plus longue distance en hoverboard

Franky Zapata (FRA) a parcouru 2 252,4 m sur un hoverboard, à Sausset-les-Pins (FRA), le 30 avril 2016. Pendant son vol de 3 min et 55 s, il a atteint la vitesse maximum de 55 km/h.

Le plus grand impact sur Terre Une planète de la taille de Mars entre en collision avec notre jeune Terre. Des débris issus de ce cataclysme se mettent en orbite autour de la Terre avant de se rassembler sous l'effet de la gravité et de former la Lune.

4 500 MA ▶ CHRONOLOGIE

guinnessworldrecords.com **7**

JOUR GWR

Avec tous ces records tentés ou battus par quelqu'un, quelque part, été comme hiver… c'est tous les jours le Guinness World Records Day ! Le GWR Day, ce jour très spécial institué en 2005 pour fêter notre 50e anniversaire, reste une célébration internationale des records. Tous les ans, en novembre, cette manifestation met la lumière sur des milliers de personnes qui choisissent ce jour pour essayer de battre un record. Le dernier GWR Day a vu plus de 610 000 personnes tenter de battre le record du **plus grand nombre de personnes pratiquant le** *sport stacking* **(lieux multiples)**. Vous découvrirez ici les records battus à l'occasion du GWR Day…

Le plus de planches en pin brisées en 1 min (femme)

En Australie, le GWR Day a été retransmis en direct dans l'émission *Today*. Summerly Denny (AUS) s'est illustrée pour l'occasion en cassant 215 planches en pin, à l'Olympic Park de Sydney. Summerly a tenté ce record afin de sensibiliser le public à la recherche contre le cancer ; son père Glenn Coxon – qui détient le record du **plus de planches en pin brisées en 1 min (homme)** – vient récemment d'être traité pour un cancer en phase 4.

Le plus long bras roulé les yeux bandés avec un ballon de basket

« Big Easy » Lofton est l'auteur d'un des sept records réalisés par les Harlem Globetrotters (USA) lors du GWR Day 2015. Il a mis dans le panier un ballon, à 15,32 m, au Talking Stick Resort Arena de Phoenix (Arizona). Son coéquipier « Hammer » Harrison a réalisé le **lancer à la cuillère le plus long avec un ballon de basket**, soit 25,81 m.

Le plus de personnes pratiquant le *sport stacking* (lieux multiples)

Le 10e STACK UP ! annuel de la World Sport Stacking Association s'est révélé de nouveau la plus grande tentative de record de participation du GWR Day. 618 394 *stackers* (représentant 2 691 écoles et organisations venant de 31 pays) ont battu le record du nombre de participants. Ce sport assez récent consiste à empiler et désempiler des tasses en plastique. Le nombre de participants a varié (de 547 777 aux États-Unis à 35 aux Philippines).

Le 100 m le plus rapide à quatre pattes

Le GWR Day a motivé Kenichi Ito (JPN) pour reconquérir le record qu'il avait détenu jusqu'en 2013. Après avoir étudié le mode de locomotion des singes patas, Ito a peaufiné sa technique pour parcourir 100 m à quatre pattes le plus vite possible. Il a établi un nouveau record de 15,71 s, à Setagaya (Tokyo, JPN).

La réception de la balle de tennis la plus rapide

Anthony Kelly (AUS) – artiste martial et détenteur du plus de records Guinness World Records d'Australie – a fait la démonstration de ses réflexes fulgurants dans l'émission *Today*, lors du GWR Day. À l'Olympic Park de Sydney, Anthony a attrapé une balle de tennis propulsée par une machine éloignée de 6 m à 192,9 km/h. Cette prouesse douloureuse, mais impressionnante, catapulte le nombre total de ses records à 41.

LE PLUS LONG TUNNEL HUMAIN TRAVERSÉ EN SKATEBOARD PAR UN CHIEN

Otto, le chien skateur, a perfectionné l'art de rouler sous une voûte de jambes humaines, en s'inclinant pour éviter les obstacles. Le bulldog anglais a époustouflé ses fans de Lima (PER) en zigzaguant entre les jambes de 30 personnes lors du GWR Day. Les fiers propriétaires d'Otto, Luciana Viale et Robert Rickards, ont choisi un bulldog après avoir été inspirés par les vidéos de Tillman… un autre bulldog skateur. Otto est aussi un surfeur talentueux.

EN BREF
La star du rap sur YouTube Dan Bull a écrit pour GWR une chanson entraînante afin d'encourager les tentatives de record • Le *sport stacking* est l'activité la plus populaire du GWR Day : à ce jour, plus de 3,7 millions de personnes l'ont pratiquée.

PARTICIPATION DE MASSE
Le GWR Day est l'occasion de rassembler amis, famille et collègues pour tenter d'entrer dans notre livre. Voici quelques records de groupe organisés à l'occasion de précédents GWR Day (certains ont depuis été battus) :

NOMBRE	RECORD	PAYS/ANNÉE
618 394	Le plus de participants au *sport stacking* (lieux multiples)	USA, 2015
25 703	La plus grande danse en ligne (lieux multiples)	CHN, 2014
3 032	Le plus d'enfants lisant avec un adulte	ARE, 2008
1 934	Le plus grand cours d'informatique (lieux multiples)	IND, 2006
1 554	La plus grande course de brouette	AUS, 2009
1 348	Le plus grand saute-mouton	NZL, 2010
882	Le plus grand cours de gym	Irlande du Nord (GBR), 2009
764	Le plus de personnes portant des bonnets à pompon	Irlande du Nord (GBR), 2010
407	Le plus de personnes battant des bras simultanément	USA, 2012
368 (92 groupes)	Le plus grand rassemblement de sosies d'ABBA	AUS, 2011

Le plus de personnes déguisées en pingouins
Le Richard House Children's Hospice (GBR) a battu son précédent record (373 personnes) en rassemblant 624 personnes lors de sa manifestation des Pingouins dandinant. Il a remporté ce titre dans un amphithéâtre à gradins – le Scoop de la galerie More London, à Londres. Le personnel du foyer a organisé cet événement afin de sensibiliser le public et de lever des fonds pour leur association qui fournit abri et soins médicaux aux jeunes patients, ainsi que soutien aux familles.

Le plus rapide à écrire un SMS tout en effectuant des rotations sur la tête
Bien qu'il détienne de nombreux records de breakdance, c'est en saisissant un message que Benedikt Mordstein (DEU) a battu son dernier record. Tout en effectuant des rotations sur la tête, Mordstein a rédigé un SMS de sept mots – le proverbe allemand « *Ein blindes Huhn findet auch ein Korn* » (« Même une poule aveugle trouve parfois du maïs ») –, en 56,65 s, à Freising (DEU).

La plus grande sculpture en rouge à lèvres
Le 10 novembre 2015, Agnė Kišonaitė (LTU) a révélé une tour de rouges à lèvres très glamour, fabriquée à l'aide de 18 399 bâtons. Agnė était parrainée par le centre commercial wtc more (HKG) pour réaliser cette sculpture à l'occasion de Noël. Elle a passé 2 mois à créer cette tour de 3,03 m.

Le plus de bougies allumées tenues dans la bouche
En l'honneur du GWR Day 2015, Dinesh Shivnath Upadhyaya (IND) a battu son record personnel en tenant 15 bougies allumées dans la bouche. Il a poursuivi sur le thème de la « bouche » avec le plus de cure-dents tournés simultanément dans la bouche (49), le plus d'allumettes éteintes avec la langue en 1 min (30), et le plus de grains de raisin dans la bouche (88).

Le plus de tractions en 24 h
Le vétéran des Marines Guy Valentino (USA) a réalisé 5 862 tractions à New York (USA), en direct à la télévision en l'honneur du Guinness World Records Day et du Veterans Day (11 novembre). Ce passionné de musculation a pulvérisé le précédent record de 5 801 tractions. Le suspens a tenu jusqu'aux 12 dernières minutes.

Le plus de cerceaux de hula-hoop en rotation
Bree Kirk-Burnnand (AUS) a fait tourner 181 hula-hoops simultanément à Perth (AUS). Elle a conservé ce record 10 jours avant qu'il soit reconquis par sa précédente détentrice Marawa Ibrahim (AUS), avec 200 cerceaux !

LE SAVIEZ-VOUS ?
Alastair (à droite) détient également le record absolu du **créneau le plus étroit**. Il a glissé sa Fiat 500c dans une place qui mesurait 7,5 cm de plus que la voiture, lors de l'Autosport International (GBR), à Birmingham (GBR), le 8 janvier 2015.

Le créneau le plus court en marche arrière
Le cascadeur et détenteur de multiples records Alastair Moffatt (GBR) était au sommet de sa forme sur le circuit de Brooklands, à Weybridge (Surrey, GBR), quand il a tenté un créneau… en marche arrière. Au volant de sa Mini, il a accéléré en marche arrière jusqu'à 64 km/h, avant de tirer le frein à main, de tourner à 180° et, en une seule manœuvre fluide, de se garer entre deux autres Minis. L'espace dans lequel il s'est introduit mesurait 34 cm de plus que la voiture qu'il conduisait.

Brooklands, berceau britannique des sports mécaniques inauguré en 1907, est le **1er circuit créé spécialement pour la course automobile**.

AVANT-PROPOS : DR BUZZ ALDRIN

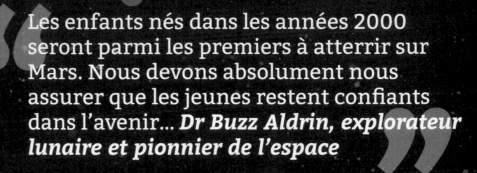

"Les enfants nés dans les années 2000 seront parmi les premiers à atterrir sur Mars. Nous devons absolument nous assurer que les jeunes restent confiants dans l'avenir... **Dr Buzz Aldrin, explorateur lunaire et pionnier de l'espace**"

Cette édition du *Guinness World Records* s'inspire de deux thèmes majeurs du monde des records : la conquête de l'espace et les aventures innovantes. Aujourd'hui, sur Terre, qui de plus qualifié que le Dr Buzz Aldrin pour nous présenter ces deux sujets ? Spatiologue, astronaute et pédagogue, Buzz orbite exactement à la jonction de ces deux mondes. Incarnation du pionnier de l'espace, il détient de nombreux records, parmi lesquels le **1er selfie dans l'espace** et, bien entendu, il a joué un rôle primordial dans les **1ers pas de l'homme sur la Lune**.

Au cours d'une visite à Londres pour lancer son livre – *Welcome to Mars : Making a Home on the Red Planet* (2015) –, le Dr Aldrin a rencontré *GWR* afin de recevoir les certificats attestant de ses records. Lors d'un entretien exclusif accordé à Craig Glenday, notre rédacteur en chef, Buzz a évoqué ses exploits et sa détermination à voir l'humanité atteindre notre planète voisine.

« DR RENDEZ-VOUS »

Le colonel Buzz Aldrin – né Edwin Eugene Aldrin Jr – était surnommé par ses collègues de la NASA « Dr Rendez-vous ». Les recherches innovantes de ce premier astronaute de la NASA détenteur d'un doctorat en astrodynamique ainsi que ses manœuvres orbitales sont toujours enseignées. Plongeur confirmé, il s'est fait l'avocat des techniques d'entraînement sous-marin afin de simuler l'absence de gravité rencontrée au cours des sorties dans l'espace.

En revenant de la Lune, Buzz a reçu la médaille présidentielle de la Liberté et, en 2011, la médaille d'or du Congrès. Il continue de défendre les voyages spatiaux et inspire une nouvelle génération d'astronautes grâce à ses best-sellers et à son engagement pédagogique.

Le 1er atterrissage lunaire avec équipage

Lors de la mission *Apollo 11*, Buzz (pilote du module lunaire) et Neil Armstrong (commandant) réalisent le 1er atterrissage humain sur la surface de la Lune, dans l'*Eagle*, à 20 h 18 UTC, le 20 juillet 1969. Tandis que Michael Collins orbite dans le module de commande, Neil et Buzz deviennent les 1ers humains à poser le pied sur la Lune : Armstrong à 2 h 56 UTC le 21 juillet, suivi d'Aldrin à 3 h 11.

EN BREF

Buzz tient son surnom de sa sœur qui prononçait mal « brother » (frère) et disait « buzzer » • Il a officiellement changé son prénom en 1988 • Sa mère avait pour nom de jeune fille Marion Moon (« lune », en anglais) • En son honneur, MTV a appelé « Buzzy » la statuette récompensant ses Video Music Award.

Le 1er selfie dans l'espace

Le 13 novembre 1966, au cours de la mission *Gemini 12*, Buzz Aldrin a effectué la deuxième de ses trois sorties spatiales. Pendant les 2 h et 6 min de cette sortie, relié par un câble au vaisseau, il a pris en photo les champs stellaires visibles, mais il a également retourné l'appareil vers lui pour réaliser le 1er autoportrait dans l'espace. « J'ai ouvert le sas et j'ai regardé autour de moi, a-t-il déclaré, comme un touriste. En voyant l'appareil photo, je me suis demandé ce que ça donnerait si je le retournais. J'ignorais si ça allait marcher ! La lumière n'est pas bonne, mais, au moins, on me reconnaît. »

Craig : Pourquoi avez-vous choisi d'écrire sur Mars ?
Buzz : Je considère que l'idée du système de transport entre la Terre et la Lune sur laquelle je travaille pourrait stimuler l'exploration et le tourisme spatiaux. Mais la NASA ne s'est pas montrée intéressée ! Alors, je me suis penché sur un système unique de transport entre la Terre et Mars. Mars représente notre avenir, même si moi, je ne serai plus là pour le voir !

Craig : Quand serons-nous capables de faire atterrir un homme sur Mars ?
Buzz : Vers 2040, je pense. Deux décennies après les commémorations du 20 juillet 2019, célébrant les 50 ans du premier alunissage.

Craig : Combien de temps prendra un voyage vers Mars ?
Buzz : Certains l'estiment à une trentaine de jours, peut-être moins, mais je pense qu'ils se projettent un peu trop loin dans le futur.

Craig : Transmettre vos connaissances scientifiques et astronomiques aux enfants vous passionne. Pourquoi est-ce si important ?
Buzz : Les enfants nés dans les années 2000 seront parmi les premiers à atterrir sur Mars. Nous devons nous assurer que les jeunes restent confiants dans l'avenir.

Un programme éducatif qui s'adresserait aux « geeks » – ces personnes qui ne s'intéressent qu'aux maths et aux ordinateurs – ne servirait à rien. Il faut inclure l'art.

Un certain nombre d'entre nous se font l'avocat d'une éducation fondée sur la science, la technologie, l'ingénierie, les arts et les mathématiques. Nous souhaitons connaître tout ce qui se passe dans ces domaines, à l'instar du *Guinness World Records* qui s'intéresse à tous les records.

Craig : À propos de records, parlez-nous de la Lune. À quoi pensiez-vous en descendant de l'échelle ?
Buzz : Une marche à la fois ! Et descendre à l'envers, pour pouvoir regarder devant moi et ne pas trébucher !

Craig : Dans votre autobiographie, vous décrivez la Lune comme une « magnifique désolation »...
Buzz : Il s'agissait d'une impression d'ensemble qui tenait compte à la fois des informations dont nous disposions, de la découverte, et de l'exploration... À l'échelle de l'histoire humaine, le fait de s'aventurer hors de notre élément et d'atterrir [sur la Lune] demeure un exploit.

Mais en regardant autour de nous, rien n'aurait pu évoquer davantage la désolation : le ciel noir, le sol éclairé par le Soleil. Très clair. Sans atmosphère. Sans vie. Et là-haut, ce que nous examinions n'avait pas changé depuis des milliers d'années.

Sur Terre, il n'existe pas d'endroit équivalent. Alors, oui, nous avons exploré un lieu désolé, mais l'atteindre représentait un exploit. À la surface, quand on lève la tête, on s'exclame : « Ah ouais ! C'est la Terre, là-haut ! »

Craig : Qu'évoque le fait de regarder la Terre de la Lune ?
Buzz : Se rendre compte que tout le monde – mort ou vif – se trouve sur Terre, à l'exception des trois types là-haut sur la Lune... c'est un contraste. C'est un record !

Pour en apprendre plus sur les alunissages, voir p. 16-17.

voir p. 16-17.

En route vers Mars

Mars passionne Buzz et, depuis son atterrissage historique sur la Lune, il consacre la plupart de son temps à encourager l'humanité à faire de notre voisine sa nouvelle frontière.

« Si nous utilisions tous les efforts gâchés par la discorde qui règne sur Terre pour en faire une énergie positive, ce serait une transformation radicale, confie Buzz à *GWR*. Pensons à la signification historique que le début du peuplement humain d'une autre planète revêtirait... Je ne crois pas qu'on se rende compte de l'importance que cette étape pourrait avoir. »

Dans son dernier livre, *Welcome to Mars*, Buzz explore nos différentes options pour « faire de la planète rouge un foyer », comme l'évoque le sous-titre. « Je propose d'aller sur Mars grâce au "cycling". Découvert en 1985, il reste le meilleur moyen pour nous y rendre. » Par "cycling", Buzz entend l'emploi d'une flotte de vaisseaux spatiaux (les "cyclers", *voir vue d'artiste ci-dessus*) qui utiliseraient la gravité de Mars et de la Terre pour circuler entre les deux planètes avec une consommation minimale de combustible – et donc, en théorie, la possibilité de le faire indéfiniment. Buzz déploie son énergie et son temps à récolter des fonds et des soutiens pour cet ambitieux rêve martien.

Buzz poursuit : « Les empires connaissent la grandeur, puis la décadence. Mais je ne voudrais pas qu'on se souvienne de moi comme ayant vécu à une époque de déclin. Nous avons besoin du soutien public. »

No Dream Is Too High

Life Lessons From a Man Who Walked on the Moon

BUZZ ALDRIN
with Ken Abraham

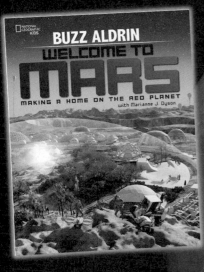

NATIONAL GEOGRAPHIC KIDS

BUZZ ALDRIN

WELCOME TO MARS

MAKING A HOME ON THE RED PLANET
with Marianne J. Dyson

« Vous êtes l'avenir. Vous allez accomplir des exploits incroyables, extraordinaires, que personne n'a jamais réalisés, vous allez vous rendre là où personne n'est jamais allé. La Terre n'est plus notre unique foyer. »

ENTRETIEN : CHRIS HADFIELD

> *Entrer dans le Guinness World Records signifie qu'on a accompli un exploit aux frontières de l'expérience humaine. Une prouesse qui repousse les limites de ce qui a été fait par le passé. Astronaute, j'ai eu la chance de réaliser plusieurs performances qui correspondent à cette définition...*
> ***Commandant Chris Hadfield***

Si nous, Terriens, devions nommer un ambassadeur planétaire – une personnalité réellement exceptionnelle pour représenter notre espèce –, alors, nous ferions bien de choisir l'astronaute canadien Chris Hadfield. Ingénieur, pilote d'essai, membre d'équipage de la navette spatiale, commandant de la *Station spatiale internationale* et musicien, il détient de nombreux records. Chris incarne ce qu'il y a de meilleur dans l'être humain. Son CV extraordinaire lui a donné une vision unique de la vie et quand, pour préfacer cette nouvelle édition du *Guinness World Records*, il a fallu trouver des

personnalités capables de nous inspirer, Chris s'est vite imposé comme une évidence.

Juste avant la mise sous presse, le rédacteur en chef de *GWR*, Craig Glenday, s'est entretenu avec Chris au sujet de la nécessité de se fixer des objectifs et de l'envie de battre des records mondiaux, quelle que soit l'activité ou la discipline.

Craig : Quelle importance accorder au besoin de sélectionner, puis de battre des records du monde ?
Chris : Je crois que, par nature humaine, nous

Chris avec son certificat GWR du **1ᵉʳ clip tourné dans l'espace** (à droite). Dans son ouvrage *Guide d'un astronaute pour la vie sur Terre*, il évoque son amour de la musique et l'enregistrement de l'album *Space Sessions : Songs from a Tin Can.*

COMMANDANT CHRIS AUSTIN HADFIELD

Chris Hadfield a voulu devenir astronaute à 9 ans, en assistant à la retransmission de l'alunissage. Ayant pour objectif d'aller sur la Lune, il a d'abord appris à voler – sur des planeurs, puis des chasseurs à réaction –, avant d'obtenir le titre d'ingénieur spécialisé en avionique.

En 1992, il est sélectionné par l'Agence spatiale canadienne et devient le 1ᵉʳ Canadien à marcher dans l'espace. Au passage, il apprend le russe, sachant l'avantage qu'il tirerait de connaître la langue de l'une des superpuissances capables d'envoyer un homme dans l'espace. Ce qui a été le cas puisqu'il a visité la station *Mir* et qu'il a volé à la fois dans la navette spatiale et dans des *Soyouz*. En mars 2013, il prend le commandement de la *Station spatiale internationale*.

Depuis son retour sur Terre, Chris a écrit trois ouvrages : *Guide d'un astronaute pour la vie sur Terre* (2014), *Vous êtes ici : ce que vous découvririez de la Terre si vous étiez un cosmonaute* (2015) et un livre pour enfant *The Darkest Dark* (2016).

La plus grande station spatiale

La *Station spatiale internationale*, commandée par Chris au cours de l'*Expédition 35* en 2013, mesure 72,8 m de long sur 108,5 m de large. Avec un volume de 916 m³ et un poids de 419 455 kg – environ la taille d'un Boeing 747 –, il s'agit du plus grand satellite artificiel habitable. Elle orbite à plus ou moins 412 km au-dessus de la Terre.

Le plus long bras robotique dans l'espace

Chris a fait partie de l'équipe ayant installé Canadarm2, le bras robotique de 17,5 m relié à la *Station spatiale internationale*, le 22 avril 2001. Chris et l'astronaute Scott Parazynski (USA) ont réglé le bras lors d'une sortie de 7 h (photo ci-dessus avec l'équipage de Chris).

Avec cette mission, Chris devient le 1ᵉʳ Canadien ayant marché dans l'espace. « Les sorties sont extrêmement dangereuses, précise-t-il. Et extrêmement difficiles. On se prépare avec minutie. Et comme avec la plupart des événements dangereux pour lesquels on s'entraîne pendant des années, quand le moment vient, il requiert toute votre attention... Comme si toute votre vie se jouait à cet instant. Et on n'est pas déçu ! »

afin qu'elle revoie », peu importe, à vrai dire. Il faut se donner un but inaccessible... ou presque. Car, même si on n'escalade pas ces sommets, même si on n'invente pas ces traitements, les choix effectués en poursuivant cet objectif nous transforment. De plus, cette ambition n'appartient qu'à nous.

Dans mon cas, je me suis dit : « Je veux marcher sur la Lune. » Or, je ne l'avais jamais fait. Mais ce rêve m'a permis de me réaliser, de me dépasser et de mener une vie qui continue de me fasciner. Il m'a également permis de voir et comprendre des choses que je pensais hors d'atteinte.

L'essentiel est de se dépasser. Ne pas se définir en fonction du succès ultime, mais s'en servir afin de poursuivre – et accomplir – des prouesses au quotidien.

Le 1ᵉʳ clip dans l'espace

Le 12 mai 2013, Chris a posté une vidéo sur YouTube où il chante sa version de *Space Oddity* de David Bowie, enregistrée au cours de sa dernière mission à bord de la *Station spatiale internationale*. Le clip – le 1ᵉʳ tourné entièrement dans l'espace – montre Chris flottant dans l'*ISS* avec sa guitare. On voit la Terre depuis la coupole de la station. Le chant et la guitare ont été enregistrés dans l'*ISS*, mais le piano et l'accompagnement ont été joués par des musiciens sur Terre. Le clip a été mixé avec l'aide de l'Agence spatiale canadienne.

770 000 personnes suivent Chris sur Twitter au cours de son séjour sur l'*ISS*. Il poste ses vidéos et ses photos de la Terre vue de l'espace et devient vite une célébrité.

Il présente le morceau précédé d'une brève introduction : « Avec le plus grand respect pour le génie de David Bowie, voici *Space Oddity*, enregistré sur la station. Un dernier aperçu du monde. » En janvier 2014, il ajoute : « 20 millions de vues ! Tellement ravi de la réaction mondiale à cette réunion de la science et de l'art. »

En réponse à la vidéo de Chris, Bowie a tweeté : « Hallo Spaceboy... » (Titre d'un de ses succès sorti en 1996.)

acceptons les défis. Les défis – comme « Je peux sauter par-dessus cette haie », « Je peux soulever ce rocher » ou « Si on fait la course jusqu'à cet arbre, je te battrai » – suscitent une réaction en chacun de nous. C'est dans la nature humaine. Par exemple, lors d'une simple compétition, on se surpasse et on court plus vite que jamais ; c'est inné. Un ouvrage tel que le *Guinness World Records* nous fait connaître les meilleurs d'entre nous. Pour les jeunes, il permet de se lancer des défis qu'ils n'auraient jamais relevés – une occasion de s'améliorer qu'ils n'auraient jamais entrevue. Le dépassement de soi est un aspect merveilleux de la vie. Comme tout le monde, j'ai lu le *Guinness World Records* et les exploits réalisés par certaines personnes me fascinent toujours autant.

Craig : Comment devient-on Chris Hadfield ?
Chris : Le plus important, je pense, c'est de se donner

un objectif à long terme, un projet qu'on estime d'abord irréaliste. Par exemple « Je veux escalader l'Everest », « Je veux escalader les six plus hauts sommets du monde », « Je veux inventer une valve qui permettrait à une personne souffrant d'un infarctus de survivre » ou encore « Je veux opérer l'œil de cette personne aveugle

L'essentiel est de se dépasser. Ne pas se définir en fonction du succès ultime, mais s'en servir afin de poursuivre – et accomplir – des prouesses au quotidien.

Pour plus d'infos sur les sorties dans l'espace, volez vers les pages 22-23.

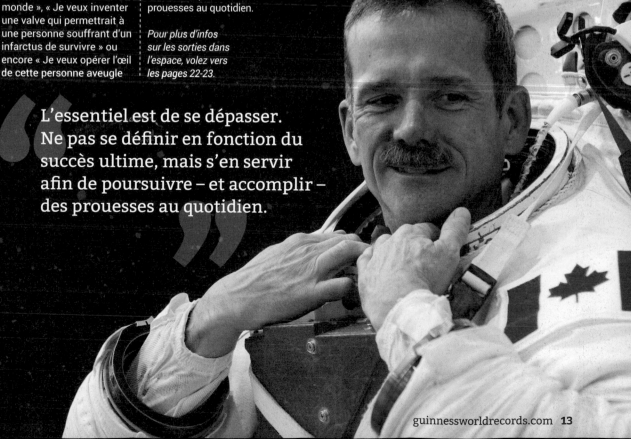

« L'essentiel est de se dépasser. Ne pas se définir en fonction du succès ultime, mais s'en servir afin de poursuivre – et accomplir – des prouesses au quotidien. »

ESPACE

LE SAVIEZ-VOUS ?
Le nom de Pluton a été
proposé par une petite fille
de 11 ans, Venetia Burney (GBR).
Son grand-père, bibliothécaire
à l'université d'Oxford, a transmis
son idée à Clyde Tombaugh (USA),
quelques mois après que
celui-ci a annoncé
sa découverte.

3 825 MA

Les plus anciennes roches volcaniques sur Terre
Une couche de lave à la surface de la Terre en refroidissement se solidifie en roche
éruptive. Des chercheurs québécois (CAN) ont confirmé son âge en 2002.

SOMMAIRE

La plus petite planète ?

Découverte en 1930, Pluton a été considérée comme la **plus petite planète** du Système solaire. En 2006, l'Union astronomique internationale (UAI) a changé son statut : elle n'est plus la 9e planète mais l'objet transneptunien « 134340 Pluton », c'est-à-dire une planète naine en orbite autour de Neptune. La campagne pour rétablir son statut de planète a été récemment relancée, renforcée par des photographies telles que ce montage pris par la sonde *New Horizons* de la NASA en 2015, qui montre la taille relative de Pluton (*à droite*) et de sa lune Charon. Voir l'opinion d'Alex Stern, principal chercheur de la mission *New Horizons*, p.21.

La 1ʳᵉ photosynthèse
De petits organismes unicellulaires, ancêtres des cyanobactéries, développent la capacité d'absorber des nutriments en utilisant la lumière du Soleil comme source d'énergie.

3 700 MA

CHRONOLOGIE

LA LUNE

GWR vous emmène à la découverte de notre voisine et de la technologie qui a permis à l'humanité d'y poser le pied.

La Lune mesure presque le quart de la taille de la Terre, et sa composition élémentaire est très proche de celle de notre planète. D'après l'hypothèse de l'impact géant, une petite planète appelée « Théia » aurait percuté la Terre il y a environ 4,5 milliards d'années et éjecté d'énormes quantités de débris dans l'espace. Pendant environ 1 million d'années, ces fragments de roche se seraient agglomérés pour donner forme à la Lune. Jusqu'en 1610, on croyait la Lune unique, puis l'astronome Galilée (ITA) a identifié les lunes de Jupiter.

LE SAVIEZ-VOUS ?

La distance maximale entre la Terre et la Lune est d'env. 406 700 km. Le diamètre cumulé de Mercure, Vénus, Mars, Jupiter, Saturne, Neptune, Uranus et Pluton est de 387 941 km. On pourrait donc aligner nos 8 voisines du Système solaire entre la Terre et la Lune !

Les premiers hommes à atteindre la Lune ont voyagé à bord de la fusée *Saturn V*, la **plus grande fusée** jamais lancée. Une fois les réservoirs pleins de carburant, indispensable pour échapper à la gravité terrestre, elle pesait environ 2 900 t. Elle est présentée ici à l'échelle avec deux autres vaisseaux détenteurs de record.

SATURN V (USA)
- Long. : 110,6 m
- Environ 18 m de plus que la statue de la Liberté et 15 fois plus lourde qu'une baleine bleue. Active de 1967 à 1973.

NAVETTE SPATIALE (USA)
- Longueur : 56 m
- Le 1er vaisseau spatial réutilisable a réalisé son vol inaugural le 12 avril 1981. Il pesait 2 000 t au décollage, le carburant étant 25 fois plus lourd que la navette.

VOSTOK 1 (URSS, maintenant UK)
- Longueur : 30,8 m
- Vaisseau du 1er vol spatial habité de Youri Gagarine (URSS), le 12 avril 1961.

Écorce de la Lune
Elle fait de 34 à 43 km d'épaisseur en moyenne, mais seulement 1 km sous certains bassins d'impact et jusqu'à 60 km sous les plateaux du côté sombre. La surface s'appelle le régolite et se divise en deux types : les anciens plateaux en brèche, formés par les astéroïdes et les météorites qui ont pulvérisé et fait fondre la surface, et les mers plus sombres formées par les laves basaltiques.

Les empreintes des astronautes d'*Apollo* sont toujours présentes. La Lune n'a pas d'atmosphère, ni vent, ni précipitations, et donc pas d'érosion pour les effacer.

Manteau
Entre la croûte et le noyau se trouve une zone rigide de 620 km d'épaisseur, appelée «lithosphère» ou «manteau externe».

Couche semi-fondue
Entre le manteau et le noyau s'étend une couche de matière semi-fondue de roches et métaux, dont le rayon mesure environ 480 km.

Noyau externe liquide
La partie inférieure du manteau, l'asthénosphère, est en fer liquide. Le noyau externe a un rayon de 330 km.

Noyau interne solide
Le cœur de la Lune est composé d'un noyau solide de 240 km de rayon, très dense en fer. Celui-ci représente environ 20 % de la Lune, les noyaux des autres planètes du système solaire atteignant généralement 50 % de leur taille.

N'importe quelle clé USB est plus avancée que les ordinateurs utilisés pour aller sur la Lune.

La masse de la Terre (5,98 x 1 024 kg) est 81 fois supérieure à celle de la Lune (7,34 x 1 022 kg).

Le diamètre de la Lune est d'environ 3 474 km, soit 500 km de moins que la distance entre les côtes est et ouest de l'Australie.

LE SAVIEZ-VOUS ?

La gravité à la surface de la Lune est env. six fois moins forte que sur Terre. En d'autres termes, les astronautes pourraient sauter six fois plus haut sur la Lune, s'ils ne portaient pas leurs épaisses et lourdes combinaisons.

La Lune s'éloigne de la Terre à une vitesse de **4 cm par an**. C'est à peu près la vitesse de pousse d'un ongle en 1 an.

4

3

2

1

0 cm

Avec 64 Ko de mémoire et 0,043 MHz de fréquence, les circuits de l'Apollo Guidance Computer (AGC) étaient plus simples que l'électronique actuellement utilisée dans un grille-pain.

Une recherche « mission *Apollo 11* » sur Google requiert autant d'informatique que l'ensemble de la mission *Apollo 11*.

LE SAVIEZ-VOUS ?

La mission Apollo 11 était si risquée que les astronautes n'ont pas pu souscrire d'assurance-vie. Ils ont donc signé des photos que leurs familles auraient pu vendre aux enchères s'ils n'étaient pas revenus de la Lune. Un ami les a postées le 16 juillet 1969, jour du décollage.

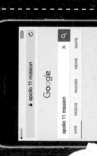

PLANÈTES EXTRASOLAIRES

La plus grande planète extrasolaire

La planète HD 100546 b, découverte en 2005, a un diamètre estimé de 965 600 km. Sa masse est d'environ 60 fois celle de Jupiter, et sa taille la rapproche beaucoup de la limite entre les planètes géantes et les étoiles naines brunes. Elle pourrait même ne pas être une planète ! Située dans la constellation de la Mouche, à environ 320 années-lumière, elle gravite autour de l'étoile HD 100546, alias KR Muscae, âgée de 10 millions d'années.

Le plus de planètes en orbite autour d'une autre étoile

À environ 120 années-lumière, l'étoile HD 10180 (vue d'artiste ci-dessus) est très semblable au Soleil. D'après des observations réalisées à l'observatoire La Silla (CHL) par Mikko Tuomi (GBR), elle compte au moins 7 planètes et peut-être même 9.

Sept planètes gravitent aussi autour de l'étoile naine KIC 11442793, à environ 2 500 années-lumière.

La plus petite planète extrasolaire

Kepler-37b gravite autour de l'étoile Kepler-37 à environ 210 années-lumière de la Terre, dans la constellation de la Lyre. Sa découverte par la sonde *Kepler* (NASA) a été rendue publique le 20 février 2013. Elle ne mesure que 1 200 km de diamètre environ, moins que Mercure.

La **plus petite planète extrasolaire vue directement au téléscope** est la géante gazeuse 51 Eridani b, qui fait environ le diamètre de Jupiter (139 820 km) et 2 fois sa masse ; elle gravite autour de l'étoile 51 Eridani. Le 13 août 2015, c'était la 1re découverte du Gemini Planet Imager (université de Stanford, USA), qui cherche des planètes extrasolaires depuis novembre 2014.

La plus jeune planète extrasolaire

L'observation infrarouge de la jeune étoile CoKu Tau 4 par le télescope spacial *Spitzer* (NASA) a révélé une interruption dans le disque circumstellaire de poussière et gaz. Il pourrait s'agir une jeune planète. L'étoile, qui n'a pas plus d'un million d'années, et sa planète potentielle sont à 420 années-lumière dans la constellation du Taureau.

La plus proche planète extrasolaire

Le 7 août 2000, l'équipe du Dr William Cochran de l'observatoire McDonald de l'université du Texas (USA) a révélé l'existence d'un nouveau monde « à deux pas » – 10,45 années-lumière – du Soleil. Cette géante gazeuse, dont la masse estimée fait 1,6 fois celle de Jupiter, gravite autour de l'étoile Epsilon Eridani. Elle se trouve à environ 478 millions de km de son étoile, à peu près la distance entre le Soleil et la ceinture d'astéroïdes.

INFO

S'il existait un record de la planète la plus rose, la jeune GJ 504b, dans la constellation de la Vierge, serait sûrement lauréate : elle est magenta ou cerise (vue d'artiste ci-dessous).

LA PLANÈTE EXTRASOLAIRE LA PLUS DISTANTE

Près du centre de la Voie lactée, à 21 500 (± 3 000) années-lumière de la Terre, la planète OGLE-2005-BLG-390Lb gravite autour d'une naine rouge. La faible énergie de son étoile et la taille de son orbite (intermédiaire entre celles de Mars et de Jupiter autour du Soleil) font que sa température de surface est de seulement – 220 °C. OGLE-2005-BLG-390Lb est ainsi la **planète extrasolaire la plus froide**.

Le sigle OGLE signifie « *Optical Gravitational Lensing Experiment* », qui utilise des télescopes au sol pour scanner la Voie lactée à la recherche d'une microlentille. Lors de ce phénomène, la lumière d'une étoile distante semble disparaître quand une autre étoile, et ses planètes passent devant elle à cause de la gravité de ces dernières.

3 600 MA

La plus ancienne chaîne de montagnes
La Barberton Greenstone Belt, ou montagnes Makhonjwa, commence à se former dans la future Afrique du Sud. C'est là que de l'or sera découvert pour la 1re fois dans le pays en 1875.

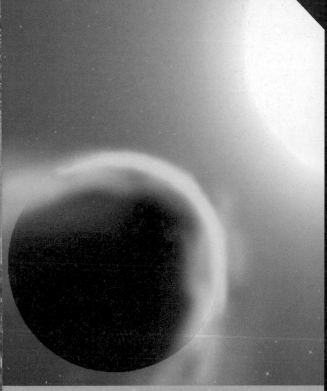

EN BREF

En février 2016, 2 085 planètes extrasolaires avaient été découvertes • Selon l'Académie nationale des sciences (USA), il pourrait exister 11 milliards de planètes habitables semblables à la Terre dans la seule Voie lactée.

La 1re carte d'une planète extrasolaire

En 2007, le télescope spatial *Spitzer* (NASA) a observé l'étoile HD 189733 et sa planète HD 189733 b pendant 33 h, ce qui a permis de créer une carte des températures comprises entre 700 et 940 °C, représentée ici. Elle montre un point de chaleur du côté de la planète éclairé par l'étoile.

La planète extrasolaire la plus proche de son étoile

Découverte par la sonde *Kepler* (NASA) en 2011, à 3 849 années-lumière dans la constellation du Cygne, Kepler-70b gravite autour de son étoile, Kepler-70, à une distance de 0,006 unité astronomique (environ 898 000 km), en 5,76 h, et a une température de surface estimée à 6 930 °C, ce qui en fait la **planète extrasolaire la plus chaude**. Elle pourrait être formée des restes rocheux du cœur d'une gazeuse géante.

d'autres étoiles. Toutes trois semblent subir des vents de 14 500 km/h.

Planète extrasolaire semblable à la Terre
Plus de 2 000 planètes extrasolaires ont été repérées dans plus de 1 300 systèmes, mais Kepler-22b est la 1re à ressembler à la Terre.

Découverte en 2011, elle fait environ 2,4 fois sa taille et gravite autour de son étoile en plus ou moins 290 jours. D'après sa distance orbitale et la luminosité de son étoile, elle pourrait se trouver dans la zone habitable. Si elle dispose d'un effet de serre semblable au nôtre, sa température de surface pourrait être de 22 °C.

LE SAVIEZ-VOUS ?

En 2015, l'Union astronomique internationale a ouvert un concours au public pour nommer 14 étoiles et 31 planètes extrasolaires. PSR B1257+12 est ainsi devenue Lich, et ses planètes sont Draugr, Poltergeist et Phobetor, des personnages merveilleux et folkloriques.

LA PREMIÈRE...

Mission spatiale de chasse aux planètes
La sonde (*Convection, Rotation et Transits planétaires COROT*) a été lancée le 27 décembre 2006 en orbite polaire à 827 km de la Terre. C'est la 1re sonde conçue expressément pour trouver des planètes autour d'autres étoiles. Elle a fonctionné jusqu'à une panne d'ordinateur irréparable en novembre 2012.

Planète extrasolaire en orbite autour d'une étoile de séquence principale
Le 6 octobre 1995, des astronomes de l'université de Genève (CHE) ont annoncé la découverte de 51 Pegasi b, qui gravite autour de 51 Pegasi, une étoile G5V de séquence principale qui transforme l'hydrogène en hélium, comme notre Soleil. 51 Pegasi b est aussi la **planète extrasolaire la plus venteuse**, comme les géantes gazeuses HD 179949 b et HD 209458 b, en orbite autour

La 1re découverte confirmée d'une planète extrasolaire

En 1992, des astronomes ont annoncé que 2 planètes gravitent autour du pulsar PSR B1257+12 (ci-contre), à 980 années-lumière. Un pulsar est une étoile à neutrons (le cœur effondré d'une étoile géante) en rotation rapide qui émet des radiations intenses. Ces planètes, plus massives que la Terre, mais beaucoup moins que nos géantes gazeuses, ont été appelées « super-Terres ». C'était aussi la **1re découverte d'une super-Terre extrasolaire**. PSR B1257+12 b, une 3e planète confirmée en 1994 et désormais appelée Draugr, est la **planète extrasolaire la plus légère** : elle fait 0,02 fois la masse de la Terre.

SORTIES DANS L'ESPACE

La plus longue sortie dans l'espace (femme)
Sunita Williams (USA) a passé 50 h et 40 min dans l'espace au cours de 7 sorties de la *Station spatiale internationale (ISS)*.

L'astronaute le plus âgé à faire une sortie
Le 19 avril 2013, Pavel Vinogradov (RUS), né le 31 août 1953, a réalisé une sortie de l'*ISS*. Il avait 59 ans et 231 jours.

LES PREMIÈRES...

Sortie entre 2 vaisseaux
Le 20 juillet 1966, Michael Collins (USA) a marché dans l'espace, de *Gemini 10* jusqu'au lanceur GATV-8 sans pilote – lesquels se trouvaient à 3 m l'un de l'autre –, à l'aide d'une longe et d'une unité de manœuvre à la main.

Un an plus tard, l'astronaute Buzz Aldrin (USA) a fait de même durant la mission *Gemini 12*. Le 13 novembre, il a fait une pause pendant une sortie de 2 h pour prendre le **1er selfie dans l'espace à l'extérieur de la capsule.**

La veille, il avait retourné sa caméra et pris le **1er selfie dans l'espace**, à l'intérieur de la capsule *Gemini 10*.

La 1re sortie dans l'espace (femme)

Le 25 juillet 1984, la cosmonaute Svetlana Savitskaïa (RUS) a réalisé une sortie dans l'espace (une activité extra-véhiculaire, ou EVA) depuis la station *Saliout 7* pendant la mission *Soyouz T-12*. Elle a passé 3 h et 30 min hors de *Saliout 7* avec Vladimir Djanibekov pour réaliser des réparations, dont la **1re soudure à l'extérieur dans l'espace**.

La 1re sortie dans l'espace

Le lieutenant-colonel Alexeï Leonov (URSS) a réalisé la 1re EVA le 18 mars 1965. Il a passé 12 min et 9 s en dehors du vaisseau *Voskhod 2*. Tout s'est bien passé, mais quand il a voulu rentrer, il s'est rendu compte que sa combinaison avait gonflé. Il ne pouvait pas plier les bras et les jambes correctement et a dû relâcher un peu d'oxygène dans l'espace pour rentrer.

Sortie dans l'espace dans un module
Le 22 août 1997, Anatoli Soloviov et Pavel Vinogradov (tous deux RUS) ont réalisé une sortie dans l'espace dans le module *Spektr* dépressurisé de la station *Mir*, dont la coque avait été endommagée par le véhicule de ravitaillement *Progress*. Ils ont réparé les dégâts pendant 3 h et 16 min.

La 1re sortie dans l'espace profond

Al Worden (USA) était le pilote du module de commande d'*Apollo 15* revenu sur Terre le 7 août 1971. Sur le chemin du retour, à presque 320 000 km de la Terre, il a réalisé la 1re sortie dans l'espace en dehors de l'orbite basse de la Terre, afin de récupérer les cassettes des caméras du vaisseau. Son EVA a duré 39 min, le 5 août 1971. La photo le montre avec son certificat GWR en février 2016.

CHRIS HADFIELD, PROMENEUR DE L'ESPACE

Chris Hadfield (CAN) a enchanté le monde entier en reprenant la chanson *Space Oddity* de David Bowie au cours de sa dernière mission sur l'*ISS* et a ainsi réalisé la **1re vidéo musicale filmée dans l'espace**. GWR l'a retrouvé en novembre 2015 pour lui parler d'un autre record.

Le 22 avril 2001, durant une EVA de 7 h, Chris et Scott Parazynski (USA) ont fixé le *Canadarm 2* (le **plus long bras robotique dans l'espace**) à l'*ISS*. Il s'agissait de la 1re sortie de Chris et elle a mal commencé : le liquide anti-condensation de son casque est rentré dans ses yeux. Il a perdu la vue d'un œil, puis du second.

« J'étais aveugle, en combinaison, en plein dans l'espace ! » Des années de préparation intensive l'ont aidé à garder son calme, même s'il s'agrippait à l'*ISS* pour rester en vie. « Je ne peux rien voir, a-t-il pensé, mais je peux encore sentir, entendre, parler. Je peux respirer. Comment est-ce que je vais résoudre ce problème ? » Heureusement, ses larmes ont dilué le produit en 30 min.

Le plus grand cratère d'impact sur Terre
Un astéroïde ou une comète frappe la Terre et produit une dépression d'un diamètre estimé à 300 km. Appelé « le dôme de Vredefort », il se situe près de Johannesburg (ZAF).

EN BREF

Plus de 200 astronautes ont réalisé une EVA • Les combinaisons spatiales sont blanches afin de refléter la chaleur de la lumière solaire, qui peut dépasser 135 °C dans l'espace • Il faut environ 45 min pour enfiler une combinaison spatiale.

LE SAVIEZ-VOUS ?

Les sorties dans l'espace peuvent durer jusqu'à 8 h, mais la **plus longue sortie** a été un peu plus longue *(voir ci-dessous)*. Pendant les premières heures, les astronautes respirent de l'oxygène pur pour éliminer le nitrogène de leur corps. Sinon, ils pourraient développer des bulles de gaz et souffrir de douleurs articulaires.

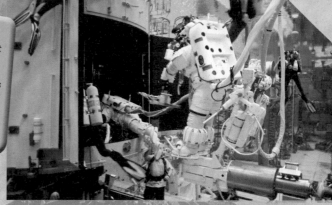

La 1re EVA non amarrée

Le capitaine Bruce McCandless II (USA), astronaute de la NASA, a été le 1er à réaliser une sortie dans l'espace non amarrée depuis la navette spatiale *Challenger*, le 7 février 1984. Il a ainsi testé le *Manned Maneuvering Unit*, un dispositif à 15 millions $.

La plus grande piscine de flottabilité neutre

Le Laboratoire de flottabilité neutre de la NASA est situé dans le Sonny Carter Training Facility, près du Johnson Space Center de Houston (Texas, USA). Il a un volume de 23 334,33 m³, presque 10 fois celui d'une piscine olympique. La flottabilité neutre de l'eau simule les effets de la microgravité pendant une EVA.

LE PLUS DE...

Sorties dans l'espace
Entre 1988 et 1998, Anatoli Soloviov (RUS) a réalisé 5 vols spatiaux et 16 sorties dans l'espace.

Sorties durant une mission
Robert Curbeam (USA) a réalisé 4 sorties durant la mission *STS-116* de la navette spatiale *Discovery*, du 9 au 22 décembre 2006.

Sorties depuis un seul vaisseau
Au 3 février 2016, 193 sorties avaient été effectuées depuis l'*ISS* par 121 astronautes et cosmonautes différents, pour une durée totale de 1 192 h.

La plus longue sortie dans l'espace

Les astronautes Jim Voss et Susan Helms (tous deux USA) ont passé 8 h et 56 min dans l'espace, le 11 mars 2011, pour faire de la place au module de ravitaillement *Leonardo* à bord de l'*ISS*. Chargé de provisions et d'équipement pour la station, le module a voyagé dans la navette spatiale *Discovery*.

Le plus de personnes en EVA simultanément

La navette spatiale *Endeavour* a décollé en mai 1992 (mission *STS-49*) avec pour objctif de réparer le satellite *Intelsat VI*. Saisir le satellite s'est avéré compliqué jusqu'à ce que Pierre Thuot, Richard Hieb et Thomas Akers (tous USA) sortent dans l'espace en même temps. Ils ont pu saisir *Intelsat VI* avec la main pendant que Daniel Brandenstein, le commandant de la mission, plaçait *Endeavour* à quelques dizaines de centimètres du satellite en panne. C'est la seule fois de l'histoire que 3 personnes ont marché dans l'espace en même temps.

La plus grande structure animale marine
Des coraux vivants et morts dotés d'un corps pierreux commencent à s'unir et à former ce qui deviendra la Grande Barrière de corail. Située au large du Queensland (AUS), elle finira par atteindre 207 200 km².

600 MA

CHRONOLOGIE

VOYAGER

Le 1er et le plus lointain
Les sondes *Voyager 1* et *Voyager 2* ont été lancées en 1977 pour étudier les planètes externes géantes : Jupiter, Saturne, Uranus et Neptune. En voyageant vers Jupiter, *Voyager 1* a pris la **1re image de la Terre et de la Lune ensemble depuis l'espace**, puis elle est passée dans l'espace interstellaire, devenant la **1re sonde à quitter le Système solaire**, vers le 25 août 2012. Au 24 mars 2016, *Voyager 1*, à 20 078 268,831 km de la Terre, envoyait toujours des données vers Mission Control (USA) : il s'agit de la **plus longue distance de communication**. Avec leurs générateurs thermoélectriques à radioisotope, les sondes sont les **vaisseaux interplanétaires nucléaires les plus durables**.

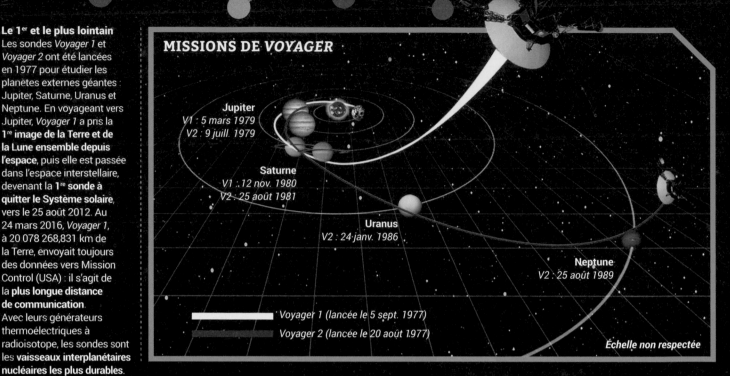

MISSIONS DE *VOYAGER*

Jupiter
V1 : 5 mars 1979
V2 : 9 juill. 1979

Saturne
V1 : 12 nov. 1980
V2 : 25 août 1981

Uranus
V2 : 24 janv. 1986

Neptune
V2 : 25 août 1989

Voyager 1 (lancée le 5 sept. 1977)
Voyager 2 (lancée le 20 août 1977)

Échelle non respectée

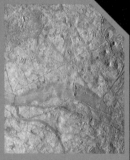

Jupiter : *Voyager 1* a survolé Jupiter le 5 mars 1979. Après avoir approché la planète au maximum, elle l'a observée dans la direction du Soleil. C'est la **1re observation du système d'anneaux de Jupiter**. La sonde a repéré un anneau flou, le principal anneau du système, qui compte aussi un tore (cercle de gaz) interne et 2 anneaux externes ténus.

Io : pendant la mission *Voyager 1*, l'ingénieur de navigation Linda Morabito (USA) a remarqué une excroissance sur Io, la lune de Jupiter. C'est la **1re découverte de volcanisme extraterrestre**. Io est l'**astre volcanique le plus actif du Système solaire**. Ses panaches volcaniques font des centaines de kilomètres.

Europe : la grande lune gelée de Jupiter présente la **surface la plus lisse du Système solaire**. Les seuls reliefs sont des crêtes de quelques centaines de mètres, comme l'a découvert *Voyager 2* en la survolant en juillet 1979. Des images de glace brisée et regelée suggèrent l'existence d'un océan sous la surface.

Saturne : la structure des anneaux de Saturne – le **plus grand système d'anneaux d'une planète** – est due à l'influence gravitationnelle de ses nombreuses lunes. Ces innombrables particules de glace et de poussière ont une masse de 4×10^{19} kg, autant que 30 millions de monts Everest. Saturne a aussi le **plus grand hexagone du Système solaire**, formation nuageuse de 13 800 km de long au pôle Nord découverte par les 2 sondes *Voyager*.

LE SAVIEZ-VOUS ?
Les anneaux de Saturne sont maintenus en orbite par ses nombreuses lunes. Ils ne sont pas permanents mais lentement érodés, en partie par la pluie constante de micrométéorites. Selon certains scientifiques, ils pourraient avoir disparu dans 100 millions d'années.

Échelle des planètes non respectée

565 MA

Les plus anciennes empreintes d'animaux
Des créatures marines ressemblant peut-être à des anémones de mer laissent des traces sur des rochers au cours de l'Édiacarien. On les retrouve dans le Newfoundland (CAN).

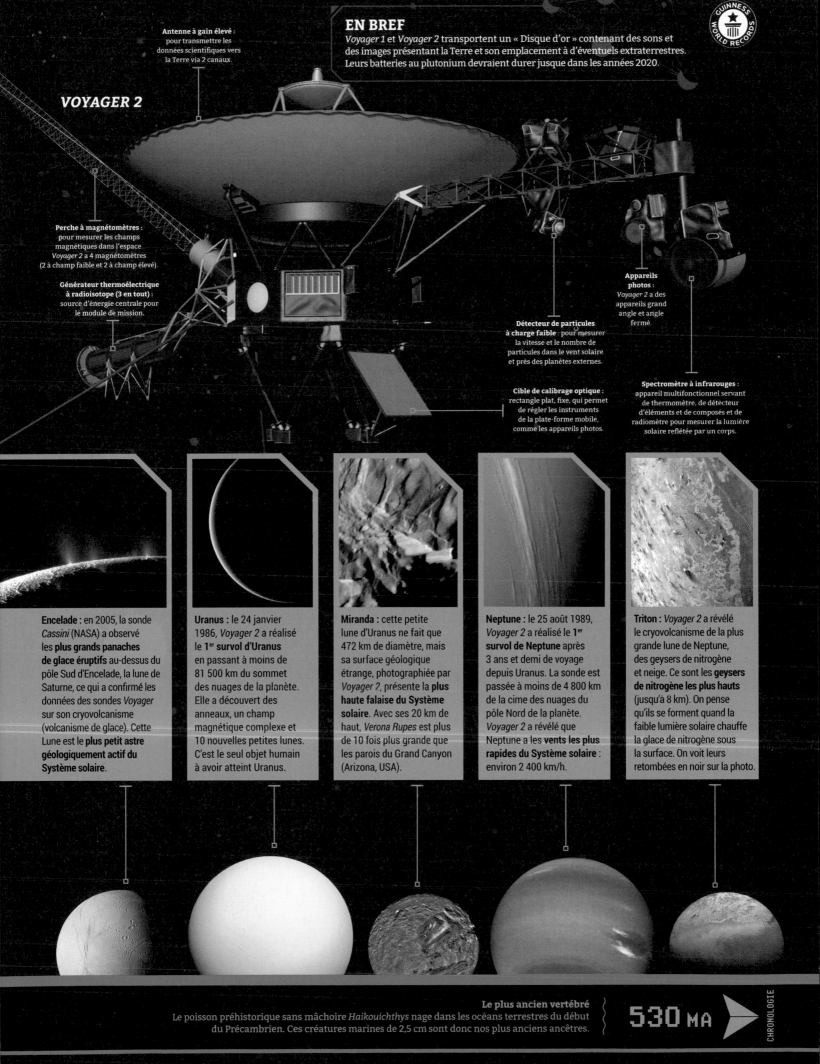

VOYAGER 2

Antenne à gain élevé : pour transmettre les données scientifiques vers la Terre via 2 canaux.

EN BREF

Voyager 1 et *Voyager 2* transportent un « Disque d'or » contenant des sons et des images présentant la Terre et son emplacement à d'éventuels extraterrestres. Leurs batteries au plutonium devraient durer jusque dans les années 2020.

Perche à magnétomètres : pour mesurer les champs magnétiques dans l'espace *Voyager 2* a 4 magnétomètres (2 à champ faible et 2 à champ élevé).

Générateur thermoélectrique à radioisotope (3 en tout) : source d'énergie centrale pour le module de mission.

Appareils photos : *Voyager 2* a des appareils grand angle et angle fermé.

Détecteur de particules à charge faible : pour mesurer la vitesse et le nombre de particules dans le vent solaire et près des planètes externes.

Cible de calibrage optique : rectangle plat, fixe, qui permet de régler les instruments de la plate-forme mobile, comme les appareils photos.

Spectromètre à infrarouges : appareil multifonctionnel servant de thermomètre, de détecteur d'éléments et de composés et de radiomètre pour mesurer la lumière solaire reflétée par un corps.

Encelade : en 2005, la sonde *Cassini* (NASA) a observé les **plus grands panaches de glace éruptifs** au-dessus du pôle Sud d'Encelade, la lune de Saturne, ce qui a confirmé les données des sondes *Voyager* sur son cryovolcanisme (volcanisme de glace). Cette Lune est le **plus petit astre géologiquement actif du Système solaire.**

Uranus : le 24 janvier 1986, *Voyager 2* a réalisé le **1er survol d'Uranus** en passant à moins de 81 500 km du sommet des nuages de la planète. Elle a découvert des anneaux, un champ magnétique complexe et 10 nouvelles petites lunes. C'est le seul objet humain à avoir atteint Uranus.

Miranda : cette petite lune d'Uranus ne fait que 472 km de diamètre, mais sa surface géologique étrange, photographiée par *Voyager 2*, présente la **plus haute falaise du Système solaire.** Avec ses 20 km de haut, *Verona Rupes* est plus de 10 fois plus grande que les parois du Grand Canyon (Arizona, USA).

Neptune : le 25 août 1989, *Voyager 2* a réalisé le **1er survol de Neptune** après 3 ans et demi de voyage depuis Uranus. La sonde est passée à moins de 4 800 km de la cime des nuages du pôle Nord de la planète. *Voyager 2* a révélé que Neptune a les **vents les plus rapides du Système solaire :** environ 2 400 km/h.

Triton : *Voyager 2* a révélé le cryovolcanisme de la plus grande lune de Neptune, des geysers de nitrogène et neige. Ce sont les **geysers de nitrogène les plus hauts** (jusqu'à 8 km). On pense qu'ils se forment quand la faible lumière solaire chauffe la glace de nitrogène sous la surface. On voit leurs retombées en noir sur la photo.

Le plus ancien vertébré
Le poisson préhistorique sans mâchoire *Haikouichthys* nage dans les océans terrestres du début du Précambrien. Ces créatures marines de 2,5 cm sont donc nos plus anciens ancêtres.

530 MA

CHRONOLOGIE

TROUS NOIRS

Qu'est-ce qu'un trou noir ?

Les trous noirs sont les restes d'étoiles ayant fini leur vie en supernova. Ce sont des zones de l'espace où la gravité est si forte que même la lumière ne peut s'en échapper. L'image de droite est une représentation révolutionnaire d'un trou noir, soigneusement créée par l'équipe du film *Interstellar* (USA, 2014), en collaboration avec le physicien théoricien Kip Thorne (USA).

Les objets les plus denses de l'Univers

Un trou noir stellaire, créé par l'effondrement gravitationnel d'une étoile massive, peut faire 20 fois la masse du Soleil. Au centre se trouve la singularité, où la masse de l'étoile morte qui a donné vie au trou noir est compressée en un point unique de taille zéro et de densité infinie. C'est elle qui génère le puissant champ gravitationnel du trou noir. Plusieurs milliers de trous noirs pourraient exister dans notre seule galaxie. Les scientifiques pensent que des trous noirs supermassifs se trouvent au centre de la plupart des galaxies et pèsent plus d'un million de Soleils.

Le trou noir le plus lourd

En 2009, grâce au télescope spatial à rayons gamma *Swift* (NASA), des astronomes ont mesuré la masse du trou noir supermassif du quasar S5 0014+81. (Les quasars, objets extragalactiques semblables aux étoiles, sont les objets les plus lumineux de l'Univers.) Le résultat, environ 40 milliards de masses solaires, signifie que ce trou noir est 10 000 fois plus grand que le trou noir supermassif au cœur de notre galaxie, la Voie lactée.

Le 1er trou noir « rejeté » découvert

La galaxie naine Markarian 177 se situe à environ 90 millions d'années-lumière. Des études réalisées à l'observatoire Keck de Hawaii en juin 2013 suggèrent que l'objet brillant SDSS1133 associé à la galaxie est un trou noir supermassif qui a été éjecté du centre de la galaxie.

LE TROU NOIR DE CINÉMA LE PLUS SCIENTIFIQUEMENT EXACT

Gargantua *(ci-dessus)* est le trou noir fictif d'*Interstellar* (sorti le 5 novembre 2014). Il a été créé grâce au Double Negative Gravitational Renderer (DNGR), code développé par la société d'effets spéciaux Double Negative, avec l'aide du physicien Kip Thorne (USA, *ci-dessous*).

Le code résout les équations de faisceaux de lumière se propageant autour de l'espace-temps recourbé d'un trou noir en rotation. Le résultat est une représentation réaliste de l'effet de lentille gravitationnelle que verrait un éventuel observateur. Si l'image était d'abord plus réaliste, le réalisateur Christopher Nolan a demandé quelques changements pour que les spectateurs comprennent mieux. Une décision que Thorne a acceptée.

Le trou noir le plus proche de la Terre

A0620-00 est un système binaire composé d'une étoile à masse faible et d'un trou noir stellaire à environ 3 000 années-lumière de la Terre, dans la constellation de la Licorne. Le trou noir de ce système stellaire fait au moins 3,2 fois la masse du Soleil et pourrait peser jusqu'à 15 fois plus. Toutes les 7,75 h, une étoile de type K, c'est-à-dire d'une température relativement basse, gravite autour de lui. La vue d'artiste ci-dessus représente l'étoile capturée par l'attraction gravitationnelle du trou noir.

La plus courte distance entre 2 trous noirs

En mars 2009, des astronautes ont indiqué que le quasar SDSS J153636.22+044127.0 semblait contenir un trou noir binaire. Révélés par l'analyse spectrale de leur lumière, les 2 trous noirs pèsent autant que 50 millions et 20 millions de Soleils, mais ne sont qu'à un tiers d'année-lumière l'un de l'autre. C'est moins de 10 % de la distance entre le Soleil et l'étoile la plus proche, Alpha du Centaure.

L'objet visible à l'œil nu le plus éloigné

Les sursauts de rayons gamma indiquent la naissance des trous noirs. Ils se forment quand une étoile supermassive finit son carburant et s'effondre en une singularité. Le 19 mars 2008, le satellite *Swift* (NASA) a détecté un sursaut gamma dans une galaxie à 7,5 milliards d'années-lumière. De 30 à 40 s après, les télescopes terrestres ont détecté son équivalent optique. Le flash lié à cet

380 MA

La 1re naissance vivipare connue
Une mère placoderme – poisson préhistorique à armure – et l'embryon qu'elle porte meurent. Leur fossile bien conservé montre qu'ils sont reliés par un cordon ombilical. Long d'environ 25 cm, le poisson est baptisé *Materpiscis attenboroughi*.

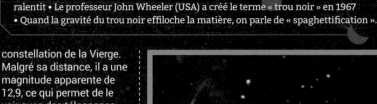

EN BREF
Les trous noirs déforment l'espace et le temps : plus on s'en approche, plus le temps ralentit • Le professeur John Wheeler (USA) a créé le terme « trou noir » en 1967 • Quand la gravité du trou noir effiloche la matière, on parle de « spaghettification ».

Le trou noir supermassif à la rotation la plus rapide

Au cœur de la galaxie spirale NGC 1365 se trouve un trou noir d'une masse d'environ 2 millions de Soleils. Des études publiées le 28 février 2013 ont révélé qu'il tourne à environ 84 % de la vitesse de la lumière.

incident, appelé par les astronomes GRB 080319B, a été visible à l'œil nu pendant environ 30 s. Il avait une magnitude apparente de 5,8, ce qui l'a rendu aussi brillant que la planète Uranus vue de la Terre.

En astronomie, la magnitude apparente permet de mesurer la brillance des objets vus de la Terre. Plus un objet astronomique est brillant, plus faible est le chiffre qui lui est attribué sur l'échelle de magnitude apparente, ce qui peut prêter à confusion.

Le 16 septembre, le *télescope spatial à rayons gamma Fermi* (NASA) a détecté le **sursaut gamma le plus puissant**, survenu il y a 12,2 milliards d'années en direction de la constellation Carène. Cet événement était aussi puissant qu'environ 9 000 supernovas normales. L'explosion a éjecté des matériaux à 99,9999 % de la vitesse de la lumière.

Le quasar le plus brillant dans le ciel
Le quasar 3C 273 se situe à environ 2,5 milliards d'années-lumière, dans la constellation de la Vierge. Malgré sa distance, il a une magnitude apparente de 12,9, ce qui permet de le voir avec des télescopes relativement modestes. Son extrême luminosité serait due au réchauffement d'un énorme disque d'accrétion (matière en rotation) autour d'un trou noir supermassif. Si 3C 273 se trouvait à seulement 30 années-lumière, il brillerait autant que le Soleil dans notre ciel.

Le plus puissant flash de rayons X émis par un trou noir dans la Voie lactée
Le 14 septembre 2013, des astronomes de l'observatoire à rayons X Chandra (NASA) ont détecté une augmentation des rayons X du trou noir supermassif Sagittarius A*, au centre de la Voie lactée, d'un facteur 400. Ce flash était 3 fois plus puissant que le record précédent, qui s'était produit au même endroit en 2012.

Il a duré environ 2 h, ce qui correspond à une théorie sur son origine : les scientifiques pensent qu'un astéroïde a été détruit par la force gravitationnelle du trou noir et que ses débris ont chauffé pendant qu'il

Le trou noir supermassif le plus proche

Sagittarius A* est un trou noir supermassif d'une masse d'environ 4 millions de Soleils au centre de la Voie lactée, à environ 27 000 années-lumière de la Terre. Plusieurs étoiles massives gravitent autour de lui. Sur cette image prise par le télescope spatial *Chandra* (NASA), les couleurs figurent des rayons X de différentes énergies. Le nuage au centre représente la poussière et le gaz au cœur de la galaxie, qui émettent des rayons X. Sagittarius A* est caché par la zone la plus brillante au centre.

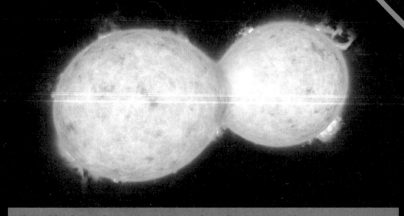

L'étoile binaire à contact la plus massive

VFTS 352 est un système stellaire binaire de la nébuleuse de la Tarentule (Grand Nuage de Magellan), à environ 160 000 années-lumière de la Terre. La masse combinée de ces 2 étoiles massives fait environ 57 fois celle du Soleil. Elles gravitent si près l'une de l'autre qu'elles se touchent et partagent de la matière. La distance entre elles est estimée à 12 millions de km ; elles gravitent autour de leur centre de masse commun une fois par jour.

descendait dans l'horizon des événements, ce qui a créé le flash.

La note la plus basse de l'Univers
Les ondes acoustiques générées par un trou noir supermassif au centre de l'amas de galaxies de Persée, à 250 millions d'années-lumière, constituent une note incroyablement basse. Ce si bémol, 57 octaves plus bas qu'un do central, se propage dans le gaz extrêmement peu épais qui entoure le trou noir.

Nous ne pouvons pas l'entendre car les ondes acoustiques ne peuvent pas se propager dans le vide de l'espace et restent confinées dans le nuage gazeux. De plus, ce son est plus d'un million de milliards de fois plus bas que la note la plus grave audible par l'oreille humaine.

Ces ondes ont été découvertes par une équipe internationale d'astronomes dirigée par le professeur Andrew Fabian (GBR), grâce à des données de l'observatoire à rayons X Chandra.

LE SAVIEZ-VOUS ?
L'horizon des événements est le périmètre extérieur d'un trou noir. Passé cette limite, rien ne peut échapper à la gravité du trou noir, même pas la lumière. Tout élément finit par être aspiré. C'est le point de non-retour par excellence.

La plus grande collision galactique
Un groupe d'environ 300 galaxies entre en collision avec un groupe d'environ 1 000 galaxies. Ainsi naît Abell 754, un amas de galaxies géant et turbulent d'un diamètre approximatif de 1 million d'années-lumière.

300 MA CHRONOLOGIE

TERRE

240 MA

Le plus vieux dinosaure connu
Le petit dinosaure carnivore *Nyasasaurus parringtoni* prospère en Tanzanie. En 2012, l'analyse de ses fossiles révèle qu'il a vécu 10 à 15 millions d'années avant les plus anciens dinosaures connus.

SOMMAIRE

Le cratère de méthane qui brûle depuis le plus longtemps

Connu sous le nom de « Porte de l'enfer », le cratère de Darvaza, qui se trouve dans un gisement de gaz naturel du Turkménistan, brûle depuis 1971. Le sol, qui se serait effondré lors d'excavations, a libéré du méthane. Le cratère a alors été intentionnellement embrasé afin de brûler le gaz, mais les flammes ne se sont jamais éteintes.

En novembre 2013, l'aventurier George Kourounis (CAN) est devenu le 1er **explorateur du cratère de Darvaza** *(voir photo à gauche)*. Équipé d'une combinaison thermorésistante et d'un baudrier sur mesure en kevlar, Kourounis est descendu jusqu'à la base du foyer afin de collecter des échantillons de roches. Des tests en laboratoire ont révélé la présence de bactéries, démontrant ainsi que la vie résiste à des températures supérieures à 1 000 °C.

Le dinosaure le plus long
Avec une longueur variant entre 39 et 52 m, *Seismosaurus halli* – dinosaure sauropode diplodocidæ – est le plus long vertébré ayant jamais vécu sur Terre.

154 MA CHRONOLOGIE

CURIEUX CLIMAT

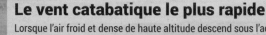

Le vent catabatique le plus rapide

Lorsque l'air froid et dense de haute altitude descend sous l'action de la gravité, il peut engendrer des vents dits « catabatiques » (ou descendants). Sur le littoral antarctique, les vents catabatiques peuvent atteindre 300 km/h – la vitesse du TGV chinois.
Ces vents naissant de la géographie locale, leur orientation demeure constante. L'expression dérive du grec *katabasis* (« descendant »).

LE SAVIEZ-VOUS ?

Ces images montrent un orage volcanique impressionnant, photographié durant une éruption imprévue du Calbuco au Chili, le 23 avril 2015. Ces nuages orageux associés aux volcans sont nommés « pyrocumulonimbus » (du grec *pyro*, « feu »).

La 1re photographie couleur d'un rayon vert

Apparaissant juste après le coucher du soleil ou juste avant son lever, le rayon vert s'apparente à un mirage. La lumière du soleil extrêmement réfractée, semble produire un point vert au sommet de l'astre. La 1er photographie en couleurs de ce phénomène a été prise en 1960 par D. K. J. O'Connell de l'observatoire du Vatican (ITA).

L'onde de tempête la plus haute

Le 4 mars 1899, le cyclone tropical Mahina frappa Bathurst Bay dans le Queensland (AUS). L'onde de tempête associée – une augmentation du niveau de la mer provoquée par la combinaison entre vents forts et basse pression – aurait atteint 13 m. Des poissons et des dauphins s'échouèrent au sommet de falaises de 15 m de haut. Cette onde de tempête a fait plus de 400 victimes.

La manifestation la plus fréquente de pluie rouge

Depuis 1896, on évoque des chutes de pluie rouge au Kerala (IND), sur la côte de Malabar. Entre le 25 juillet et le 23 septembre 2001, le Kerala a connu de nombreux épisodes de pluie rouge – il s'agit de l'unique région où ce phénomène s'est produit pendant 3 mois consécutifs. Des scientifiques ayant analysé des prélèvements ont conclu en 2015 que la coloration provenait des spores de la micro-algue *Trentepohlia annulata*.

La 1re description d'un *crown flash*

Point lumineux au-dessus d'un orage, le *crown flash* a été pour la 1re fois décrit en 1885. On pense qu'il est provoqué par un changement brusque dans les champs électriques à l'intérieur du nuage d'orage sur lequel les cristaux de glace – plats ou allongés – s'alignent en reflétant la lumière du soleil.

LA PLUS VIEILLE DESCRIPTION D'UN ORAGE VOLCANIQUE

Lors des éruptions associées à un grand panache de cendres, une charge électrique se constitue dans l'air au-dessus du volcan. L'électricité se décharge brusquement sous forme d'éclair. La 1re description connue de ce phénomène a été faite par Pline le Jeune, homme d'État romain ayant assisté en 79 av. J.-C. à l'éruption du Vésuve. S'il en a réchappé, son oncle, Pline le Vieux, est mort en s'efforçant de faire évacuer les villages voisins.

Le plus vieil oiseau volant
Archaeopteryx lithographica prospère dans le sud de l'actuelle Allemagne ; doté de plumes, d'ailes, mais également de crocs et de griffes, il constitue un chaînon essentiel entre les dinosaures et les oiseaux.

EN BREF

Le 3 mars 1876, il a plu de la viande crue près de Rankin (Kentucky, USA) • Les cyclones qui naissent dans l'Atlantique ou l'est du Pacifique sont des «ouragans» et ceux qui se forment dans l'ouest du Pacifique, des «typhons».

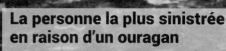

La personne la plus sinistrée en raison d'un ouragan

Melanie Martinez de Braithwaite (Louisiane, USA) est devenue la « femme la plus malchanceuse d'Amérique » après avoir vu 5 logements différents détruits par 5 ouragans : Betsy (1965), Juan (1985), Georges (1998), Katrina (2005) et Isaac (2012). L'ouragan Isaac a frappé Braithwaite le 29 août 2012 – jour du 7e anniversaire du passage de l'ouragan Katrina.

La chute de pression la plus forte mesurée dans une tornade

Le 21 avril 2007, une tornade frappe un véhicule météorologique qui recueille des données scientifiques à Tulia (Texas, USA). Les instruments enregistrent au cœur du vortex une chute de pression de 194 millibars. Aux États-Unis et au Canada, on classe les tornades – en fonction des dégâts engendrés – sur l'échelle de Fujita améliorée (EF), qui s'étend de 1 (dégâts modérés) à 5 (destruction totale). Cette tornade était « seulement » EF2.

de Louisiane et dans les États américains voisins. On estime ses dégâts à 108 milliards $.

L'ouragan le plus violent
L'ouragan de catégorie 5 Wilma, formé en octobre 2005, est l'ouragan le plus intense jamais enregistré, avec une pression centrale de 882 millibars et des vents

de 296 km/h. Des rapports non confirmés suggèrent que l'ouragan Patricia, qui a frappé le Mexique en octobre 2015, aurait été plus violent.

Cependant, même les ouragans les plus intenses, sont éclipsés par les cyclones tropicaux qui naissent au centre ou à l'ouest du Pacifique. Le typhon Tip, formé en octobre 1979,

a été le **cyclone tropical le plus intense,** avec une basse pression de 870 millibars et des vents de 306 km/h.

Le plus de tornades générées par un ouragan
L'ouragan Ivan s'est développé dès le 2 septembre 2004 et est devenu un ouragan de catégorie 5 dans la mer des Caraïbes. À partir du 15 septembre, selon le National Climatic Data Center, il a engendré 119 tornades au cours de 3 jours extrêmement violents.

Les plus fortes pluies en 24 h
Les 15 et 16 mars 1952, près de 1 870 mm de pluie sont tombés en 24 h, à Cilaos (REU), dans l'océan Indien. En mars, les précipitations mensuelles moyennes atteignent généralement 167 mm.

Le cyclone tropical le plus coûteux
Le 29 août 2005, l'ouragan Katrina a semé la désolation sur la côte

LE SAVIEZ-VOUS ?

Cette voiture recouverte de glace montre les conséquences d'un verglas massif – en l'occurrence, une tempête de pluie verglaçante à Versoix (CHE), en 2012. Pour être qualifiée de verglas massif, la pluie doit laisser une couche de glace d'au moins 6,35 mm d'épaisseur sur les surfaces exposées.

Les dégâts les plus importants dus à un verglas massif

Lors de la 1re semaine de janvier 1998, un verglas massif a frappé l'est du Canada et les régions voisines des États-Unis. Il a rendu tous les voyages impossibles et a privé d'électricité près de 3 millions de personnes – environ 40 % de la population du Québec. On a estimé la facture à 4,3 milliards $ canadiens (près de 3 milliards €) au Canada.

Le 1er hominidé connu
Le bipède *Orrorin tugenensis* est aussi grand qu'une femelle chimpanzé adulte. Les scientifiques de l'expédition paléontologique kenyane annoncent leur découverte de fossiles datant de 6 millions d'années en décembre 2000.

6 MA

CHRONOLOGIE

NUAGES
GALERIE

En plus d'embellir le ciel de leurs formes mouvantes et de leurs jeux de lumière, les nuages sont les amis du météorologiste. Ils l'aident à prévoir le temps, ses changements, les phénomènes climatiques extrêmes – ce qui est essentiel pour la planification, la logistique, les voyages et la sécurité. Formés de gouttelettes d'eau ou de cristaux de glace, les nuages, assez légers pour flotter dans l'air, ont pour origine la vapeur d'eau qui s'élève des océans, des lacs et des fleuves. Certains volent à la même altitude qu'un avion à réaction ; d'autres épousent les contours du sol sous forme de brume. On les nomme en fonction de leur forme et de leur altitude.

2

1

3

LES NUAGES LES PLUS HAUTS **1**

Les nuages noctulescents, sans doute composés d'un mélange de cristaux de glace et de poussières météoritiques (ici à Stockholm, SWE), volent à environ 80 km d'altitude. On les admire après le coucher du soleil, lorsque ses rayons les éclairent en dessous. Les nuages nacrés (*encadré*, en Antarctique) sont une variété rare de cirrus, nuages communs volant le plus haut – à une altitude d'environ 9 km. Les nuages nacrés peuvent s'élever jusqu'à 24 km d'altitude.

LES NUAGES LES PLUS BAS **2**

Les stratus, nuages gris-blanc communs, ont des contours peu définis formant des masses ou des couches étendues à des altitudes inférieures à 2 000 m. Lorsqu'ils dérivent au niveau du sol, on les appelle « brouillard » (ici à Daly City, Californie, USA). En raison du réchauffement de l'air au cours de la journée, le brouillard matinal peut évoluer en stratus et donner bruine ou neige. Si d'autres nuages ne se trouvent pas au-dessus du plafond de stratus, le soleil et la lune restent visibles.

LES NUAGES AVEC LA PLUS GRANDE EXTENSION VERTICALE **3**

Dans les tropiques, les cumulonimbus les plus massifs atteignent une hauteur d'environ 20 000 m – plus de 2 fois l'Everest. Ces tours géantes, alimentées par de forts courants ascendants, sont appelées « cumulonimbus en enclume » lorsqu'elles forment un sommet plat, ce qui se produit quand le nuage atteint l'air plus rare de la stratosphère. Les cumulonimbus provoquent orages et phénomènes violents.

LE PLUS DE MANIFESTATIONS DE POUDRIN DE GLACE **4**

Plateau Station, station de recherche américaine (aujourd'hui désaffectée) sur le plateau antarctique central, a enregistré la formation de poudrin de glace en moyenne 316 jours par an. Ces nuages composés de cristaux de glace se forment dans l'air froid situé sous une couche plus chaude. Le poudrin de glace, moins épais que le brouillard, miroite lorsque les rayons du soleil se reflètent et se réfractent sur chaque cristal de glace. Il est commun dans les régions polaires.

CHRONOLOGIE

5,9 MA { **La plus grande mer asséchée**
Divers processus géologiques bloquent le détroit entre l'océan Atlantique et la mer Méditerranée, transformant celle-ci en lac salé presque entièrement asséché.

6

4

7

8

5

LES PLUS GRANDS NUAGES DE TYPE SOLITON **5**

De très rares formations nuageuses appelées « solitons » conservent leur aspect tout en se déplaçant à vitesse constante. La plus grande manifestation régulière de ce phénomène, connue sous le nom de « Morning Glory », apparaît dans le golfe de Carpentarie (AUS). Cette bande nuageuse en forme de rouleau de 1 000 km de long et 1 km de haut avance à 60 km/h. Le Morning Glory attire de nombreux planeurs qui « surfent » sur l'air ascendant à l'avant du phénomène.

LES NUAGES LES PLUS LENTS **6**

Les nuages lenticulaires se forment souvent sous le vent près du sommet d'une montagne ou d'une autre barrière géographique. Ils restent immobiles alors que l'air s'agite autour d'eux. Ils apparaissent seuls ou en couche jusqu'à 12 000 m d'altitude. Tandis que la masse d'air stable se déplace rapidement vers le haut sous l'effet de la géographie particulière des lieux, l'humidité contenue se condense pour former ces nuages. On les prend souvent pour des ovnis en raison de leur forme lisse, ronde ou ovale.

LA VARIÉTÉ DE NUAGES LA PLUS RÉCENTE **7**

La dernière variété de nuages distincts, *cirrus intortus* (« entortillé » en latin), a été identifiée en 1951. Ces cirrus très fins se forment en altitude et constituent des filaments enchevêtrés et irréguliers. En 2009, une nouvelle formation nuageuse, *undulatus asperatus*, a été proposée par la Cloud Appreciation Society. Relativement rare, elle se caractérise par sa ressemblance avec une vague. Ces nuages tendent à se dissiper sans provoquer d'orages.

LE VORTEX EN FER À CHEVAL LE PLUS DURABLE **8**

L'observation du vortex en fer à cheval, ou nuage en forme de moustache, très rare, dure moins de 1 min de sa formation à sa dissipation. Il se produit quand l'air environnant entre en rotation, comme lors de la formation d'une tornade. La colonne d'air en rotation étant horizontale et non verticale, elle ne provoque pas de tourbillon et le courant ascendant engendre un nuage en forme de croissant. Ce phénomène a rarement été saisi sur pellicule.

L'oiseau volant le plus lourd
Argentavis magnificens, un oiseau massif ressemblant au condor et pesant jusqu'à 72 kg – plus lourd qu'un homme adulte – régnait sur le ciel du miocène en Amérique du Sud.

5 MA

CHRONOLOGIE

ÉTRANGE GÉOLOGIE

La plus grande structure géologique découverte depuis l'espace

Située dans le Sahara, en Mauritanie, la structure de Richat est un bassin sédimentaire d'un diamètre de 50 km, constitué d'anneaux concentriques. D'abord interprété comme un cratère météoritique, on pense désormais qu'il s'agit des résidus érodés du soulèvement d'un dôme magmatique. Cette structure en forme d'oculus caractéristique a été découverte par les astronautes Jim McDivitt et Ed White (tous 2 USA) lors de la mission *Gemini 4*, en juin 1965.

L'océan le plus récent

En 2005, un rift de près de 56 km s'est ouvert dans la dépression de l'Afar (point le plus bas d'Afrique, ou dépression du Danakil, ETH). En novembre 2009, des analyses scientifiques ont montré qu'il s'agit des prémices de la formation d'un nouvel océan. Sous l'Afar, les forces tectoniques s'apparentent à celles se produisant au fond de l'océan, lorsqu'une nouvelle croûte terrestre se forme et que l'ancienne se dissocie.

La plus grande « forêt de pierre »

Le grand Tsingy, dans l'ouest de Madagascar, est une forêt de pierre de 600 km². Il s'agit d'éperons calcaires du jurassique (201,3-145 millions d'années). Depuis, le calcaire érodé par la pluie a formé un paysage où certains pics culminent à 90 m.

Les sillons de « pierres mouvantes » les plus longs

La Racetrack Playa – lit d'un lac asséché dans la vallée de la Mort (USA), à la frontière entre le Nevada et la Californie – abrite les « pierres mouvantes ». Ces rochers semblent se déplacer en laissant des sillons pouvant atteindre 880 m de long. En décembre 2013, deux scientifiques découvrent la cause de ce phénomène en inspectant leur équipement. Il suffit qu'un vent modéré survienne au moment du réchauffement d'une fine couche de glace : lors de la fonte, la pierre avance sous l'action de la force nommée « poussée des glaces ».

Le plus d'arches naturelles

Le Parc national des Arches (Utah, USA) compte 2 067 arches naturelles, dont l'orifice dépasse 90 cm ; le plus grand atteint près de 97 m.

Les plus grandes concrétions sphériques

Ces concrétions ressemblant à des boulets de canon se forment sous l'effet de la cémentation naturelle du sable par la calcite, un minéral. Les plus grands spécimens mesurent 6 m de diamètre. On les trouve à Rock City (Kansas, USA), ainsi que dans le centre du Wyoming et le nord-est de l'Utah (USA), où ils sont associés à la formation géologique de la Frontière, datant du crétacé supérieur (vers 66-100 millions).

LE SAVIEZ-VOUS ?

Wave Rock (ci-dessous) est composée de granite et date de 2,7 milliards d'années. Sa formation résulte de l'érosion du granite par l'acidité du sol qui la recouvrait. Elle appartient au craton d'Yilgarn, élément de la masse continentale australienne originelle.

LA PLUS LONGUE ARCHE NATURELLE

Le pont de Xianren (Xianren Qiao, le « pont féerique ») se situe au nord-ouest de Fengshan (Guangxi, CHN). Sous-catégorie d'arche connue sous le nom de pont naturel, Xianren Qiao s'est formé sous l'action de la rivière Buliu à travers la roche calcaire. En octobre 2010, une expédition de The Natural Arch and Bridge Society a mesuré sa portée à 120 m.

La plus grande falaise ondulée

Wave Rock, 110 m de long sur 11-12 m de haut, montre une paroi exposée de 1 210-1 320 m². Cette formation naturelle se trouve sur la face nord de Hyden Rock en Australie-Occidentale.

3,6 MA

Les plus anciennes empreintes d'hominidé
Deux ou trois hominidés marchant en position bipède sur les plaines couvertes de cendres de l'actuel Laetoli (nord de la Tanzanie) laissent leurs empreintes. La piste se compose de 70 marques disposées en deux sillons parallèles de 30 m.

EN BREF

La pierre ponce est la seule pierre qui flotte • Le sable ne constitue que 30 % du Sahara • Les scientifiques ont identifié environ 4 000 minéraux • On pourrait aligner près de 4 millions d'Empire State Building dans le Grand Canyon

La plus haute arche naturelle

À l'ouest-nord-ouest de Kacshgar (Xinjiang, CHN), Tushuk Tash (le « rocher percé », ou arche Shipton) est une arche naturelle composée d'un aggloméral de matériaux. En 2000, une expédition du *National Geographic* a mesuré sa hauteur à 366 m – seulement 50 m de moins que l'Empire State Building, à New York.

La chute d'eau comptant le plus de ponts naturels
Découvert en 1952, le gouffre des Trois Ponts, à Tannourine (LBN) abrite une chute d'eau qui culmine à 255 m. Creusée dans un calcaire du jurassique datant de 160 millions d'années, cette chute est traversée par trois formations naturelles en forme de pont.

La plus longue cavité naturelle
Mammoth Cave (Kentucky, USA) est un complexe souterrain de cavernes calcaires, dont environ 640 km ont été explorés à ce jour. Érodée par la Green River et ses affluents, la structure s'est formée en quelque 25 millions d'années. Elle abrite près de 200 espèces indigènes, pour la plupart des invertébrés.

La cavité naturelle la plus profonde
Le 10 août 2013, le Gennady Samokhin (UKR) a augmenté de 6 m la profondeur explorée du gouffre de Krubera-Voronja, dans le massif de l'Arabika (GEO). Seule cavité connue de plus de 2 km, Krubera atteint officiellement la profondeur de 2 197 m.

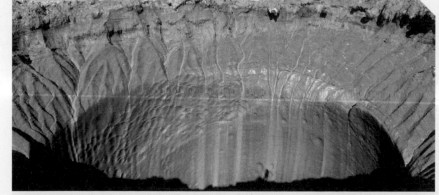

La plus grande concentration de cratères provoqués par une explosion de méthane

En juillet 2014, au-dessus de la péninsule de Yamal (nord-ouest de la Sibérie), un pilote survole un cratère récent d'environ 60 m de diamètre et 70 m de profondeur. Les scientifiques pensent qu'il s'est constitué après une explosion de méthane piégé dans le pergélisol. Sept formations équivalentes ont été depuis découvertes ; l'une d'elles est entourée de 20 plus petites.

Le plus grand canyon en fente

Les canyons en fente ont pour origine une simple fissure dans un rocher, qui s'élargit progressivement au cours des millénaires sous l'action de l'eau vive et des crues éclair. On en trouve notamment dans l'Utah (USA), en raison de son aridité et de la présence de grès friable. Le plus étroit canyon en fente du Parc national Zion (Utah) plonge à près de 600 m, alors que ses parois ne sont séparées que de 10 m au maximum. Ce canyon serpente sur 25 km à travers le Parc national de Zion (photo) ; les randonneurs mettent environ 13 h à le traverser.

Le 1er humain reconnaissable
Homo habilis utilise des outils. Il pourrait descendre d'un hominidé de type *Australopithecus afarensis*, bien qu'il possède des dents plus petites et un cerveau plus gros que ceux de ses ancêtres. Il vit dans l'est et le sud de l'Afrique moderne.

2,5 MA

CHRONOLOGIE

RÉCIFS

Le plus ancien récif corallien
Le récif de Chazy, récif corallien fossile, s'étend du Tennessee (USA) à Terre-Neuve (CAN). Il s'est formé il y a environ 450 millions d'années dans l'océan Iapetus. L'île La Motte sur le lac Champlain (Vermont) représente son affleurement le plus important. Cette île rocailleuse était autrefois une vaste colonie de coraux stromatopores.

Le récif photosynthétique le plus profond
En 1999, des recherches menées en eau profonde à Pulley Ridge, au large des côtes de la Floride (USA), ont révélé un nouveau type d'écosystème corallien. Contrairement aux récifs en eaux profondes étudiés jusque-là, Pulley Ridge a des algues photosynthétiques. Cela est étonnant, car il se situe à une profondeur de 80 m et ne reçoit que 1 % de la lumière qui atteint la surface.

On trouve des coraux d'eau profonde sur toute la planète, de la Norvège à la

LE RÉCIF LE PLUS LONG

La Grande Barrière de corail, située au large des côtes du Queensland, au nord-est de l'Australie, mesure 2 027 km (Miami – New York ou Madrid – Rome).

La Grande Barrière de corail est en réalité une « formation corallienne », composée de près de 2 900 colonies de corail vivant, qui couvre 207 200 km². Son écosystème, très divers, mais fragile, se maintient grâce à l'équilibre délicat qui règne entre plus de 5 000 espèces abritées en son sein. Toutefois, les interférences humaines, mêmes mineures, ont des effets catastrophiques. Par exemple, on pense que la surpêche de certains prédateurs a favorisé la surpopulation d'étoiles de mer se nourrissant exclusivement de corail ; elles peuvent dévorer des récifs entiers.

Nouvelle-Écosse. Comme ils sont difficilement accessibles, on connaît peu leur écosystème et leur cycle de vie.

LES PLUS GRANDS...

Formation corallienne
Une formation corallienne composée d'éponges siliceuses, longue de 7 000 km, prospérait dans l'océan Téthys à la fin du Jurassique (157-145 millions d'années). Elle atteignait plus de 3 fois la longueur de la Grande Barrière de corail. On pensait ces récifs éteints avant d'en découvrir des spécimens vivants dans les années 1980.

La **plus grande formation de récifs d'éponges siliceuses** se trouve au large de la côte pacifique du Canada, où elle couvre 700 km² au fond du bassin de

Le plus grand atoll surélevé

Un atoll surélevé a pour origine un atoll normal, en grande partie submergé, que les forces tectoniques vont remonter au-dessus du niveau de la mer. Le plus vaste de ces atolls, l'île Lifou, au sud-ouest du Pacifique, couvre 1 207 km² et abrite près de 10 000 habitants.

la Reine-Charlotte. Elle abrite des éponges atteignant 21 m de haut – 7 étages –, âgées de plus de 9 000 ans.

Barrière de corail de l'hémisphère nord
Les barrières de corail sont séparées du continent ou

1,65 MA

Les outils en pierre les plus anciens
En Afrique, il s'agit d'outils ovales ou en forme de poire, faits d'éclats de pierre façonnés pour créer des bords plus ou moins tranchants. Les plus anciens de ces outils acheuléens proviennent de la région du Turkana au nord-ouest du Kenya.

EN BREF

Techniquement, le mot « récif » décrit n'importe quelle structure sous-marine • Les coraux sont des invertébrés marins (phylum des cnidaires) apparentés aux méduses et aux anémones • Les récifs coralliens abritent près de 25 % de toutes les espèces de poissons.

Le plus grand archipel d'atolls

L'archipel des Tuamotu, au cœur du Pacifique, compte 75 atolls qui s'étendent sur plus de 1 450 km. Le plus grand atoll, Rangiroa (*voir photo*), couvre une superficie de près de 1 640 km², pour une partie émergée de seulement 79 km².

La plus grande extinction de corail

En 1998, une augmentation des températures océaniques engendrée par le phénomène El Niño a provoqué le blanchiment et la mort d'environ 16 % des récifs coralliens. Le blanchiment résulte de l'expulsion par le corail endommagé de son algue symbiotique et ne laisse qu'un squelette blanc (*ci-dessus*). Une disparition similaire s'est produite en 2010. De nombreux scientifiques pensent qu'une 3e extinction est en cours.

de l'île par un lagon profond et souvent assez vaste. Contrairement au Pacifique où elles prolifèrent, les Caraïbes en abritent peu. Dans l'hémisphère nord, la barrière de corail du Belize, courant de la côte sud du Mexique au nord du Guatemala, est la plus étendue. Elle n'est devancée que par la Grande Barrière de corail, la **plus grande formation corallienne de l'hémisphère sud**, mais également le **plus long récif du monde** (*à gauche*).

Récif à double barrière

De nos jours, il n'existe plus que 6 doubles barrières de corail. L'une des plus vastes, le récif de Danajon, atteint 272 km². Elle se trouve entre les îles de Cebu et de Bohol (PHL).

Atoll

Un atoll est un récif corallien plus ou moins circulaire entourant un lagon peu profond.

Le plus important, Kwajalein, dans les îles Marshall, serpente sur 283 km autour d'un lagon de 2 850 km² – la **plus grande étendue d'eau encerclée par un atoll**. Ce lagon est si vaste qu'on ne voit pas les îles d'une rive à l'autre.

Si Kwajalein est l'atoll le plus étendu, il dépasse rarement le niveau de la mer,

Le **plus grand atoll pour sa superficie terrestre**, Kiritimati, fait partie de l'archipel des îles de la Ligne, au centre du Pacifique. Atoll en partie émergé (*à gauche*), ses îles couvrent 609 km² autour d'un petit lagon.

Récif frangeant

Ce type de récif apparaît près de la côte, sans lagon. Le plus long, le récif de Ningaloo, sur la côte de l'Australie-Occidentale, court sur près de 300 km à environ 100 m du rivage en son point le plus proche.

Réserve marine

Le monument national marin de Papahanaumokuakea s'étend sur 356 879 km² dans le Pacifique. Les récifs présents dans cette région protégée – grande comme l'Allemagne – abritent plus de 7 000 espèces, dont 25 % sont endémiques.

LE SAVIEZ-VOUS ?

La « Great Carrier Reef » n'est pas le seul récif abritant un navire de guerre. Au fond de l'atoll de Kwajalein (*à gauche*) se trouve l'épave du *Prinz Eugen*, coulé alors que l'US Navy l'utilisait lors des essais nucléaires de 1946. En raison de sa radioactivité, il n'a pas été démantelé. Il est un site de plongée apprécié.

Le plus grand récif artificiel

En 2004, l'US Navy a offert l'USS *Oriskany*, un porte-avions de 277 m qui rouillait dans un chantier naval depuis 1976, afin d'en faire un récif artificiel. Le 17 mai 2006, après les 2 années nécessaires pour enlever tous les matériaux isolants toxiques, l'*Oriskany* a été envoyé par le fond dans le golfe du Mexique grâce à 227 kg d'explosifs soigneusement disposés (*ci-dessous*). Depuis, il a attiré une vie marine abondante et est devenu un site de plongée populaire (*à gauche*), connu sous le nom de « Great Carrier Reef ».

Le plus vieil instrument de musique
Dans un campement situé près de l'actuelle Ljubljana (SVN), un homme de Néandertal perce de quatre trous le fémur d'un ours des cavernes (*Ursus spelaeus*) afin d'en faire une flûte.

43000 AV.J.-C.

CHRONOLOGIE

FORÊTS HUMIDES

La 1re utilisation d'un radeau des cimes pour les recherches sur les forêts humides

En octobre 1986, le botaniste Francis Hallé (FRA) dirige la première expédition de la canopée tropicale à la crique couleuvre (GUF). Son équipe emploie le « radeau », une plate-forme inventée par l'aéronaute Dany Cleyet-Marrel (FRA) et larguée au sommet des arbres par un aérostat (aéronef plus léger que l'air). Le radeau, un hexagone de 580 m², est constitué de montants gonflables et de filets en PVC. Pesant 750 kg, il est conçu pour se poser sur la canopée sans en entraver la pousse. La première expédition a permis aux scientifiques de recueillir des échantillons d'arbres et de plantes, et de les conserver pour des études ultérieures.

Le plus ancien biome terrestre
La plupart des forêts tropicales humides existent depuis au moins 1 million d'années. Elles ont survécu à la dernière glaciation, ayant pris fin il y a 10 000 ans car, contrairement à une grande partie de la planète, elles n'ont pas gelé.

La **plus vieille forêt humide**, la forêt de Daintree, se trouve sur la côte nord-est du Queensland (AUS). Elle couvre près de 1 200 km² et appartient aux Tropiques humides du Queensland, un parc classé au patrimoine mondial de l'humanité en 1988 par l'Unesco. Cette région représente la plus grande zone contiguë de forêts humides en Australie.

On estime son âge à 180 millions d'années.

La plus grande forêt tempérée humide
Les forêts tempérées humides se développent hors des tropiques et se forment en règle générale dans les régions du monde où les températures océaniques relativement clémentes affectent le climat à l'intérieur des terres. Elles connaissent des variations saisonnières beaucoup plus marquées que les forêts tropicales humides. Sur la Terre, la plus grande étendue de ce biome, les forêts tempérées humides du Pacifique, couvre environ 295 000 km² de la côte ouest des États-Unis et du Canada. Elles n'existent que depuis quelques milliers d'années, s'étant constituées après le dernier épisode glaciaire.

La plus grande mangrove
Les Sundarbans s'étendent sur près de 15 540 km² à l'est de l'Inde et du Bangladesh et offrent une barrière naturelle contre les tsunamis et les cyclones qui naissent dans le golfe du Bengale. Certaines rhizophoracées, tels les palétuviers, culminent à plus de 21 m au-dessus des îles de sable et d'argile grise. Leurs racines sont adaptées à l'eau salée.

Le plus grand espace protégé de forêt tropicale
Le Parc national des montagnes du Tumucumaque se trouve dans la forêt humide du nord de l'État amazonien d'Amapá

La plus grande pharmacie naturelle

Près de 25 % des médicaments occidentaux proviennent d'ingrédients puisés dans les forêts tropicales humides en raison de leur très riche biodiversité. Depuis des millénaires, les peuples indigènes utilisent les plantes pour se soigner, mais le monde industrialisé ne les a redécouvertes qu'à partir de la seconde moitié du XXe siècle.

(BRA). Couvrant environ 38 875 km², la réserve abrite de nombreuses espèces menacées, animales ou végétales. Le président Fernando Henrique Cardoso (BRA) a annoncé la création du parc le 22 août 2002.

Le plus grand bassin fluvial
Il s'agit de celui de l'Amazone, qui draine environ

Le biome à la biodiversité la plus importante

Le nombre précis d'espèces animales et végétales présentes dans les forêts tropicales humides du monde reste inconnu. Les estimations actuelles suggèrent qu'entre 50 et 75 % de toutes les espèces vivant sur Terre se concentrent dans cet habitat qui, de nos jours, recouvre seulement 6-7% de la surface de la planète.

Les plus vieilles peintures
Un groupe d'humains de l'âge de pierre peint animaux et bêtes imaginaires sur les parois d'une caverne dans le sud de la France.

EN BREF

Près de 70 % des plantes identifiées en tant que traitement potentiel du cancer proviennent des forêts humides • Si la forêt amazonienne était un pays, il serait le 9ᵉ plus vaste • Plus de 20 % de l'oxygène terrestre est produit dans la forêt humide amazonienne

Les plus grands arbres de la forêt tropicale humide

Au-dessus de la canopée des forêts humides se trouve une couche supérieure comprenant un petit nombre de très grands arbres « émergents ». Le plus haut, le kapok *(Ceiba pentandra)* atteint 60 m, au rythme d'environ 4 m par an. Il pousse dans le sud du Mexique et de l'Amazonie, et en Afrique de l'Ouest.

les forêts humides du Queensland (AUS), est un saprophyte – elle se nourrit de matière organique en décomposition. Plante grimpante, elle s'accroche à d'autres arbres.

Le biome dont la régression est la plus rapide

Les forêts tropicales humides se réduisent plus vite que tout autre biome. À l'aide d'images satellites, une étude de 2002 révélait qu'environ 5,8 millions d'ha de forêts humides avaient disparu chaque année entre 1990 et 1997. Entre 2000 et 2005, l'Amérique centrale a perdu 1,3 % de ses forêts tropicales humides par an ; depuis 1950, près des deux tiers sont devenus des pâtures.

La plus grande déforestation par région

La « déforestation » correspond à la disparition des arbres, dans les forêts naturelles ou les plantations, et elle résulte de facteurs artificiels (entreprises forestières) ou naturels (incendies, maladies, tempêtes). Selon les données de l'université du Maryland et de Google publiées par Global Forest Watch, entre 2001 et 2014, la Russie a connu la plus importante déforestation – notamment de ses taïgas – avec une perte de 40,94 millions sur 761 millions d'hectares boisés.

Au niveau mondial, le Brésil et l'Indonésie (qui possèdent parmi les plus grandes forêts humides de la planète) font depuis longtemps l'objet d'une surveillance accrue en raison de leur taux de déforestation. Le Brésil a perdu 38 millions de ses 519 millions d'hectares de couvert arboré, se plaçant juste derrière la Russie entre 2001-2014 pour la perte du couvert forestier en valeur absolue (notamment la forêt humide). Malgré une baisse en 2013, la déforestation en Indonésie a cru de 30 % en 2013-2014 – la **plus forte déforestation en taux d'accroissement annuel** – tandis qu'au Brésil, le taux s'établissait à 16 % durant la même période. Les deux pays montrent une tendance moins marquée sur 3 ans entre 2012-2014 – respectivement 0,46 % et 1,01 % .

7 045 000 km². Il compte de nombreux affluents, parmi lesquels le Rio Madeira, lequel, mesurant 3 380 km, décroche le titre du **plus long affluent**.

En toute logique, l'Amazone est le **fleuve le plus large**. En dehors de la saison des pluies, ses principales portions atteignent des largeurs supérieures à 11 km.

L'Amazone enregistre aussi le **débit le plus important**, avec un débit moyen de 200 000 m³/s – soit 80 % d'une piscine olympique – dans l'océan Atlantique.

La plus grande orchidée

Une longueur de 15 m a été enregistrée pour l'orchidée *Galeola foliata*. Appartenant à la famille des vanilles, cette fleur qui pousse dans

LA PLUS GRANDE FORÊT TROPICALE HUMIDE

La forêt humide amazonienne s'étend sur 9 pays d'Amérique du Sud et couvre 5,5-6,2 millions de km². Il s'agit d'une estimation, car la forêt ne connaît pas de limites précises ; elle se mêle par ailleurs à des biomes similaires le long de ses frontières indistinctes. Elle appartient au biome amazonien – qui s'étire sur 6,7-6,9 millions de km² – et englobe l'ensemble du bassin du fleuve Amazone. Près des deux tiers de cette forêt humide se trouvent au Brésil.

La densité la plus élevée de peuples isolés

Selon l'organisation de défense des droits humains Survival International, il reste environ 100 peuples isolés dans le monde actuel. On pense que plus de la moitié d'entre eux vivent dans la région amazonienne s'étendant entre le Brésil et le Pérou. La plupart de ces populations choisissent de ne pas avoir de contact avec le monde extérieur en manifestant parfois de l'hostilité envers les intrus, y compris les tribus voisines.

La plus grande chute d'eau de tous les temps
Le barrage de glace retenant le lac glaciaire de Missoula s'effondre et déverse des milliards de tonnes d'eau par-dessus ses falaises à l'est de l'actuel État de Washington (USA). ⟩ **13000 AV.J.-C.** ▶

CHRONOLOGIE

PLANTES TUEUSES

La plante carnivore la plus fluorescente

Une étude de 2013 a montré que le péristome (anneau glissant qui se situe sur le pourtour de l'urne) de la plante carnivore des monts Khas (*Nepenthes khasiana*) en Inde émet une lumière fluorescente d'une longueur d'onde de 430 à 480 nanomètres, c'est-à-dire une lumière bleue.

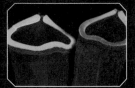

La 1re espèce végétale identifiée sur Facebook

Long de près de 1,5 m et nommé avec à-propos « droséra magnifique », *Drosera magnifica* fait partie des 200 espèces de plantes carnivores de la famille des Droséracées. En 2012, le chercheur amateur Reginaldo Vasconcelos (BRA) a posté sur Facebook la photo d'un droséra découvert lors d'une exploration de la jungle du Minas Gerais, au sud-est du Brésil. En juillet 2015, les botanistes affirment qu'il s'agit d'une espèce jusque-là inconnue.

Originaire d'Australie-Occidentale, *D. erythrogyne* est le **plus grand droséra**. Il produit une longue tige grimpante susceptible d'atteindre 3 m. Les droséras se répartissent sur toute la planète. Ces plantes carnivores très connues capturent et digèrent

L'arbre le plus dangereux

Membre de la famille des Euphorbiacées, le mancenillier (*Hippomane mancinella*) pousse dans les Everglades (Floride, USA) et sur le littoral caribéen. Au moindre contact avec la peau humaine, la sève acide et toxique exsudée par le tronc provoque des éruptions cutanées ; si elle touche les yeux, elle peut engendrer la cécité. S'abriter sous l'arbre en cas d'averse est susceptible de causer une réaction inflammatoire si la peau est atteinte par des gouttes de pluie contenant de la sève.

insectes et petits invertébrés. Elles les piègent grâce à leur mucilage : ressemblant à la rosée. Il brille au bout des tentacules qui le sécrètent.

La plante carnivore la plus résistante au feu

Native de l'extrémité sud de la chaîne des Cascades (nord de la Californie et sud de l'Oregon, USA), la plante cobra (*Darlingtonia californica*) dispose d'un piège en forme d'urne. En raison des feux de forêt qui

ravagent régulièrement la région, la plante cobra a évolué : la capacité de repousse de ses feuilles et de ses urnes à partir des racines a augmenté.

La plus grande proie d'une plante carnivore

Nepenthes rajah et *N. rafflesiana* mangent de grosses grenouilles, des oiseaux et même des rats. On trouve ces espèces dans les forêts humides d'Asie, notamment à Bornéo, en Indonésie et en Malaisie.

La plante carnivore la plus sélective

Nepenthes albomarginata se nourrit exclusivement du termite *Hospitaliterme bicolore*. Poussant dans les forêts humides de Malaisie et d'Indonésie, *N. albomarginata* est également la seule plante capable de « s'amputer » afin de s'assurer un repas. Ses poils blancs comestibles (« trichomes ») appâtent les insectes qui tombent alors dans son « gosier » avant d'être digérés. Involontairement,

LE PIÈGE LE PLUS RAPIDE D'UNE PLANTE CARNIVORE

Les plantes carnivores piègent leur proie grâce à des mouvements parmi les plus rapides du règne végétal. Sur terre, les feuilles en forme de mâchoires de la dionée attrape-mouche (*Dionaea muscipula*, à gauche) se referment en 1/10e de seconde (100 millisecondes) à partir de la stimulation – généralement quand une proie s'approche du piège. Sous l'eau, les trappes à clapet de l'utriculaire commune (*Utricularia vulgaris*, à droite) capturent ses victimes en 1/15 000e de seconde. L'utriculaire commune n'a pas de racines ; des feuilles remplies d'air lui permettent de flotter entre deux eaux.

INFO

Les feuilles et les tiges de la tomate contiennent un poison, la tomatine, considéré comme pesticide naturel. Les pépins de pomme contiennent une minuscule dose d'amygdaline – un composé de sucre et de cyanure.

CHRONOLOGIE

9500 AV. J.-C.

Les 1res cultures vivrières
En Asie du Sud-Ouest, au Néolithique, des fermiers sèment des plantes domestiquées pour la consommation humaine : légumineuses, céréales ou lin.

La plante commune la plus vénéneuse

Le ricin – le poison du ricin commun (*Ricinus communis*) – est 6 000 fois plus toxique que le cyanure et 12 000 fois plus toxique que le venin du crotale. Selon *The Merck Index: An Encyclopedia of Chemicals, Drugs, and Biologicals* (édition de 1997), une dose de 700 microgrammes suffirait pour tuer une personne pesant 72 kg.

La piqûre la plus dangereuse

Les fins poils urticants blancs de l'ongaonga néo-zélandaise (*Urtica ferox*) injectent une toxine suffisamment puissante pour tuer chiens et chevaux. Ils contiennent notamment histamine, 5-hydroxytryptamine (sérotonine), acétylcholine et acide formique. En 1961, un homme serait mort 5 h après un simple contact avec cette plante.

La plus grande efflorescence algale en eau douce

En 1991-1992, environ 1 000 km de la rivière Barwon-Darling (AUS) ont été contaminés par une prolifération de cyanobactéries toxiques. Les infiltrations d'engrais agricoles contribuent à l'explosion de la population des colonies d'algues bleu-vert (ou cyanobactéries) et provoquent de tels événements. Ces bactéries produisent des cyanotoxines – substances parmi les plus toxiques connues. L'efflorescence d'*Anabaena circinalis* de la rivière Barwon-Darling a causé la mort du bétail ayant bu l'eau contaminée et a mené à l'instauration de l'état d'urgence.

Le **1er empoisonnement animal connu provoqué par des cyanobactéries d'eau douce** s'est produit dans le lac Alexandrina, en Australie-Méridionale, à la fin du XIXe siècle. Chiens, moutons, cochons, chevaux et bétail divers sont morts après avoir bu l'eau du lac, dont la surface était couverte par une écume de *Nodularia spumigena*.

les termites survivants encouragent leurs congénères à visiter la plante lorsqu'ils reviennent dans la colonie en y apportant les poils.

La plus petite famille de plantes carnivores
Les Céphalotacées ne comprennent qu'une espèce,

Cephalotus follicularis. Cette petite plante dotée d'urnes brun-rouge mesure environ 20 cm. Elle est native de la côte sud-ouest de l'Australie-Occidentale.

Le champignon le plus vénéneux
L'amanite phalloïde (*Amanita phalloides*), ou calice de la

mort, est responsable de 90 % des empoisonnements mortels provoqués par les champignons. On la trouve dans le monde entier, surtout en Amérique du Nord et en Europe.

Le genre le plus nombreux de plantes carnivores à piège passif

Le genre *Nepenthes* compte près de 150 espèces de plantes tropicales à piège passif, en plus des hybrides et des cultivars. La **plus grande plante carnivore**, *Nepenthes rajah (à droite)*, s'épanouit dans l'État du Sabah à Bornéo. Découvert le 26 mars 2011, lors d'une exploration de la Sabah Society à Mesilau, sur le flanc est du mont Kinabalu à Bornéo, le plus grand spécimen atteignait 41 cm (*ci-dessous*).

Le plus vieux village fortifié
Avec près de 2 000 habitants, Jéricho, au Proche-Orient, est l'un des 1ers villages offrant un rempart de pierre. C'est aujourd'hui la **plus ancienne ville habitée de façon continue**.

7800 AV. J.-C.

CHRONOLOGIE

ANIMAUX

LE SAVIEZ-VOUS ?
Les mâles s'affrontent en période d'accouplement, entre mai et août. Prenant appui sur leur queue musclée, ils se dressent sur leurs pattes arrière et s'empoignent avec les pattes avant. Ils luttent jusqu'à ce que l'un d'entre eux soit blessé ou trop fatigué pour continuer.

7000 AV.J.-C.

Le plus vieil instrument de musique jouable
Une flûte à sept trous a été sculptée dans l'os d'une patte de grue dans le village de Jiahu, près du fleuve Jaune (CHN).
Lors de sa mise au jour par des archéologues 9 000 ans plus tard, elle produit encore du son !

SOMMAIRE

Le plus grand lézard

Sélectionné pour la finale du concours Wildlife Photographer of the Year 2015, ce cliché a été pris en plein combat par le photographe Andrey Gudkov (RUS), en Indonésie. Approcher d'aussi près des dragons de Komodo *(Varanus komodoensis)* est un exploit, notamment et surtout en raison de l'agressivité de ces reptiles de 2,25 m de long.

On a longtemps cru qu'ils avaient essentiellement pour armes les bactéries toxiques de leur salive et leurs dents acérées. En 2009, des scientifiques ont confirmé qu'en plus de mordre leurs proies, ils les empoisonnaient grâce aux glandes venimeuses de leur mâchoire inférieure – ce qui fait du varan de Komodo le **plus gros animal terrestre venimeux**.

Les 1ᵉʳˢ fours de potiers

Alors que l'argile était cuite jusque-là au soleil, la civilisation Hassuna, au nord de la Mésopotamie (Irak actuel), révolutionne la poterie en mettant au point des fours pouvant atteindre 1 000 °C.

6000 AV.J.-C.

CHRONOLOGIE

ANIMAUX

Le règne animal est d'une diversité extraordinaire. Entre les méduses au corps gélatineux ou les êtres primitifs que sont les éponges et des organismes incroyablement complexes comme les puces d'eau ou encore les dauphins à l'intelligence ultra-développée, la gamme est extrêmement vaste... et pas seulement chez les animaux marins !

Côté taille, l'éventail est lui aussi très large, des organismes unicellulaires à l'énorme baleine bleue, l'animal le plus grand de l'histoire. Nous avons choisi de présenter ici une sélection d'animaux qui sortent de l'ordinaire, que ce soit par la taille, le poids, l'envergure ou l'appétit ; pour chacun, une comparaison illustre leur caractère phénoménal

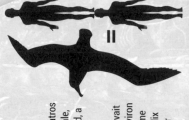

L'OISEAU À LA PLUS GRANDE ENVERGURE

Le 18 septembre 1965, un albatros hurleur (*Diomedea exulans*) mâle, une espèce des océans du Sud, a été examiné par l'équipage du navire océanographique *Eltanin*, en mer de Tasman. Il avait une envergure de 3,63 m — environ deux fois la hauteur d'un homme de taille moyenne et presque dix fois l'envergure d'un merle noir (*Turdus merula*).

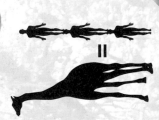

LE MAMMIFÈRE LE PLUS HAUT

Une girafe mâle adulte (*Giraffa camelopardalis*) mesure en moyenne 4,6-5,5 m de haut.

Le plus grand spécimen répertorié à ce jour est une girafe Masaï mâle (*G. c. tippelskirchi*) de 5,8 m de haut baptisée George. Originaire du Kenya, elle fut accueillie au zoo de Chester (Cheshire, GBR), le 8 janvier 1959. Elle était plus de trois fois plus haute qu'un homme.

LE PLUS GRAND MAMMIFÈRE TERRESTRE

L'éléphant de savane adulte mâle (*Loxodonta africana*) mesure en moyenne 3-3,70 m au garrot. Il pèse 4-7 t – un poids moyen équivalent à celui de 90 hommes. Le plus grand spécimen connu – un mâle abattu le 4 avril 1978 – mesurait 4,42 m de l'épaule à l'avant du pied. Jamais un éléphant de cette taille n'avait été vu auparavant.

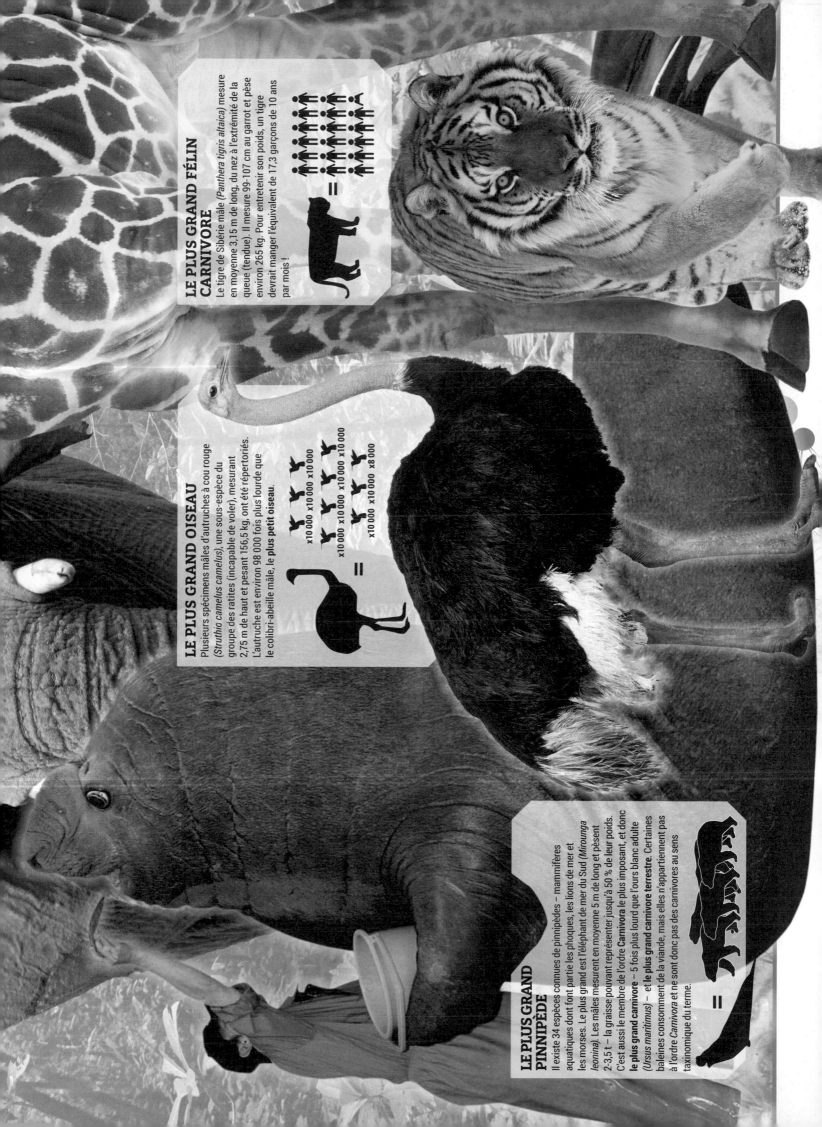

LE PLUS GRAND FÉLIN CARNIVORE

Le tigre de Sibérie mâle (*Panthera tigris altaica*) mesure en moyenne 3,15 m de long, du nez à l'extrémité de la queue (tendue). Il mesure 99-107 cm au garrot et pèse environ 265 kg. Pour entretenir son poids, un tigre devrait manger l'équivalent de 17,3 garçons de 10 ans par mois !

LE PLUS GRAND OISEAU

Plusieurs spécimens mâles d'autruches à cou rouge (*Struthio camelus camelus*), une sous-espèce du groupe des ratites (incapable de voler), mesurant 2,75 m de haut et pesant 156,5 kg, ont été répertoriés. L'autruche est environ 98 000 fois plus lourde que le colibri-abeille mâle, le plus petit oiseau.

x10 000 x10 000 x10 000
x10 000 x10 000 x10 000
x10 000 x10 000 x8 000

LE PLUS GRAND PINNIPÈDE

Il existe 34 espèces connues de pinnipèdes – mammifères aquatiques dont font partie les phoques, les lions de mer et les morses. Le plus grand est l'éléphant de mer du Sud (*Mirounga leonina*). Les mâles mesurent en moyenne 5 m de long et pèsent 2-3,5 t – la graisse pouvant représenter jusqu'à 50 % de leur poids. C'est aussi le membre de l'ordre Carnivora le plus imposant, et donc **le plus grand carnivore** – 5 fois plus lourd que l'ours blanc adulte (*Ursus maritimus*) – et **le plus grand carnivore terrestre**. Certaines baleines consomment de la viande, mais elles n'appartiennent pas à l'ordre Carnivora et ne sont donc pas des carnivores au sens taxinomique du terme.

FOURMIS

ANATOMIE D'UNE FOURMI

Spiracle : les fourmis n'ont pas de poumons. L'oxygène pénètre par des ouvertures, ou spiracles, et il est conduit jusqu'aux organes.

Antennes : organes sensoriels utilisés pour sentir, toucher et palper. Elles peuvent servir à communiquer.

Tête

Bouche

Thorax : partie intermédiaire musclée sur laquelle s'attachent les six pattes articulées, ainsi que les ailes en période de vol (reproduction).

Œil : les yeux composés de la fourmi sont constitués de nombreuses facettes minuscules.

Mandibules : appendices buccaux utilisés pour couper, creuser et se battre, ainsi que pour introduire la nourriture dans la bouche ; elles sont contrôlées par des muscles puissants situés dans la tête.

Gastre : structure abdominale abritant les organes vitaux. Ses segments télescopiques permettent au gastre de se dilater – par exemple si la fourmi a engraissé pour survivre pendant l'hiver.

Patte

Griffes

100%

La plus grande fourmi
Les reines de l'espèce *Dorylus fulvus (ci-dessus)*, qui appartiennent au genre des fourmis magnans, peuvent atteindre 5 cm de long une fois à maturité complète. Les ouvrières, plus petites, ne mesurent que 2,5 cm. Les reines, dépourvues d'ailes, se déplacent avec leurs ouvrières en colonnes, qui se divisent régulièrement pour former de nouvelles colonies.

La taille moyenne la plus élevée pour une espèce de fourmis
La taille varie énormément entre les différentes castes d'une colonie de fourmis. Une espèce dont la reine est beaucoup plus grande que la moyenne n'a généralement pas d'ouvrières anormalement grandes et vice-versa. Si l'on tient compte de la taille moyenne du corps (obtenue en mesurant ouvrières, soldats, drones et reines), l'espèce la plus grande est *Dinoponera gigantea*. Originaire de la forêt amazonienne (BRA, PER et GUY), elle mesure en moyenne 3,3 cm de long.

La plus grande espèce de fourmis de l'histoire
On sait grâce à des fossiles découverts à Messel (DEU) que les reines de *Titanomyrma giganteum*, espèce qui vécut en Europe il y a 50 millions d'années, mesuraient 6 cm pour une envergure de 15 cm.

L'insecte ayant le moins de chromosomes
Les fourmis mâles sont haploïdes (elles n'ont qu'un chromosome de chaque paire), tandis que les femelles sont diploïdes (elles ont les deux chromosomes de chaque paire). *Myrmecia pilosula*, une fourmi australienne, n'a qu'une paire de chromosomes ; le mâle ne possède donc qu'un seul chromosome.

Le **plus grand nombre de chromosomes chez une fourmi** est de 94 (47 paires). Ce chiffre se retrouve chez deux espèces : *Nothomyrmecia macrops*, une fourmi australienne, et *Platythyrea tricuspidata*, une fourmi indonésienne.

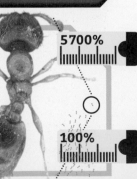

La fourmi la plus aquatique
Polyrhachis sokolova, présente au Queensland (AUS), en Papouasie-Nouvelle-Guinée et en Nouvelle-Calédonie, vit dans les mangroves inondées par la marée. Elle produit des bulles d'air pour isoler son nid et mettre ses œufs à l'abri. Ses ouvrières sont capables de nager longtemps sous l'eau, une adaptation que l'on ne connaît chez aucune autre espèce de fourmi.

La frappe la plus puissante chez un prédateur
Odontomachus bauri, une fourmi d'Amérique du Sud, peut fermer ses mandibules à la vitesse de 64 m/s. Elle utilise celles-ci pour mordre ses proies et pour s'échapper en cas de danger, en les frappant contre le sol pour se propulser à 8,3 cm à la verticale et 39,6 cm à l'horizontale.
C'est comme si un homme sautait à 13,4 m de hauteur.

INFO
De nombreux oiseaux prennent des « bains de fourmis ». L'opération consiste à écraser des fourmis et à s'en enduire les plumes. Sur la photo, un pic chevelu (*Picoides villosus*) dans une position typique de cette pratique. L'acide formique libéré par les fourmis éloigne les parasites.

La piqûre d'insecte la plus douloureuse
En 1983, l'entomologiste Justin O. Schmidt (USA) a publié la première version du Schmidt Sting Pain Index (index de pénibilité des piqûres). Selon cet index, la fourmi balle de fusil – *Paraponera clavata* – présente du Nicaragua au Paraguay, provoque la piqûre la plus douloureuse, avec la note maximale de 4,0+ sur une échelle de quatre points.

La plus petite fourmi
5700%

L'ouvrière de *Carebara bruni*, une espèce originaire du Sri Lanka, ne dépasse pas 0,8 mm, sa taille est 46 fois inférieure à celle de la **plus grande fourmi ouvrière** (*ci-dessus, à droite*). La longueur de *C. bruni* correspond à l'épaisseur d'une carte bancaire.

100%

5000 AV. J.-C.
L'acte chirurgical le plus ancien
Un homme de 50 ans, originaire d'Ensisheim (FRA), subit une trépanation – opération qui consiste à percer un trou dans le haut du crâne. La découverte de son corps 7 000 ans plus tard constitue le plus ancien témoignage d'un acte chirurgical.

La plus longue ouvrière

Une fois allongé, le corps de *Myrmecia brevinoda,* une fourmi géante d'Australie du genre *Myrmecia* (ou fourmi bouledogue), mesure 3,7 cm. La structure sociale de ces fourmis n'étant pas très développée, chaque ouvrière a évolué de façon à avoir assez de force pour se nourrir seule.

LA PLUS LONGUE COLONNE DE FOURMIS

La plupart des colonies vivent dans un nid permanent choisi par la reine et n'en sortent que pour se reproduire ou chercher de la nourriture. Il existe des exceptions, comme les fourmis légionnaires du genre *Eciton* (voir photo) d'Amérique centrale et d'Amérique du Sud, et les fourmis magnans *(Dorylus)* d'Afrique. Les deux genres sont nomades et quittent leur nid par colonies pour partir à la recherche de nouvelles aires d'alimentation. La colonne qui se forme peut atteindre 1 m de large et 100 m de long. Les ouvrières brisent la colonne pour former un nid autour de leur reine chaque nuit.

Le genre de fourmis le plus vaste
Le genre *Pheidole* comptait 1 002 espèces lorsque la dernière étude a été menée en 2014 – sachant que de nouvelles espèces sont en permanence découvertes.

Le **genre de fourmis le moins vaste** est *Nothomyrmecia,* qui ne contient qu'une espèce, *N. macrops (voir page de gauche).* Celle-ci vit dans l'ouest et le sud de l'Australie. Certains entomologistes la considèrent comme un « fossile » vivant en raison de sa morphologie primitive.

La fourmi la plus dangereuse

Myrmecia pyriformis, une fourmi bouledogue présente dans les régions côtières d'Australie, possède de puissantes mâchoires et un dard qui inocule un venin beaucoup plus puissant que le cyanure ou l'arsenic. Cette espèce a provoqué la mort d'au moins trois personnes depuis 1936.

Le saut le plus long d'une fourmi

Harpegnathos saltator, une espèce indienne, est la plus douée des fourmis sauteuses. Elle mesure 1,9 cm de long, mais peut faire des sauts de 10 cm à l'horizontale (plus de cinq fois la longueur de son corps) et de 2 cm à la verticale. Elle se sert pour cela des muscles de ses paires de pattes centrales et postérieures.

La plus grande colonie
La fourmi d'Argentine (*Linepithema humile*) a été introduite en Europe il y a 80 ans, mais elle s'est propagée rapidement, créant une colonie qui s'étend sur 6 000 km du nord de l'Italie à la côte atlantique espagnole.

Les fourmis mâles les plus rares
On a longtemps pensé que *Mycocepurus smithii* faisait partie des espèces ayant une reproduction asexuée, toutes les fourmis de la colonie étant des clones de la reine. Bien que cette hypothèse se soit révélée être fausse, aucun mâle n'a jamais été trouvé. Certains ont avancé qu'ils étaient peut-être microscopiques ou qu'ils ne vivaient que très peu de temps.

La plus grande résistance à la chaleur chez une fourmi
Cataglyphis bombycina (voir la fourmi la plus rapide, à droite) est une fourmi du Sahara qui ne sort chercher de la nourriture que quand la température atteint au moins 46 °C. Elle peut supporter cette fournaise jusqu'à ce que la température de son corps atteigne 53 °C. Cette adaptation lui permet d'éviter les prédateurs moins résistants à la chaleur.

1,8 km/h

La fourmi la plus rapide

C. bombycina, une fourmi du Sahara, peut atteindre 1,8 km/h, c'est-à-dire 100 fois la longueur de son corps par seconde. Par comparaison, Usain Bolt, l'**homme le plus rapide,** ne parcourt « que » six fois la longueur de son corps par seconde. Ces incroyables accélérations lui permettent de s'exposer moins longtemps au soleil et contribuent au refroidissement de son corps par convection *(voir ci-contre).*

GRANDS FAUVES

La plus haute altitude pour des prédateurs terrestres

Des caméras ont pris des clichés d'une panthère des neiges (*Panthera uncia*, photo), animal rare, à 5 800 m d'altitude. Au début des années 1990, un puma (*Puma concolor*) avait été vu à la même altitude dans les Andes sud-américaines.

Le plus grand félin sauvage
Le tigre de Sibérie, ou tigre de l'Amour (*Panthera tigris altaica*), mâle mesure 2,7-3,3 m de long du bout du nez au bout de la queue,

pour une hauteur au garrot de 1-1,07 m et un poids pouvant aller jusqu'à 306 kg.
La plus grande sous-espèce de tigre à dents de sabre, ou machairodonte, aujourd'hui éteint, était *Smilodon*

populator. Il vécut en Amérique du Sud il y a 1 million d'années à 10 000 ans. Il mesurait 1,56 m au garrot, et les plus gros mâles pesaient vraisemblablement plus de 500 kg.

La plus grande espèce de lion de l'histoire était le lion américain (*Panthera leo atrox*), qui vécut en Amérique du Nord (inhabitée à l'époque) et s'éteignit il y a 11 000 ans. Environ 25 % plus gros que les plus grands lions africains actuels, il mesurait 1,6-2,5 m de long (tête et queue) pour 1,2 m au garrot, et pesait jusqu'à 350 kg.

La morsure la plus puissante chez un grand fauve (rapportée à la taille)
La morsure d'un jaguar (*Panthera onca*) est proportionnellement plus puissante que celles des autres grands félins. Un jaguar de 100 kg peut mordre avec une force de 503,57 kg entre deux canines et 705,79 kg entre la pointe de la 4e prémolaire carnassière supérieure et la 1re molaire inférieure.

Le léopard mangeur d'hommes le plus meurtrier
On attribue au « léopard de Panar » la mort de plus

de 400 personnes au début du xxe siècle, à Kumaon, dans le nord de l'Inde. Il fut finalement abattu par le célèbre chasseur Jim Corbett (UK et IND) en 1910.

Le plus petit léopard

À l'âge adulte, le léopard d'Arabie (*Panthera pardus nimr*) pèse environ 30 kg pour le mâle et 20 kg pour la femelle. Il est donc beaucoup plus léger que les huit autres sous-espèces. Ce félin très menacé n'a été officiellement reconnu que récemment.

LES 1ERS LIGRES BLANCS

En décembre 2013, Saraswati (photo), une tigresse du Bengale blanche, a donné naissance aux premiers ligres blancs attestés, au Myrtle Beach Safari (Caroline du Sud, USA). Le père était un lion d'Afrique blanc. Myrtle Beach Safari abrite aussi le **plus grand félin du monde**, Hercules (encadré). Ce ligre mâle est un adulte de 3,33 m de long, qui mesure 1,25 m au garrot et pèse 418,2 kg.

LE SAVIEZ-VOUS ?
Le « ligre » est issu du croisement d'un lion et d'une tigresse. Le croisement d'une lionne et d'un tigre produit un « tigron ». D'autres félins hybrides existent, comme le « jagulep » (croisement jaguar mâle-léopard femelle) et le « lijagulep » (croisement lion mâle-jagulep femelle).

CHRONOLOGIE

3300 AV. J.-C.

Les plus vieux tatouages
« Ötzi, l'homme des glaces » meurt à l'âge de bronze d'une blessure par flèche. Sur son corps momifié retrouvé dans la glace en 1991 – à la limite des Alpes autrichiennes et italiennes –, on découvre 61 tatouages.

52   Animaux

EN BREF
Le léopard des neiges peut faire des bonds équivalant à 7 fois la longueur de son corps • Les rayures du tigre sont différentes d'un animal à l'autre • Le rugissement du lion peut s'entendre à 8 km à la ronde • Le guépard ne rugit pas, il feule.

Les 1ers hybrides de grands et petits félins
Vers la fin du XIXe siècle, des accouplements entre pumas (*Puma concolor*) et léopards (*Panthera pardus*) vivant en captivité au Tierpark d'Hambourg, zoo privé appartenant à un zoologiste et marchand d'animaux, Carl Hagenbeck, ont conduit à la naissance de plusieurs hybrides qui ont survécu jusqu'à l'âge adulte.

Le 1er grand fauve hybride captif issu de trois espèces
En 1908, le zoo de Londres a présenté une femelle « lijagupard », issue d'une mère « jagupard » (hybride d'un jaguar mâle et d'une femelle léopard), née au zoo de Chicago (Illinois, USA) et d'un père lion. Elle avait la sveltesse et les longues pattes d'une lionne, mais était tachetée de grandes rosettes brunes.

LE SAVIEZ-VOUS ?
Les félins ont trois paupières. Ils ont des paupières inférieure et supérieure, et une troisième paupière, la membrane nictitante. Fixée au coin de l'œil près du museau, elle se déplace horizontalement devant le globe oculaire. Chez un félin en bonne santé, elle est repliée sur le côté de l'œil.

Le rugissement de grand fauve ayant la plus basse fréquence
De tous les grands fauves, le lion (*Panthera leo*), originaire d'Afrique et d'Asie, rugit à la fréquence la plus basse. Son rugissement est émis en une seule expiration pouvant durer 90 s et comporte jusqu'à 50 cris d'une fréquence de base de 40-200 Hz. À 1 m, un sonomètre enregistrerait une puissance de 114 dB.

Le grand fauve le moins dangereux pour l'homme
est la panthère des neiges (*P. uncia*). À ce jour, seules deux attaques avérées ont été enregistrées.

Le grand fauve le plus sociable
La plupart des grands fauves sont des animaux solitaires, mais le lion (*P. leo*), qui vit en clan, est réputé pour son caractère sociable. La plupart des clans comprennent cinq ou six lionnes, leurs petits et un ou deux lions, mais on a déjà vu des clans de 30 individus.

La 1re observation d'un lion blanc attestée
Le lion blanc est présent depuis longtemps dans le folklore sud-africain. Le 1er spécimen n'a été aperçu qu'en 1939 par Joyce Little à Timbavati (aujourd'hui réserve de chasse privée), à la lisière ouest du parc national de Kruger (ZAF).

Le plus vieux léopard captif
Un léopard noir (ou panthère noire – *Panthera pardus*) baptisé Ivory, né le 23 septembre 1991, avait 24 ans et 58 jours le 20 novembre 2015. Il appartient à Donna Martin et Working Wildlife (tous 2 USA) et vit à Frazier Park (Califormie, USA).

Le plus grand « petit » félin
Le puma figure au 4e rang des espèces félines par la taille – après le lion, le tigre et le jaguar –, mais il ne fait pas partie des « grands fauves ». Il mesure en moyenne 2,75 m, pour un poids pouvant atteindre 100 kg chez certains mâles. Le puma est aussi le **mammifère ayant le plus de noms communs**. On en connaît plus de quarante, dont couguar, panthère, lion des montagnes et *pi-twal*.

L'incendie le plus long
En Nouvelle-Galles du Sud, une veine de charbon est frappée par la foudre et prend feu ; 5 000 ans plus tard, elle brûle toujours.

3000 AV. J.-C.

CHRONOLOGIE

CROCODILES

Le plus grand crocodile en captivité

Ce crocodile de mer (*Crocodylus porosus*) – Cassius pour ses soigneurs – a été capturé en 1984 après avoir attaqué plusieurs bateaux près de Darwin (AUS). Il affichait la taille impressionnante de 5,48 m de long quand il a été mesuré en 2011 là où il vit, au Marineland Melanesia de Green Island, dans le Queensland.

Le plus grand crocodile de l'histoire

Sarcosuchus imperator, un crocodile monstrueux qui arpentait la surface du globe il y a 110 millions d'années, pesait 8 t et mesurait 11 à 12 m de long. Pour qu'il puisse atteindre cette taille gigantesque, sa croissance durait plus de 50 ans.

Le plus grand crocodile en captivité (de l'histoire)

Même si Cassius (*voir ci-dessus*) est actuellement le plus grand crocodile en captivité, le plus grand de l'histoire était un crocodile de mer de 6,17 m capturé à Bunawan (PHL), le 3 septembre 2011. Baptisé « Lolong » et installé à l'Eco-Park de Bunawan, il eut du mal à s'adapter à la vie en captivité et mourut le 10 février 2013.

Le **plus vieux crocodilien en captivité (vivant)** est Muja, un alligator d'Amérique (*Alligator mississippiensis*). On ne sait pas à quel âge il est arrivé au zoo de Belgrade (adulte), mais les 78 ans et 219 jours qu'il avait vécus au 18 avril 2016 suffisent à lui assurer ce record. Muja a survécu qu bombardement du zoo pendant la Seconde Guerre Mondiale.

Le **plus vieux crocodilien en captivité (de l'histoire)** est Akuna, un faux-gavial d'Afrique (*Mecistops cataphractus*) du Blijdorp Zoo de Rotterdam (NLD). Sa compagne Matata et lui avaient été achetés en 1929 – cadeau de Joséphine Baker. Alors que Matata est morte en 2014, Hakuna a vécu 85 ans, jusqu'a son décès le 19 févr. 2015.

Le genre de crocodiles le plus important

Le genre *Crocodylus* (crocodiles vrais), qui comprend 12 espèces, est représenté sur tous les continents, hormis l'Europe et l'Antarctique.

Le crocodilien le plus rare

D'après une étude de 2002, il reste moins de 200 alligators de Chine dans la nature. Cette espèce originaire de la partie basse du Yangzi Jiang (CHN) a été chassée par les agriculteurs et son habitat a été détruit.

L'espèce de crocodile la plus récente

Le crocodile d'Afrique de l'Ouest (*C. suchus*), ou crocodile du désert, ressemble beaucoup au crocodile du Nil (*C. niloticus*), mais une analyse génétique de 2011 a prouvé que leur parenté était assez lointaine.

Les plus gros œufs de crocodiliens

Le faux-gavial de Malaisie (*ci-dessous*) pond des œufs qui mesurent environ 10 x 7 cm, soit quasiment le diamètre d'une balle de baseball.

Les **plus petits œufs de crocodiliens** sont ceux de l'alligator de Chine (*A. sinensis*). Ils mesurent 5,23 cm de long et 3,27 cm de large et sont donc plus petits qu'un œuf de poule.

Le plus de personnes tuées dans une attaque de crocodiles ?

Dans *Wildlife Sketches Near and Far* (1962), le naturaliste Bruce Stanley Wright (CAN) raconte une rencontre mortelle avec des crocodiles de mer sur l'île de Ramree (MMR) durant la Seconde Guerre mondiale. Le 19 février 1945, les troupes alliées (*ci-dessous*) obligent 1 000 prisonniers japonais à traverser 16 km de mangrove, où ils sont la proie de *C. porosus*. Après une nuit au milieu des crocodiles déchaînés, seuls 20 hommes sont encore en vie. Une enquête menée récemment par la chaîne National Geographic a jeté le doute sur cette histoire, ou du moins sur le nombre de morts.

La plus petite famille de crocodiliens

La famille des Gavialidae ne comprend que 2 espèces : le gavial du Gange (*Gavialis gangeticus, ci-dessous*) et le faux-gavial de Malaisie (*Tomistoma schlegelii*). Le premier est originaire du Bangladesh, de l'Inde et du Pakistan, et le second vit en Asie du Sud-Est. Il y a peu de temps encore, on pensait que le faux-gavial était un crocodile, d'où son nom.

CHRONOLOGIE

2600 AV.J.-C.

Le 1er autographe
Un scribe sumérien nommé « Adu » utilise un roseau pour graver sa signature en écriture cunéiforme sur une tablette d'argile, à l'endroit de l'actuel Tell Abu Salābikh (IRQ).

EN BREF

Le rugissement d'un alligator d'Amérique, le **crocodilien au cri le plus puissant**, peut atteindre 92 dB • Le mot « crocodile » vient d'un mot grec signifiant « ver des cailloux » • Les crocodiles nagent plus vite qu'ils ne courent.

Le 1er crash aérien provoqué par un crocodile

Le 25 août 2010, un petit avion de ligne s'est écrasé à l'approche de l'aéroport de Bandundu (COD). Quand les services de secours ont atteint le site du crash, ils ont découvert un seul survivant, qui affirmait que l'accident avait été provoqué par un crocodile. Passé en fraude dans un bagage à main, le crocodile était parvenu à se libérer, provoquant la panique parmi les passagers, ce qui a déséquilibré l'avion et entraîné sa chute.

Le crocodile le plus rapide

Le crocodile de Johnston (*Crocodylus johnstoni*), qui vit dans le nord de l'Australie, peut atteindre 17 km/h en courant. Contrairement à ce qu'on pourrait penser, il se sert généralement de sa rapidité pour fuir les gens et non pour les attaquer.

INFO

Les crocodiles ont une morsure très puissante (*voir ci-dessous*) mais leurs mâchoires peuvent être maintenues fermées avec un simple élastique : les muscles qui ouvrent la bouche sont beaucoup plus faibles que ceux qui la ferment.

mer est présent du sud de l'Inde à l'ouest de l'Australie), tandis que d'autres se sont adaptés à un habitat très restreint. L'exemple le plus extrême est celui du crocodile de Cuba (*C. rhombifer*), qui vit uniquement à Cuba, dans les marais de Zapata, qui couvrent 4 354 km².

Sans surprise, l'alligator de Chine est aussi celui qui donne naissance aux **plus petits bébés crocodiliens**, avec une longueur moyenne de 20 cm. Adultes, ils sont les **plus petits alligators**, avec une longueur moyenne de 1,5 m pour le mâle.

LE SAVIEZ-VOUS ?

Brutus, un crocodile de mer de 5,5 m de long, a beaucoup de succès auprès des touristes qui naviguent sur le fleuve Adélaïde (AUS) et lui jettent de la viande de buffle pour qu'il se montre. Brutus a perdu une patte avant lors d'une attaque de requin.

L'aire de distribution la plus réduite pour un crocodile

Certains crocodiles sont disséminés sur de vastes régions (le crocodile de

LE PLUS GRAND CROCODILIEN

À l'âge adulte, le crocodile de mer, ou crocodile à double crête (comme Brutus, *ci-contre à droite*), peut atteindre 7 m de long et peser plus de 1 t. Certains prétendent avoir rencontré des spécimens de 10 m dans la nature, mais rien ne prouve que ces géants existent.

Le crocodile de mer a aussi la **morsure la plus puissante chez un crocodile**. Un animal (ou une personne !) qui a la malchance d'être attrapé, comme ce malheureux sanglier (*à gauche*), peut être soumis à une pression de 11 216 N – ce qui revient à se faire écraser par une voiture de taille moyenne.

La plus grande pyramide

La construction de la très emblématique pyramide de Khéops débute à Gizeh (EGY). Il faut 20 ans pour achever cette structure de 146,7 m de haut, qui sera plus tard désignée comme l'une des Sept Merveilles du monde.

2560 AV. J.-C.

CHRONOLOGIE

RAPACES NOCTURNES

Les espèces de rapaces nocturnes les plus récentes

L'effraie de Seram (*Tyto almae*) a été formellement décrite et nommée en 2013. Son existence était cependant connue des scientifiques depuis 1987, car un spécimen avait été photographié (mais non capturé) dans la nature par des randonneurs. Elle vit sur l'île de Seram (IND) dont elle porte le nom.

La 1ʳᵉ espèce de rapace nocturne connue, *Berruornis orbisantiqui,* a vécu entre le milieu et la fin du paléocène, il y a 60-57 millions d'années. Des fossiles ont été découverts dans des sédiments à Reims (FRA).

Il était presque aussi grand que les plus gros grands-ducs d'Europe actuels, qui sont les **plus grands rapaces nocturnes** existant (à droite).

Le plus grand rapace nocturne de l'histoire

On connaît l'existence d'*Ornimegalonyx*, une espèce géante qui a vécu à Cuba, grâce à des fossiles de quatre espèces voisines qui vivait au même endroit, il y a 10 000 ans. On pense qu'*Ornimegalonyx* mesurait 1,1 m de haut et pesait plus de 9 kg et qu'il était incapable de voler.

La plus grande couvée chez un rapace nocturne

Le harfang des neiges (*Nyctea scandiaca* ; photo ci-dessous) est le rapace nocturne qui pond le plus d'œufs, avec plusieurs couvées de 11 œufs recensées. Une chouette épervière (*Surnia ulaula*) de Finlande en a même pondu 13.

Le genre de rapaces nocturnes le plus vaste

Le genre *Otus*, qui contient la plupart des petits-ducs, est présent dans le monde entier, avec 46 espèces reconnues. Certains scientifiques considèrent certaines sous-espèces comme des espèces distinctes, ce qui porte le total à 51.

Si l'on tient compte des populations scientifiquement estimées, c'est la chouette chevêche (*Athene noctua*) qui est l'**espèce de rapace nocturne la plus abondante**. On la trouve dans presque toute l'Europe tempérée, en Afrique du Nord et en Asie jusqu'à la péninsule Coréenne. La population mondiale compterait entre 5 et 15 millions d'individus.

Le rapace nocturne le plus septentrional

Le harfang des neiges est originaire des régions arctiques d'Eurasie et d'Amérique du Nord. Il va chercher sa nourriture dans le nord, et c'est l'un des rares oiseaux à passer le plus clair de l'année dans le Haut-Arctique. On en a même vu au Canada, sur l'île d'Ellesmere, à 82°N.

CHRONOLOGIE

2281 AV.J.-C.

Le pharaon ayant régné le plus longtemps
Selon la légende, Pépi II, également nommé Phiops, monte sur le trône d'Égypte à 6 ans et reste au pouvoir 94 ans. Cela fait potentiellement de lui le **monarque ayant régné le plus longtemps**.

EN BREF

Les yeux tubulaires des rapaces nocturnes sont fixes • Un groupe de rapaces nocturnes est appelé « parlement » • Une effraie mange jusqu'à 1 000 souris par an • Chez les rapaces nocturnes, les femelles sont plus grosses que les mâles et leur plumage est souvent plus vif, ce qui est inhabituel chez les oiseaux.

LE PLUS GRAND RAPACE NOCTURNE

Le corps du hibou grand-duc ou grand-duc d'Europe *(Bubo bubo)* mesure 66-71 cm, pour un poids de 1,6-4 kg. C'est le **rapace nocturne à la plus grande envergure,** puisqu'elle dépasse 1,5 m, soit la taille des bras en croix d'un enfant de 14 ans.

Les rapaces nocturnes mangent à peu près tout, du coléoptère au bébé chevreuil. Leur régime est composé de mammifères (rats, souris, renards, lièvres), mais ils consomment aussi des oiseaux (corbeaux, canards, tétras, oiseaux de mer), voire d'autres rapaces nocturnes.

100%

L'espèce de rapace nocturne à la plus vaste aire de répartition est l'effraie des clochers *(Tyto alba).* Selon l'Union internationale pour la conservation de la nature, son aire de répartition quasi planétaire couvrirait 63 300 000 km². L'Antarctique est la seule région dont elle est absente.

C'est aussi **l'espèce de rapace nocturne ayant le plus de sous-espèces**. On en compte au moins 27.

La plus petite famille de rapaces nocturnes

Il existe deux familles de rapaces nocturnes : les Strigidés et les Tytonidés. Cette dernière, constituée des effraies et des phodiles, est la plus petite, avec 19 espèces.

Le plus petit rapace nocturne

100%

La chevêchette des saguaros ou chevêchette elfe *(Micrathene whitneyi,*ci-contre) vit dans le sud-ouest des États-Unis et au Mexique. Elle mesure 12-14 cm de long et pèse moins de 50 g. Elle niche dans les trous faits par d'autres oiseaux ou dans les creux d'arbres. Un pic et une chevêchette elfe peuvent nicher dans le même fourré. La chevêchette cabouré *(Glaucidium minutissimum)* n'est guère plus grosse : elle pèse 50 g et mesure 15 cm.

Le plus vieux cyprès
Un spécimen de *Cupressus sempervirens* prend racine dans la ville iranienne d'Abarkuh ; baptisé Sarv-e-Abarkuh, il pousse toujours au xxiᵉ siècle.

2000 AV.J.-C.

CHRONOLOGIE

SINGES

54
kg

LE SAVIEZ-VOUS ?
Les mandrills vivent en hordes. Le mâle dominant est celui dont le pelage a les couleurs les plus vives. L'intensité des couleurs de sa face et de son arrière-train est proportionnelle à la quantité de testostérone produite, celle-ci traduisant sa puissance.

Le plus grand babouin
Le chacma adulte mâle – ou babouin chacma (*Papio ursinus*) – peut atteindre 115 cm de long, sans compter la queue qui mesure jusqu'à 84 cm, et peser 40 kg.

Bien qu'il soit originaire d'Afrique du Sud, il est présent dans toute la partie sud du continent africain. Un groupe isolé a été découvert dans le désert du Namib (NAM), où l'on ne trouve pas d'eau à la surface du sol durant 8 mois de l'année. Le chacma est donc le **singe le plus résistant à la sécheresse.**

Le plus petit singe de l'Ancien Monde
À l'opposé du mandrill (*à gauche*) sur l'échelle des tailles, on trouve deux espèces de talapoins très proches : le talapoin du sud, ou miopithèque talapoin (*Miopithecus talapoin*), et le talapoin du nord, ou miopithèque de l'Ogooué (*M. ogouensis*). La longueur totale de ces talapoins n'excède pas 45 cm et leur poids 800 g. Ils vivent généralement dans les forêts marécageuses et les mangroves et sont d'excellents nageurs.

L'animal terrestre le plus bruyant
Les cris terrifiants des singes hurleurs (genre *Alouatta*), originaires d'Amérique centrale et du Sud, ont été décrits comme un mélange de l'aboiement du chien et du braiement de l'âne, avec une puissance multipliée par mille. Les mâles ont une structure osseuse hypertrophiée au sommet de la trachée qui permet de réfléchir les sons. À pleine puissance, leur cri peut être entendu jusqu'à 4,8 km à la ronde.

Le singe de nuit le plus lourd
Comme leur nom l'indique, les singes de nuit d'Amérique du Sud, ou douroucoulis, sont les seuls singes nocturnes. Sur les onze espèces reconnues, la plus lourde est le douroucouli d'Azara (*Aotus azarae*), qui pèse 1,25 kg, les mâles étant légèrement plus lourds que les femelles.

Le singe le plus herbivore
Le gélada (*Theropithecus gelada*) est un grand singe éthiopien ressemblant au babouin. Malgré son apparence redoutable et ses grandes canines, il est végétarien, la verdure représentant 90 % de son alimentation (le reste étant constitué de graines et de racines). Ce régime est le fruit d'une adaptation à son habitat, les montagnes verdoyantes du nord de l'Éthiopie, où la végétation est assez abondante pour nourrir des groupes de 700 individus.

L'expansion des activités humaines et la sécheresse ont sérieusement réduit la

Le plus grand singe
Le mandrill mâle (*Mandrillus sphinx*) des régions équatoriales d'Afrique de l'Ouest mesure entre 61 et 76 cm de long sans la queue. Il pèse en moyenne 25 kg, mais il peut atteindre 54 kg. Ses traits distinctifs – fesses bleues, face rouge et barbe jaune – en font l'un des mammifères les plus colorés.

Le **plus grand singe du Nouveau Monde**, en revanche, est l'atèle arachnoïde (*Brachyteles arachnoides*), ou singe-araignée laineux, ou encore muriqui. Ce singe brésilien mesure entre 46 et 63 cm (tête-corps) et peut peser jusqu'à 15 kg.

LE PLUS PETIT SINGE
Le ouistiti pygmée adulte (*Cebuella pygmaea* ; la photo montre des jeunes sujets), que l'on trouve dans la haute Amazonie, atteint un poids moyen de 119 g – soit une orange de taille moyenne. Malgré sa taille – en moyenne 136 mm de long sans la queue, qui est en général plus longue que le corps –, le ouistiti pygmée peut faire des bonds de 5 m.

CHRONOLOGIE

▶ **1900 AV.J.-C.** { **Le 1er alphabet** Des maçons égyptiens gravent un bloc de calcaire en utilisant la première forme de système d'écriture phonétique.

58 Animaux

EN BREF
« Primate » vient du latin *primas*, qui signifie « qui est au premier rang » • Un groupe de singes est appelé « troupe » • Le **1ᵉʳ mammifère dans l'espace**, en 1949, était un singe baptisé Albert II • 2016 est l'année du Singe pour les Chinois.

PRIMATES : PETIT QUIZ
Quelle est la différence entre hominoïdes, petits singes et prosimiens ?

HOMINOÏDES

Ils n'ont pas de queue et sont souvent plus grands et intelligents que les autres primates. Cette superfamille comprend les grands singes (bonobos, chimpanzés, gorilles et orangs-outans) et les singes anthropoïdes (gibbons).

PETITS SINGES

Ils ont généralement une queue, et la plupart des 260 espèces connues sont arboricoles. Les petits singes sont divisés en deux groupes : ceux de l'Ancien Monde (Afrique et Asie) et ceux du Nouveau Monde (Amériques).

PROSIMIENS

Les prosimiens constituent un groupe plus primitif (lémuriens, loris, galagos, pottos et tarsiers). Ils sont essentiellement nocturnes et arboricoles. Ils chassent les insectes et les petits mammifères dans les arbres.

55 km/h

Le primate le plus rapide
Le patas (*Erythrocebus patas*), qui vit en Afrique de l'Ouest et de l'Est, peut atteindre 55 km/h. Ce singe quadrupède de l'Ancien Monde, aux longues pattes fines, est aussi appelé « singe roux », ou « singe pleureur ».

INFO
Les singes-araignées (*Ateles*) se servent de leur queue musclée préhensile comme d'une cinquième main. Cette photo montre un singe accroché à une branche par la queue pour tendre le bras plus loin.

population de géladas ces dernières décennies, mais on pense qu'il reste l'**espèce de singes la plus abondante**, avec 200 000 individus.

Le babouin le plus septentrional
L'hamadryas, ou babouin hamadryas (*Papio hamadryas*), est originaire de la Corne de l'Afrique et de la pointe sud-ouest de la péninsule Arabique. Le **babouin le plus méridional**, qui est aussi le **primate non humain le plus méridional**, est le chacma (*P. ursinus*,

voir page de gauche), dont l'aire de distribution s'étend jusqu'au cap de Bonne-Espérance (ZAF).

Le ouistiti le plus méridional
Les ouistitis et les tamarins sont des singes du Nouveau Monde qui constituent la famille des Callitrichidae. Presque tous vivent dans la forêt amazonienne, à l'exception du ouistiti mélanure (*Mico melanurus*), dont l'aire de distribution s'étend du sud de l'Amazonie centrale au Brésil jusqu'en bordure des plaines du

Chaco (PAR). On pense que cette distribution est le résultat de la déforestation de l'Amazonie, qui a obligé le ouistiti mélanure à s'adapter à de nouveaux habitats.

L'espèce la plus récente
L'espèce de singe qui a fait le plus récemment l'objet d'une reconnaissance scientifique est *Macaca leucogenys*, un macaque des forêts tropicales du sud-est du Tibet. Décrit en mars 2015, il se distingue des autres espèces locales de macaques par les moustaches blanches qui ornent ses joues, la forme des parties génitales du mâle et la collerette de poils autour de son cou.

Le primate le plus septentrional
Le macaque japonais (*Macaca fuscata*) vit près de Nagano, dans la région montagneuse du parc de Jigokudani (JAP). Si l'on excepte les humains, c'est la population de primates la plus septentrionale. On les appelle « singes des neiges ». Ils supportent les hivers à −15 °C en se réchauffant dans les sources chaudes d'origine volcanique.

Le primate ayant le nez le plus long
Le nasique (*Nasalis larvatus*), une espèce que l'on ne trouve qu'à Bornéo, possède un nez tombant qui peut atteindre 17,5 cm chez les individus mâles âgés. Il est souvent si long qu'il recouvre la bouche. Il devient rouge et gonfle quand le singe est menacé ou excité. Il sert aussi de caisse de résonance lorsque le singe pousse son cri d'alarme caractéristique, qui ressemble à un coin-coin.

La plus vieille chanson d'amour
Une chanson d'amour est gravée sur une tablette en pierre dans la cité antique d'Ugarit (actuelle Ras Shamra, SYR). Perdue jusque dans les années 1950, elle est jouée pour la 1ʳᵉ fois devant un public moderne le 6 mars 1974.

1800 AV. J.-C.

CHRONOLOGIE

ARAIGNÉES

Les plus grands yeux chez une araignée

L'araignée gladiateur du genre *Deinopis* a des yeux protubérants pouvant atteindre 1,4 mm de diamètre. Ils ne produisent pas de bonnes images, mais recueillent très bien la lumière pour la vision nocturne, ce qui est très utile, car cette araignée tropicale ressemblant à une brindille chasse la nuit en embuscade. Elle attrape ses proies dans une toile réticulée tendue entre ses quatre pattes avant ; dès qu'une proie touche la toile, elle est instantanément enveloppée dedans.

Les plus anciens fossiles

Les restes d'un sous-ordre d'araignées primitives appelé le *Mesothela* ont été découverts dans des dépôts de charbon en Amérique du Nord et en Europe. Ces araignées auraient vécu au carbonifère, il y a 299-359 millions d'années. Elles utilisaient certainement leur soie pour couvrir leurs œufs ou tapisser le sol, car elles n'auraient commencé à tisser des toiles que bien plus tard.

Mesothelae, dont il n'existe qu'une famille actuellement, compte aussi le **plus de filières chez une araignée**, soit 4 paires. Ces organes, qui étaient à l'origine des membres, produisent la soie que les araignées utilisent pour tisser des toiles.

La plus grande araignée fossilisée

Il s'agit d'un spécimen femelle de *Mongolarachne jurassica*, dont le corps mesure 24,6 mm de long et les pattes avant 56,5 mm. Il a vécu dans l'actuel nord de la Chine il y a 164 millions d'années, au milieu du jurassique.

L'araignée la plus venimeuse

Le venin d'*Atrax robustus*, qui vit à Sydney (Australie) et dans ses environs, est mortel pour les humains à une concentration de 0,2 mg par kilo de poids corporel. Cette araignée doit la toxicité de son venin à une bizarrerie de l'évolution : bien qu'elle chasse les insectes, son venin a un mode d'action particulièrement dangereux pour les humains. Au moins 14 personnes sont mortes de ses piqûres, dont certaines en moins de 15 min.

La 1re araignée tisseuse

Les araignées tisseuses tissent de larges toiles résistantes très complexes. La première espèce connue, *Cretaraneus vilaltae*, a été décrite en 1990 à partir d'un exosquelette découvert en Espagne. Elle a vécu il y a 140 millions d'années, au début du crétacé.

La **plus ancienne toile d'araignée** date aussi du crétacé. En 2009, Jaimie et Jonathan Hiscocks, deux frères chasseurs de fossiles amateurs, en ont découvert une conservée dans de l'ambre sur une plage du Sussex de l'Est (GBR).

La 1re araignée herbivore

Bagheera kiplingi a fait l'objet d'une classification formelle en 1886 à partir d'un spécimen mâle. Il a fallu 110 ans de plus pour identifier le premier spécimen femelle

LA PLUS GRANDE ARAIGNÉE

Découverte en 1804, l'araignée Goliath ou mygale de Leblond *(Theraphosa blondi)* est originaire des forêts humides côtières du Surinam, du Guyana et de Guyane française. Le plus grand spécimen de cette araignée qui chasse en embuscade est un mâle de 28 cm. Il a été recueilli par les membres de l'expédition Pablo San Martín à Rio Cavro (VEN) en avril 1965. Il pouvait couvrir une grande assiette. En février 1998, une araignée de 2 ans, appartenant à la même espèce, née dans l'élevage de Robert Bustard et élevée par Brian Burnett à Alyth (Perthshire, GBR) avait elle aussi une envergure de 28 cm.

LE SAVIEZ-VOUS ?

Quand une araignée Goliath se sent menacée, elle produit un sifflement en frottant les soies de ses pattes les unes contre les autres. Ce bruit, appelé stridulation, est perceptible à 4,5 m à la ronde. Sa morsure est très douloureuse, mais n'est généralement pas dangereuse pour l'homme.

100%

CHRONOLOGIE

1500 AV.J.-C. **La 1re horloge fonctionnant par tous les temps**
Un instrument de mesure du temps appelé clepsydre est utilisé en Égypte. Il fonctionne en laissant s'écouler de l'eau à un rythme régulier. Il manque de précision, mais fonctionne par temps couvert.

60 *Animaux*

EN BREF
Quand on l'attaque, la mygale expulse de nombreux poils urticants pouvant provoquer une cécité temporaire chez l'homme • L'Antarctique est le seul continent sans araignées • À poids égal, la soie d'araignée est 5 fois plus résistante que l'acier

INFO
L'araignée Goliath n'a pas besoin de toile. Elle se glisse furtivement jusqu'à ses proies (oiseaux, grenouilles ou souris) avant de bondir sur elles et de leur injecter son venin grâce à des crochets qui mesurent parfois plus de 2,5 cm.

La veuve noire la plus répandue

Les espèces du genre Latrodectus sont aussi appelées veuves noires. La veuve brune *(L. geometricus)*, qui serait originaire d'Afrique du Sud, en fait partie. Elle a été involontairement disséminée un peu partout dans le monde. Des populations introduites ont été repérées dans 14 pays, des États-Unis à l'Extrême-Orient et l'Australie. On sait qu'a commencé à pousser une espèce endémique plus venimeuse, la veuve noire de l'Ouest *(L. hesperus)*, vers certaines zones du sud de la Californie (USA).

en raison du dimorphisme sexuel très marqué chez cette espèce. Cette araignée sauteuse, ou salticide, vit au Mexique, au Guatemala et au Costa Rica. Elle se nourrit de corpuscules de Belt, riches en protéines et en lipides, qu'elles trouvent à l'extrémité des feuilles d'acacia.

Cette araignée a été baptisée du nom de la panthère noire *(Bagheera)* du roman de Rudyard Kipling, *Le Livre de la jungle*, et du nom de l'auteur lui-même.

L'araignée la plus rare
Adelocosa anops est une espèce dont on n'a jamais compté plus de 30 spécimens. Sans yeux, elle vit dans l'obscurité des grottes de Kauai (Hawaï, USA).

L'araignée la plus bruyante
Le mâle de l'araignée bourdonnante *(Anyphaena accentuata)* fait vibrer son abdomen contre une feuille pour attirer les femelles.

Le mâle de l'espèce américaine *Lycosa gulosa* tapote avec ses palpes et son abdomen sur les feuilles sèches pour produire un ronronnement aussi bruyant.

L'araignée la moins venimeuse
Phénomène unique, les Uloboridés n'ont pas de glandes à venin. Au lieu de piquer leurs proies, elles les enveloppent dans de la soie et les aspergent d'enzymes digestives pour les liquéfier.

Les plus petites toiles
Les toiles des araignées de la famille des *Synaphridae* peuvent mesurer moins de 10 mm de diamètre. *Patu marplesi* fait partie des 44 espèces de cette famille. Avec son corps de 0,3 mm, c'est la **plus petite araignée**.

Les plus grosses glandes à venin chez une araignée

Les glandes de l'araignée errante du Brésil *(Phoneutria nigriventer)* mesurent chacune jusqu'à 10,2 mm de long et 2,7 mm de diamètre. Elles peuvent contenir 1,35 mg de venin. Ce venin peut entraîner une paralysie et une asphyxie chez l'homme. Le contenu d'une seule de ces glandes suffit à tuer 225 souris.

Les toiles les plus résistantes

Une espèce découverte à Madagascar, *Caerostris darwini,* tisse la soie d'araignée la plus résistante. Sa résistance à la traction peut atteindre 520 MJ/m³ (mégajoules par mètre cube) – ce qui signifie qu'elle est 2 fois plus résistante que les soies décrites jusqu'à présent. *C. darwini* tisse aussi les **plus grandes toiles**. Elles peuvent atteindre 2,8 m² et s'étendre d'une rive à l'autre d'un cours d'eau.

L'araignée qui vit le plus haut

Euophrys omnisuperstes (« la plus haute de toutes ») est une araignée sauteuse de l'Himalaya qui a été découverte en 1924 à 6 700 m d'altitude dans le massif de l'Everest (NPL). Elle vivait sous des pierres sur le sol gelé. Décrite en 1975, l'espèce se nourrit sans doute d'insectes transportés par le vent depuis des zones à plus basse altitude.

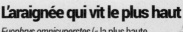

La 1ʳᵉ guerre documentée
Les Égyptiens battent les Hittites à la bataille de Qadesh. Le pharaon Ramsès II commandite le récit de cette campagne, notamment par le biais de textes de propagande diffusés dans tout le royaume.

1274 AV.J.-C.

CHRONOLOGIE

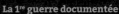

DINOSAURES

La 1re description scientifique d'un dinosaure

Megalosaurus bucklandii (« grand lézard fossilisé ») a été décrit en 1824. Des ouvriers ont découvert les vestiges de ce carnivore bipède un peu avant 1818, dans une carrière près de Woodstock (Oxfordshire, GBR).

Le 1er stégosaure

Huayangosaurus taibaii a vécu au Jurassique moyen – il y a 165 millions d'années –, près de Huayang (Sichuan, CHN). Il a été formellement décrit et nommé en 1982. Le **dinosaure doté des plus longues épines** est *Loricatosaurus,* un stégosaure herbivore qui vécut il y a 160-164 millions d'années dans l'actuelle Angleterre. Sur les fossiles, ces épines disposées sur la queue mesurent 1 m, mais elles étaient sans doute recouvertes d'une gaine cornée qui multiplierait leur longueur par deux. Elles lui servaient vraisemblablement à se défendre et peut-être à attirer ses partenaires.

Le dinosaure ayant le plus de dents

Les hadrosaures étaient herbivores et dotés d'un bec de canard dépourvu de dents. Ils avaient néanmoins, sur le côté des mâchoires, 960 dents qui leur permettaient de mâcher les végétaux durs.

Le plus long dinosaure

La longueur d'un diplodocidé déterré au Nouveau-Mexique (USA) en 1980 a été estimée entre 39 et 52 m d'après des comparaisons effectuées sur différents os. Baptisé *Seismosaurus halli* (« lézard qui fait trembler la terre »), il a été reconstitué au Wyoming Dinosaur Center (USA) en 1999. On a alors constaté qu'il mesurait 41 m.

La plus petite espèce de dinosaures

Microraptor zhaoianus, un dinosaure à plumes, mesurait 39 cm, dont 24 cm de queue. L'âge d'un fossile de cette minuscule espèce découvert à Chaoyang (Liaoning, CHN) en 1999 a été estimé à 110-120 millions d'années.

LE PLUS GRAND PLÉSIOSAURIEN

Liopleurodon, un reptile marin carnivore, pouvait atteindre 25 m de long. Il avait un cou court, une tête de 3 m de long et 4 nageoires puissantes. Il a vécu entre le milieu et la fin du Jurassique, il y a 150-165 millions d'années. Ce n'était pas un dinosaure à proprement parler ; il appartenait à un ordre de reptiles, les sauroptérygiens. Les plésiosauriens étaient divisés en 2 sous-ordres distincts : les pliosaures (à cou court), dont faisait partie *Liopleurodon*, et les plésiosaures (à long cou).

LES PLUS GRANDS...

Dinosaure-autruche

La plus grande espèce de dinosaures-autruches, ou ornithomimosaures (nommés ainsi en raison de leur ressemblance avec l'autruche), est *Deinocheirus mirificus*. Il vécut il y a 69-71 millions d'années, à la fin du Crétacé, à l'emplacement de l'actuelle Mongolie. On le connaît grâce à 3 spécimens, dont le plus grand mesure 11 m de long pour un poids de 6,36 t.

LE SAVIEZ-VOUS ?

Le cou d'*Omeisaurus tianfuensis* (ci-dessous) était constitué de 17 vertèbres allongées et était 4 fois plus long que son corps. À titre de comparaison, le cou d'une girafe n'est composé que de 7 vertèbres et n'est que 2 fois plus long que son corps.

Les dinosaures ne sont pas à l'échelle !

LE DINOSAURE À LA PLUS LONGUE QUEUE

Le sauropode *Diplodocus* a vécu à la fin du Jurassique, il y a environ 145 millions d'années, dans l'actuelle Amérique du Nord. Sa queue pouvait atteindre 13 m de long et contrebalançait sans doute son long cou.

LE DINOSAURE À LA PLUS LONGUE QUEUE PAR RAPPORT AU CORPS

Leaellynasaura amicagraphica mesurait 3 m de long. Sa queue de 2,25 m était donc 3 fois plus longue que sa tête, son cou et son corps réunis. Il vécut il y a 120-125 millions d'années.

LE DINOSAURE LE PLUS LARGE

Ankylosaurus, que l'on reconnaît à la grosse massue qu'il avait au bout de la queue, pouvait mesurer jusqu'à 2,5 m de large. Son dos et sa tête – y compris les paupières – étaient recouverts de plaques osseuses et de pointes.

LE DINOSAURE AU PLUS LONG COU PAR RAPPORT AU CORPS

Omeisaurus tianfuensis avait un cou d'environ 9,1 m de long mais son corps ne mesurait que 2 à 3 m. Il vécut au Jurassique, il y a 160-164 millions d'années.

1271 AV. J.-C. Le 1er traité de paix
Après 3 ans de guerre, Ramsès II, pharaon d'Égypte, et Hattusili III, roi des Hittites, font la paix. Le traité est gravé sur des tablettes en argent dans leurs écritures respectives, le cunéiforme akkadien et les hiéroglyphes égyptiens.

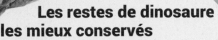

EN BREF

Les dinosaures ont peuplé la Terre pendant 165 millions d'années (l'homme existe depuis environ 2 millions d'années) • Le scientifique Richard Owen (GBR) a créé le mot « dinosaure » (lézard terrible) en 1841 • La plupart des dinosaures étaient herbivores.

Les restes de dinosaure les mieux conservés

Durant l'été 2000, les restes fossilisés d'un dinosaure à bec de canard vieux de 77 millions d'années ont été découverts dans le nord du Montana (USA). Baptisé « Leonardo », ce *Brachylophosaurus* de 7 m de long était le quatrième dinosaure à être considéré comme une momie. 90 % de son corps était couvert de tissus mous (peau, muscles, écailles et coussinets plantaires notamment) et son dernier repas était encore présent dans son estomac. L'animal avait 3 ou 4 ans à sa mort.

Les bras de *Deinocheirus mirificus* mesuraient 2,4 m de long – les **bras les plus longs chez un dinosaure bipède**. Chaque main était dotée de 3 doigts munis d'une grande griffe.

Raptor aux ailes emplumées
Dakotaraptor steini a été formellement décrit et nommé en octobre 2015. Il mesurait 5 à 6 m de long. L'existence de plumes sur les ailes (c'est-à-dire ses membres antérieurs) a été confirmée par la présence d'une rangée de protubérances disposées le long d'une crête, sur le bord inférieur du cubitus (os de l'avant-bras). Baptisées *ulnar papillae* (« papilles ulnaires »), ces protubérances existent aussi chez les oiseaux actuels. Elles permettent un meilleur ancrage des rémiges (plumes des ailes).

Dinosaure à 4 ailes
Le seul spécimen de *Changyuraptor yangi* connu a été découvert dans la province de Liaoning (CHN). Il a été formellement décrit et nommé en 2014. Ce dinosaure du groupe des microraptors mesurait à l'âge adulte 1,2 m de long et on pense qu'il pesait 4 kg de son vivant, soit environ la taille

d'un dindon. Il doit son appellation au fait que ses membres antérieurs et postérieurs étaient couverts de longues pennes (plumes permettant le vol). Il est possible qu'il ait été capable de voler. Il a vécu au début du Crétacé, il y a 125 millions d'années.

Le plus gros excrément de carnivore fossilisé

Exposé au musée royal du Saskatchewan à Regina (Saskatchewan, CAN), le plus gros coprolithe (excrément fossilisé) issu d'un carnivore répertorié à ce jour est celui d'un *Tyrannosaurus rex*. Découverte en 1995, cette crotte préhistorique mesure 50 cm de diamètre et pèse plus de 7 kg. En l'analysant, on a pu se faire une idée du régime alimentaire des dinosaures, de leur façon de manger (par exemple s'ils gobaient ou mâchaient leur nourriture) et du temps passé par cette nourriture dans leur intestin.

La plus grande collection d'œufs de dinosaure

En novembre 2004, la plus importante collection d'œufs de dinosaure comptait 10 008 unités. Elle est détenue par le musée de Heyuan (Guangdong, CHN). Tous les œufs datent de la fin du Crétacé (il y a 66 à 100 millions d'années). Parmi eux se trouvent des œufs d'oviraptoridés et de dinosaures à bec de canard.

LE CÉRATOPSIEN LE PLUS LOURD
Triceratops horridus, un énorme dinosaure herbivore à 3 cornes, pesait 14 t. Il a vécu il y a 66-68 millions d'années, à la fin du Crétacé, dans l'actuelle Amérique du Nord.

LE DINOSAURE LE PLUS LOURD
La plupart des scientifiques s'accordent à dire que le dinosaure le plus lourd fut certainement *Argentinosaurus*, un titanosaure d'Argentine. En se basant sur ses immenses vertèbres, on estime qu'il devait pesait environ 100 t.

LE PLUS GRAND DINOSAURE CARNIVORE
Spinosaurus vivait dans l'actuel Sahara il y a environ 100 millions d'années. Il mesurait 17 m de long et pesait entre 7 et 9 t.

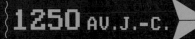

La plus grande ziggourat
Un temple en terrasses, connu aujourd'hui sous le nom de « ziggourat de Chogha Zanbil », est construit pour Untash-Napirisha, roi des Élamites (actuel Iran). Il mesure environ 100 m de côté et 50 m de haut. **1250 AV.J.-C.** CHRONOLOGIE

CHATS ET CHIENS

Le plus petit chat de l'histoire
Tinker Toy, un himalayen mâle bleu point, mesurait 7 cm de haut et 19 cm de long une fois sa croissance terminée (à 2 ans et demi). Ce félin exceptionnellement petit appartenait à Katrina et Scott Forbes de Taylorville (Illinois, USA).

Le plus petit chat du monde (hauteur)
Une femelle munchkin de 9 ans baptisée Lilieput mesurait 13,3 cm au garrot (du sol aux épaules), au 19 juillet 2013. Elle appartient à Christel Young de Napa (Californie, USA).

La race de chat la plus rapide
Le mau égyptien, appelé en anglais *feline greyhound* (« lévrier félin ») en raison de sa capacité à atteindre 48 km/h, est aussi très doué pour les sauts grâce à ses pattes postérieures musclées. Malgré son nom, il est d'origine américano-européenne.

Le saut de chat le plus long
Alley, un chat recueilli par Samantha Martin (USA),

LE SAVIEZ-VOUS ?
Reconnu par The International Cat Association (TICA) depuis 2001, le savannah peut être présenté en concours depuis 2012. Son attachement à l'homme peut être fort. Certaines caractéristiques le distinguent des félins : il aime jouer dans l'eau et rapporter les objets. On peut lui apprendre à marcher en laisse.

a fait un saut de 1,82 m, à Austin (Texas, USA), le 27 octobre 2013.

Le meilleur ratier
Le nombre de souris attrapées par Towser (née le 21 avril 1963), une femelle écaille de tortue appartenant à Glenturret Distillery Ltd, une entreprise du Perth and Kinross (GBR), est estimé à 28 899, soit une moyenne de 3 souris par jour jusqu'à sa mort le 20 mars 1987.

Le chat le plus riche
À sa mort en mai 1988, Ben Rea (GBR) a légué sa fortune à Blackie, dernier survivant des 15 chats avec lesquels il partageait son foyer.

Le plus grand chat domestique de l'histoire

Savannah Islands Trouble, alias « Trouble », atteignait 48,3 cm quand il a été mesuré au Silver Cats Cat Show de Reno (Nevada, USA), le 30 octobre 2011. Il appartenait à Debby Maraspini (USA). Il est mort le 15 août 2012. Trouble était un savannah hybride F2, croisement entre un chat domestique et un serval *(Leptailurus serval)*. Ces chats sont reconnus comme domestiques mais ils doivent à leurs ancêtres sauvages leur aspect inhabituel, leurs taches, leurs longues pattes et leur long corps.

Le plus de numéros par un chat en 1 min

Didga (AUS) et son propriétaire Robert Dollwet (USA) ont effectué 20 numéros à Tweed Heads (AUS), le 10 septembre 2015. Sur les photos, de haut en bas, Didga donne une tape sur la main, se retourne sur elle-même, fait du skateboard et saute sur les mains de Robert. Cette chatte adoptée dans un refuge pour chats peut même faire des numéros dans un vrai skatepark.

LE CHAT LE PLUS LONG DU MONDE
Mesuré le 6 octobre 2015 à Wakefield (GBR), Ludo, le chat de Kelsey Gill (GBR), atteignait 118,33 cm de long. Il appartient à l'une des plus anciennes races américaines, le maine coon, du nom de l'État américain. Même si c'est impossible (mais le mythe est alimenté par son pelage tigré brun et sa fourrure abondante), il serait issu d'un croisement entre un chat semi-sauvage et un raton laveur. Sa santé robuste et son caractère sociable et enjoué lui assurent une grande popularité comme animal de compagnie depuis plus d'un siècle.

CHRONOLOGIE

 850 AV. J.-C.

Le plus vieux pont
Un pont en pierre à une arche est construit sur le Mélès, à Smyrne (actuel Izmir, TUR). Il est toujours utilisé au XXIᵉ siècle.

64 Animaux

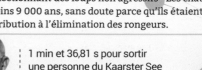
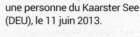

La femme la plus jeune dotée d'une barbe fournie

Harnaam Kaur (GBR, née le 29 novembre 1990) avait 24 ans et 282 jours, lorsqu'on a constaté qu'elle portait une barbe fournie, à Slough (GBR), le 7 septembre 2015. Elle a commencé à voir sa barbe pousser à 11 ans. Cette militante anti-brimades prône la confiance en soi.

La **plus longue barbe féminine** est celle de Vivian Wheeler (USA, à droite). Les poils de son visage mesuraient 25,5 cm, lors du tournage de *Lo Show dei Record*, à Milan (ITA), le 8 avril 2011. « Cela m'a aidée de remporter le record du Guinness World Record, a confié Vivian au GWR. Il m'a montré que je pouvais être fière de moi. Il m'a donné le sentiment que j'avais une chance dans la société. »

LE SAVIEZ-VOUS ?
Le pied compte 107 ligaments, 33 articulations, 26 os et 19 muscles. Les 52 os des deux pieds représentent environ 25 % de tous les os d'un squelette humain adulte. Les os des doigts et des orteils se nomment « phalanges ».

• **Chevelure (homme) :** en 1949, il a été établi que la chevelure du moine Swami Pandarasannadhi (IND) atteignait 7,92 m de long. Cela était sans doute dû à une maladie du cuir chevelu, la *plica polonica*, qui enchevêtre les cheveux au point qu'ils ne peuvent être démêlés.
• **Chevelure (femme) :** mesurés le 8 mai 2004, les cheveux de Xie Qiuping (CHN) atteignaient 5,627 m. Elle se laisse pousser les cheveux depuis 1973.

• **Moustache :** mesurée à Rome (ITA), lors de *Lo Show dei Record*, le 4 mars 2010, la moustache de Ram Singh Chauhan (IND) atteignait 4,29 m.
• **Nez d'une personne vivante :** au 18 mars 2010, le nez de Mehmet Özyürek (TUR) mesurait 8,8 cm, de l'arête à la pointe.
• **Langue :** le 27 novembre 2012, la langue de Nick Stoeberl (USA) mesurait 10,1 cm, de l'extrémité au milieu de la lèvre supérieure.
• **Langue (femme) :** Le 29 septembre 2010, la langue de Chanel Tapper (USA) mesurait 9,75 cm.

LES PLUS LOURDS...

• **Homme le plus lourd de tous les temps :** Jon Brower Minnoch (USA, 1941-1983) pesait plus de 635 kg lorsque le record a été établi en mars 1978.
• **Femme la plus lourde de tous les temps :** en janvier 1987, il a été établi que Rosalie Bradford (USA, 1943-2006) pesait 544 kg.
• **La femme vivante la plus lourde :** le 13 mai 2010, Pauline Potter (USA) pesait 291,6 kg.

Les sourcils les plus longs

Le poil d'un des sourcils de Zheng Shusen (CHN) faisait 19,1 cm lorsque la mesure a été effectuée à Manzhouli (Mongolie-Intérieure, CHN), le 6 janvier 2016.

Le **poil d'oreille le plus long** est un tout petit peu plus court. Le poil jaillissant du centre de l'oreille externe (au milieu du pavillon) d'Anthony Victor (IND) mesure 18,1 cm.

La plus large rotation de pied

Maxwell Day (GBR) peut faire tourner son pied droit à 157°, comme cela a été vérifié à Londres (GRB), le 23 septembre 2015. Maxwell a été découvert lors de la conférence de *Minecraft* Minecon 2015. Il a vu un cliché du détenteur du précédent record et a affirmé qu'il pourrait le battre à un membre de l'équipe du Guinness World Records. En fait, Maxwell peut faire tourner ses deux pieds, mais il ne parvient à faire tourner son pied gauche « que » de 143°.

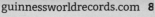
La 1re utilisation de gaz à des fins militaires
Les Perses à l'assaut de la garnison romaine de Doura-Europos, à l'est de la Syrie, creusent des tunnels pour tenter d'y accéder. Ils enflamment du bitume et des cristaux de soufre pour remplir les tunnels de vapeurs toxiques.
254
guinnessworldrecords.com 8

La plus grande chienne

Lizzy, un dogue allemand, atteignait 96,41 cm de haut quand elle a été mesurée le 14 novembre 2014, à Fort Myers (Floride, USA). Elle avait 7 ans, mais d'après son propriétaire Greg Sample, elle faisait déjà cette taille à 3 ans. Il la trouve « extraordinaire » et raconte qu'elle attire toujours l'attention lorsqu'il la sort.

Le plus petit chien de l'histoire Le yorkshire-terrier nain d'Arthur Marples (GBR) mesurait 7,11 cm de haut et 9,5 cm de long.

Le **plus petit chien du monde** est une femelle chihuahua baptisée Milly et appartenant à Vanesa Semler (USA). Elle mesurait 9,65 cm, au 21 février 2013.

Le **plus petit chien par la longueur** est Heaven Sent Brandy, une femelle chihuahua appartenant à Paulette Keller (USA) : elle mesurait 15,2 cm de la truffe à la queue, au 31 janvier 2005.

Le plus grand chien de l'histoire Zeus (USA), un dogue allemand, mesurait 111,8 cm, au 4 octobre 2011. Il a vécu à Otsego (Michigan, USA), avec Denise Doorlag et sa famille.

Le chien le plus rapide pour sortir une personne de l'eau sur 25 m Jack the Black vom Mühlrad est

un terre-neuve qui travaille pour la DLRG, une société de sauvetage allemande. Avec son dresseur Hans-Joachim Brückmann (DEU), il a mis

1 min et 36,81 s pour sortir une personne du Kaarster See (DEU), le 11 juin 2013.

Le plus rapide à monter 20 marches sur les pattes arrière
Dressé sur ses pattes arrière, Arsenal, un caniche chinois, a escaladé 20 marches en 7,47 s, sur le plateau de *Guinness World Records Special* sur CCTV, à Pékin (CHN), le 9 janvier 2016. Son propriétaire, Xu Ligang (CHN), a dû demander à ce caniche pressé de « ralentir » pendant sa tentative, craignant qu'il ne perde l'équilibre.

La 1re portée de « chiens éprouvette »
Sept chiots (5 beagles de race pure et 2 hybrides beagle-cocker) conçus par fécondation in vitro (F.I.V.) sont nés d'une chienne porteuse durant l'été 2015.

Le chien le plus riche
En 1931, Ella Wendel, de New York (USA), a légué 15 millions $ à son caniche Toby. Après sa mort, trois employés se sont occupés de Toby.

La queue la plus longue chez un chien

Keon, le lévrier irlandais d'Ilse Loodts (BEL), a montré sa queue de 76,8 cm entièrement déployée à Westerlo (BEL), le 18 août 2015. Ilse a postulé pour le record au nom de Keon lorsque ses fils ont réalisé que sa queue était plus longue d'un peu plus de 4,5 cm que celle du précédent détenteur du record, un autre lévrier irlandais.

Le plus de numéros par un chien en 1 min

Smurf et sa propriétaire Sarah Humphreys (GBR) ont réalisé 32 numéros, à Hertfordshire (GBR), le 7 août 2015. Sur les photos, de haut en bas, Smurf tient un objet, se retourne sur lui-même, s'incline et saute par-dessus le bras de Sarah. Ce chien très doué, star du cinéma et de la télévision, a remporté la Palm Dog à Cannes pour son rôle dans *Touristes* (GBR, 2012).

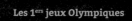
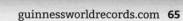

CORPS DE L'EXTRÊME

L'homme le plus grand de tous les temps
Lorsqu'il passa sous la toise pour la dernière fois, le 27 juin 1940, Robert Pershing Wadlow (USA) mesurait 272 cm. Il chaussait du 37AA (pointure correspondant à 47 cm) et ses mains faisaient 32,3 cm de long, du poignet au bout du médium. Ce sont les **plus grands pieds** et les **plus grandes mains jamais mesurées**.

La coiffure afro la plus volumineuse

Tyler Wright (USA) est le fier propriétaire d'une chevelure de 25,4 cm de haut, 22,9 cm de large et 177 cm de circonférence. Celle-ci a été mesurée à St Louis (Missouri, USA), le 19 juin 2015, alors qu'il avait 12 ans.

La coiffure afro la plus volumineuse (femme) appartient à Aevin Dugas (USA). Elle faisait 16 cm de haut, 21 cm de large et avait une circonférence de 139 cm, lorsqu'elle a été mesurée lors du tournage de *Lo Show dei Record,* à Rome (ITA), le 31 mars 2012.

LES PLUS GRANDS...
• **Homme** et **être humain :** le plus grand être humain est Sultan Kösen (TUR). Il mesurait 251 cm, le 8 février 2011. Pour l'**homme le plus grand de tous les temps,** voir ci-dessus.
• **Femme :** Siddiqa Parveen (IND) mesurait au moins 222,2 cm en décembre 2012. Il est impossible de connaître sa taille exacte en raison de sa mauvaise santé et de son incapacité à se tenir debout. Néanmoins, le Dr Debashish Saha, qui a effectué les mesures, a estimé qu'elle mesurait au moins 233,6 cm en position debout.

LES PLUS LONGS...
• **Barbe de tous les temps :** lorsqu'il est décédé en 1927, la barbe de Hans N. Langseth (NOR) mesurait 5,33 m. Le record des poils faciaux a été présenté à la Smithsonian Institution, à Washington DC (USA), en 1967.

• **Barbe arborée par une personne vivante :** le 8 septembre 2011, la barbe de Sarwan Singh (CAN) mesurait 2,495 m. Sarwan dirige la congrégation du temple du Guru Nanak Sikh, situé dans le Surrey (Colombie Britannique, CAN).
• **Ongles des mains (homme) de tous les temps :** mis bout à bout, les ongles de Melvin Boothe (USA) atteignaient 9,85 m de long lorsqu'ils ont été mesurés le 30 mai 20[...]
• **Ongles des mains (femme) de tous les temps :** Lee Redmond (USA) a comm[encé] à se laisser pousser les ongles des mains en 197[...] Elle les manucurait avec s[...] jusqu'à ce qu'ils atteigne[nt] longueur de 8,65 m, longu[eur] confirmée lors de *Lo Show dei Record* tournée à Mad[rid] (ESP), le 23 février 2008.

...ET LES PLUS PETITS
• **Femme :** Jyoti Amge (IND, à gauche) mesurait 62,8 cm, le 16 décembre 2011.
• **Homme :** depuis le *GWR 2016,* nous avons dit adieu à Chandra Bahadur Dangi (NPL, 1939-2015). Avec une taille de 54,6 cm, il demeure l'**homme le plus petit de tous les temps.** Chandra[...] qui pouvait se déplacer, était plus petit que son homologue n[on] mobile. Après son décès, GWR a ouvert deux catégories distinctes. Le **plus petit homme vivant (mobile)** est de nouveau Khagendra Thapa Magar (NPL, au centre). Il mesura[it] 67,08 cm le 14 octobre 2010. Le **plus petit homme vivant (non mobile)** est Junrey Balawing (PHL, à droite). Sa taille était de 59,93 cm le 12 juin 2011.

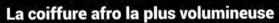

CHRONOLOGIE ▶ **112** Le 1er centre commercial
Situé à Rome (ITA), le forum de Trajan comprenait un marché couvert, avec 150 magasins et bureaux disposés sur six niveaux de galeries. Il a été conçu par l'architecte Apollodore de Damas.

80 Êtres humains

RECORDOLOGIE

LE SAVIEZ-VOUS ?
Charlie est une création de l'illustrateur Martin Handford (GBR). Ce garçon coiffé d'un bonnet porte plusieurs prénoms : Wally dans son pays d'origine, Waldo en Amérique du Nord, Walter en Allemagne, Willy en Norvège, Holger au Danemark, Hugo en Suède et Ubaldo en Italie !

SOMMAIRE

Le plus grand rassemblement de personnes déguisées en Charlie

Où est Charlie ? Si vous aviez assisté au championnat du monde de Spectacles de rue, au Merrion Square West de Dublin (IRL), le 19 juin 2011, vous l'auriez vu partout ! 3 872 personnes ont revêtu la tenue officielle de Charlie, bonnet et tenue rayés rouge et blanc, pour une bonne cause : les fonds issus de la vente de déguisements Charlie ont en effet été reversés à Africa Aware, une association caritative irlandaise œuvrant au Malawi.

Le plus de temps assis sur une colonne
Saint Siméon le Stylite, mystique et ermite chrétien, s'est éteint au sommet d'une colonne de 15 m de haut, sur laquelle il est resté assis 39 ans. Il n'en est descendu qu'une fois pour que la colonne puisse être légèrement rehaussée.

 459 CHRONOLOGIE

guinnessworldrecords.com 83

GÉANTS DE JARDIN

LES FRUITS ET LÉGUMES LES PLUS LOURDS

FRUIT/LÉG.	POIDS	PRODUCTEUR	DATE
Pomme	1,849 kg	Chisato Iwasaki (JPN)	24 oct. 2005
Avocat	2,19 kg	Gabriel Ramirez Nahim (VEN)	28 janv. 2009
Betterave	23,4 kg	Ian Neale (GBR)	7 sept. 2001
Brocoli	15,87 kg	John et Mary Evans (tous 2 USA)	1993
Chou	62,71 kg	Scott A Robb (USA)	31 août 2012
Melon	29,4 kg	Scott et Mardie Robb (tous 2 USA)	16 août 2004
Céleri	33,9 kg	Ian Neale (GBR)	23 sept. 2011
Cerise	21,69 g	Gerardo Maggipinto (ITA)	21 juin 2003
Courgette	29,25 kg	Bernard Lavery (GBR)	1990
Figue	290 g	Mehtap Omer (GBR)	24 août 2014
Tête d'ail	1,19 kg	Robert Kirkpatrick (USA)	1985
Groseille	64,49 g	Kelvin Archer (GBR)	21 août 2013
Pamplemousse	3,210 kg	Cloy Dias Dutra (BRA)	9 nov. 2006
Citron	5,265 kg	Aharon Shemoel (ISR)	8 janv. 2003
Mangue	3,435 kg	Sergio et Maria Socorro Bodiongan (tous 2 PHL)	27 août 2009
Panais	7,85 kg	David Thomas (GBR)	23 sept. 2011
Pêche	725 g	Paul Friday (USA)	23 août 2002
Poire	2,948 kg	J A Aichi Toyota Nashi Bukai (JPN)	11 nov. 2011
Prune	323,77 g	Minami-Alps City JA Komano Section Kiyo (JPN)	24 juill. 2012
P. de terre	4,98 kg	Peter Glazebrook (GBR)	4 sept. 2011
Potiron	1,054 kg	Beni Meier (CHN)	12 oct. 2014
Radis	31,1 kg	Manabu Oono (JPN)	9 févr. 2003
Patate douce	37 kg	Manuel Pérez Pérez (ESP)	8 mars 2004
Navet	17,78 kg	Scott and Mardie Robb (tous 2 USA)	1er sept. 2004

Le potiron le plus lourd

Beni Meier (CHN) a remporté le championnat d'Europe de Pumpkin Weigh-off en 2014, avec un spécimen de sa production de 1 054 kg – le poids de 15 hommes adultes. Ce potiron géant a été authentifié par le Great Pumpkin Commonwealth (GPC), à Ludwigsburg (DEU), le 12 octobre 2014.

Le plus grand rosier
Situé à Tombstone (Arizona, USA), un spécimen de rosier de Lady Banks (*Rosa banksiae*) présente un tronc d'une circonférence de 4,09 m. Haut de 2,75 m, il couvre 743 m².

Le plus de fleurs sur une orchidée
91 fleurs ont été comptées sur une orchidée cultivée par Shi Yuanfeng (CHN), le 20 mai 2014, à Benxi (Liaoning, CHN).

Le plus de tomates d'un seul plant
Surjit Singh Kainth (GBR) a récolté 1 355 tomates d'un seul de ses plants à Coventry (West Midlands, UK), le 11 septembre 2013.

Le plus grand anacardier
Un anacardier de Natal (BRA), qui aurait été planté par un pêcheur en 1888, couvre environ 7 500 m² – 28 courts de tennis – et donne jusqu'à 80 000 fruits par an.

LE PLUS LOURD...

PASTÈQUE
Chris Kent, résidant à Sevierville (Tennessee, USA), a cultivé une pastèque de 159 kg. Son poids a été homologué lors de l'Operation Pumpkin Festival de Hamilton (Ohio, USA), le 4 octobre 2013.

OIGNON
Le 12 septembre 2014, Tony Glover (GBR) a présenté un oignon de 8,5 kg. Cet immense légume, qui fait tant pleurer, a été présenté lors du festival « Fleurs d'Automne » de Harrogate (North Yorkshire, UK).

CAROTTE
Peter Glazebrook (GBR) a cultivé une carotte de 9,1 kg. À l'instar de l'oignon géant de Tony Glover (voir à gauche), le record a été validé lors du festival « Fleurs d'Automne » (GBR), le 12 septembre 2014.

CONCOMBRE
Le 26 septembre 2015, lors du Malvern Autumn Show qui s'est déroulé au Three Counties Showground de Malvern (GBR), David Thomas (GBR) a présenté un concombre de 12,9 kg.

CHRONOLOGIE

717
La plus ancienne affaire de famille
Le moine bouddhiste Garyo Houshi a créé un *ryokan*, auberge traditionnelle japonaise, dans le village d'Awazu (JPN), non loin d'une source à laquelle on attribue des vertus curatives. Le propriétaire actuel est son 46e descendant.

100%

La fraise la plus lourde

Koji Nakao (JPN) a cultivé une fraise de 250 g mesurant 8 x 12 cm pour une circonférence de 25-30 cm. Elle a été pesée à Fukuoka (Fukuoka Prefecture, JPN), le 28 janvier 2015.

LE PLUS LONG...

Betterave

Le 26 septembre 2015, au Three Counties Showground de Malvern (Worcestershire, UK), Joe Atherton (GBR) a présenté une betterave de 7,212 m de long. À titre de comparaison, le python réticulé – le **serpent le plus long** – mesure environ 6,25 m.

L'année précédente, lors du même concours, Joe avait présenté le **plus long panais**, mesurant 6,28 m.

Gourde

Alan Eaton (CAN) a présenté une gourde de 3,797 m de long (*Lagenaria siceraria*), lors de la Bracebridge Fall Fair d'Ontario (CAN), le 19 septembre 2015.

Concombre

Ian Neale (GBR) a cultivé un concombre de 1,07 m de long, qui a été présenté au Royal Bath & West Show, à Shepton Mallet (GBR), le 26 septembre 2011.

Radis

Jamie Courtney-Fortey, Gareth Fortey et Kevin Fortey (tous GBR) ont récolté un radis de 2,235 m, à Cwmbran, (Gwent pays de Galles, GBR). Il a été mesuré le 25 octobre 2015.

EN BREF

Les fraises ne sont pas de vraies baies, alors que les bananes, les pastèques et les avocats le sont • D'un point de vue botanique, les légumes n'existent pas • Cacahuètes, noix de coco, noix de cajou et pignons de pin ne sont pas des noix ; en revanche, les noix de pécan, les glands et les noisettes le sont.

LES PLUS GRANDES PLANTES

PLANTE	HAUTEUR	PRODUCTEUR	DATE
Amaranthe	8,48 m	Jesse Eldrid (USA)	25 oct. 2007
Basilic	3,34 m	Anastasia Grigoraki (GRC)	4 juill. 2012
Haricot de Lima	14,1 m	Staton Rorie (USA)	7 nov. 2003
Cactus (de jardin)	24 m	Sri Dharmasthala Manjunatheshwara College of Dental Sciences (IND)	23 déc. 2009
Coléus	2,5 m	Nancy Lee Spilove (USA)	31 oct. 2004
Chou vert	4,06 m	Woodrow Wilson Granger (USA)	24 mai 2007
Cosmos	3,75 m	Cosmos Executive Committee (JPN)	17 oct. 2003
Coton	9,75 m	D M Williams (USA)	15 juill. 2011
Jonquille	1,55 m	M Lowe (GBR)	1979
Pissenlit	1,77 m	Jo Riding et Joey Fusco (tous 2 CAN)	12 sept. 2011
Fuchsia (grimpant)	11,4 m	Reinhard Biehler (DEU)	13 juin 2005
Kale	5,54 m	Gosse Haisma (AUS)	1987
Lupin	1,96 m	A H Fennell (IRL)	1993
Papayer	13,4 m	Prasanta Mal (IND)	2 sept. 2003
Persil	2,37 m	David Brenner (USA)	10 juin 2009
Poivron	4,87 m	Laura Liang (USA)	1999
Pétunia	5,8 m	Bernard Lavery (GBR)	1994
Rosier (grimpant)	27,7 m	Anne et Charles Grant (tous 2 USA)	1er août 2004
Rosier buisson (soutenu)	5,66 m	Robert Bendel (USA)	12 oct. 2009
Canne à sucre	12,5 m	Hoovayya Gowda (IND)	21 juin 2014
Tournesol	9,17 m	Hans-Peter Schiffer (DEU)	28 août 2014
Maïs doux	10,74 m	Jason Karl (USA)	22 déc. 2011
Chardon	2,4 m	Christine Sadler (CAN)	26 août 2010

RUTABAGA

En septembre 2013, Ian Neale (GBR) a présenté un énorme rutabaga de 54 kg lors du championnat d'Angleterre des Légumes géants qui s'est tenu lors du Malvern Autumn Show.

POIREAU

Paul Rochester (GBR) a présenté un poireau de 10,6 kg, lors du Malvern Autumn Show, le 26 septembre 2015. Le secret de son succès ? Faire écouter de la musique à ses légumes, un conseil prodigué par son père, Wilfred.

CHOU-FLEUR

Peter Glazebrook (GBR), spécialiste des grands légumes, a récolté un chou-fleur de 27,48 kg, le 21 avril 2014. Ici, avec son épouse, Mary.

La plus ancienne université
Fondée à Fés (MAR), l'université Al Quaraouiyine reste à ce jour un haut lieu de l'éducation. On y étudie entre autres l'islam et la linguistique arabe.

859

CHRONOLOGIE

guinnessworldrecords.com **89**

COSPLAY

LE PLUS DE PERSONNES DÉGUISÉES EN...

Personnages de BD

Les conventions de fans de BD sont des manifestations attirant un grand nombre de personnes costumées où les cosplayers viennent pour voir et être vus. 1 784 héros et méchants de fiction se sont rassemblés à la Salt Lake Comic Con de Salt Lake City (Utah, USA), le 25 septembre 2015.

Daleks

Les cosplayers passent des centaines d'heures à créer leurs costumes et, quand ils reproduisent le personnage d'un film ou d'une série télé, il est parfois difficile de les distinguer de l'original. La stupeur fut donc de taille lorsque 95 Daleks, l'ennemi indestructible de Doctor Who, se sont élancés dans le National Space Centre de Leicester (GBR), le 29 novembre 2008, arborant leur unique œil et hurlant « Extermination ! ».

Harry Potter

Le 5 mars 2015, les enseignants de la House School de Tanbridge (GBR) ont concocté assez de polynectar pour transformer 521 de leurs élèves en Harry Potter. Pour que l'illusion soit complète, tous portaient un chapeau de sorcier, l'uniforme de Poudlard et des lunettes.

Personnages de *Dragon Ball*

Bien que le cosplay trouve ses origines chez les fans de science-fiction américains, il s'est élevé au rang de phénomène avec le manga et l'anime japonais. *Dragon Ball* et sa suite, *Dragon Ball Z*, attirent particulièrement les cosplayers. Le 1er novembre 2012, le festival de Saló del Manga de Barcelone (ESP) a réuni 307 personnages de *Dragon Ball* lors d'un événement mis en scène par Editorial Planeta (ESP).

Robin des Bois

Le Camping and Caravanning Club (GBR) a atteint sa cible le 27 août 2011, quand 1 215 personnes ont revêtu le costume du légendaire archer. La tentative s'est déroulée au Newark Showground de Nottinghamshire (GBR), lors du National Feast of Lanterns Camping Rally annuel.

Rosie the Riveter (Rosie la Riveteuse)

We can do it ! S'inspirant du slogan de la femme ouvrière pendant la guerre en Amérique, 1 084 femmes et filles vêtues d'un bleu de travail se sont réunies au World War II Home Front National Historical Park (Californie, USA), le 15 août 2015.

Spiderman

Le 28 juillet 2015, une manifestation caritative organisée par l'agence de recrutement Charthouse Medical a attiré 438 personnes en costume de Spiderman dans les rues de Sydney (AUS). Les fonds récoltés par ces hommes-araignées ont été reversés à l'organisme caritatif Life Education. Les organisateurs ont opté pour le classique costume rouge, bleu et noir de *The Amazing Spider-Man*, le préféré des puristes, écartant la myriade d'autres costumes portés par Spidey dans ses diverses versions et apparitions télévisées.

LE SAVIEZ-VOUS ?

Bien que le cosplay existe depuis les années 1930, le terme lui-même est relativement récent. Il a été inventé en 1984 par le réalisateur Nobuyuki Takahashi (JPN), lors de la World Science Fiction Convention de Los Angeles (Californie, USA).

Personnages de *Star Trek*

Dans le cadre de Destination *Star Trek* à Londres (GBR), Media 10 Limited (GBR), organisateur de la convention, a réuni 1 063 fans de *Star Trek*, le 20 octobre 2012. Si la plupart portaient l'uniforme de l'équipage, Klingons, Borgs et autres aliens de la série originale s'étaient aussi glissés dans la foule.

Super-héros

Le 2 octobre 2010, 1 580 chevaliers noirs, hommes-araignées et autres

CHRONOLOGIE

1187

La plus vaste église monolithique
Les travaux ont débuté sur le site de l'église de Medhane Alem à Lalibela (ETH). Au lieu de construire vers le haut, les ouvriers ont creusé, sculptant l'église dans un seul bloc de roche. Elle mesure 10 m de haut depuis la base de la fosse dans laquelle elle se trouve.

96 Recordologie

EN BREF

Le terme « cosplay » est une contraction de *costume* et de *play* • En 2015, le World Cosplay Summit a attiré des équipes originaires de 26 pays • Les cosplayers doivent créer eux-mêmes leurs costumes.

Père Noël

18 112 pères Noël se sont rassemblés au Nagar Sakthan Thampuran Ground (Kerala, IND), le 27 décembre 2014. Ils participaient à une manifestation organisée par la Thrissur Citizenry et le Thrissur Archdiocese (tous 2 IND), en vue de récolter des fonds pour des associations caritatives locales.

Hulk

Le 13 juillet 2012, 574 habitants et visiteurs ont envahi les rues de Castleblayney (IRL) déguisés en Hulk, à l'occasion du festival annuel Muckno Mania.

héros se sont rassemblés dans les Studios Paramount de Los Angeles (USA), dans le cadre de la promotion du film *Megamind*.

Personnages de jeux vidéo
Le cosplay de personnages de jeux vidéo se développe depuis que ceux-ci mettent en scène des personnages intéressants à imiter. Le parc à thèmes Särkänniemi, à Tampere (FIN), a réuni 491 cosplayers, le 7 septembre 2013. Il propose en effet une attraction *Angry Birds* Land depuis 2012.

Zombies
Le 11 octobre 2014, 15 458 morts-vivants ont traîné les pieds en gémissant dans les rues de Minneapolis (Minnesota, USA), dans le cadre de l'annuel Zombie Pub Crawl.

PETER PAN

Dans le cadre d'une manifestation caritative organisée le 29 août 2014 par l'agence de recrutement Goodman Masson, 280 personnes ont revêtu la tunique et les collants verts du « garçon qui ne voulait pas grandir », à Londres (GBR), en vue de récolter des fonds pour le Great Ormond Street Hospital pour enfants, un établissement et une cause philanthropique chers à J. M. Barrie, l'auteur de *Peter Pan*. Ce rassemblement Pan-tastique s'est tenu sur les marches de la cathédrale Saint-Paul.

La plus grande civilisation du Nouveau Monde
À son apogée, l'Empire inca s'étend le long de la côte pacifique de l'Amérique du Sud, du sud de la Colombie actuelle au centre du Chili. Sa population est estimée à 10 millions de personnes.

1200 ➤

CHRONOLOGIE

FORMAT XXL

La plus grande brouette

Avec ses 11,28 m de long et son diamètre de roue de 2,81 m, cette brouette géante a nécessité une équipe de 10 personnes et plus de 300 h de conception. Elle a été construite par Heimatverein Boke e.V. (DEU), puis présentée et mesurée à Boke (DEU), le 14 mai 2015.

Fer à cheval
Le Kentucky Derby Museum (USA) a réalisé un fer à cheval de 2,06 m de large et de 2,13 m de haut. Il a été mesuré au Eagle Sign & Design de Louisville (Kentucky, USA), le 9 septembre 2015.

Lunch-box
Une lunch box de 2,6 m de large et d'une contenance de 8,47 m³ a été fabriquée par Altus Viljoen et Wilgenhof Men's Residence (tous 2 ZAF). Elle a été mesurée à Stellenbosch (ZAF), le 12 avril 2015.

Magazine (édition unique)
River Group et Polestar (tous 2 GBR) ont conçu une version du numéro d'août 2015 du magazine *Healthy* de 2,35 m de large sur 3,05 m de haut. Sa taille a été validée à Sheffield (GBR), le 30 juin 2015.

La plus grande chaise pliante

L'enseigne Intermarché et le fabricant Neyrat Peyronie (tous 2 FRA) se sont associés pour concevoir une chaise pliante de 4,77 m de haut. Elle a été présentée et mesurée à Bondoufle (FRA), le 27 mai 2015.

LE SAVIEZ-VOUS ?
Le corps de cet instrument détenant le record est en contreplaqué de bouleau, le cou et la tête en pin, tout comme les 4 cordes. Ce ukulélé possède l'espacement des frettes requis pour produire des notes séparées par un demi-ton, comme c'est le cas avec un ukulélé de taille normale.

LE PLUS GRAND...

Pouf
Yogibo (USA) a présenté un pouf en forme de poire de 64,3 m de large, d'un volume de 39,82 m³, à Nashua (New Hampshire, USA), le 15 septembre 2015.

Coupe-fromage
Kristen Gunstad (NOR) a présenté un coupe-fromage de 7,79 m de long à la station de ski de Kvitfjell (NOR), le 7 mars 2015.

Livre de coloriage
Il en faudrait, des feutres, pour colorier ce livre de 10 m², conçu par la Zielona Sowa Publishing House (POL). Sa taille a été validée au Stade national de Varsovie (POL), le 24 mai 2014.

Le plus grand ukulélé

Lawrence Stump (USA, ci-dessous) a créé un ukulélé accordable et fonctionnel de 3,99 m de long, vérifié à Lansing (Michigan, USA), le 11 décembre 2015. Cet instrument a été conçu selon les méthodes et les matériaux utilisés pour un ukulélé soprano classique – bien qu'il soit 7,5 fois plus grand.

1250
Le 1er pistolet
D'après des témoignages anecdotiques, les armes à feu auraient été utilisées en Chine et en Afrique du Nord, bien que les premières preuves authentiques de la construction de pistolets ne fassent leur apparition qu'au siècle suivant.

La plus grande télécommande

Les frères Suraj et Rajesh Kumar Meher (tous 2 IND) ont créé cette télécommande de 4,5 m de long, mesurée à Sambalpur (IND), le 21 septembre 2015. Ils ont démontré qu'elle fonctionnait avec une télé de taille normale.

La plus grande cuillère à glace

Dimitri Panciera (ITA) a présenté une cuillère à glace gigantesque à Forno di Zoldo (ITA), le 20 septembre 2015. Elle mesure 1,95 m de long, 58 cm de large et 17 cm de profondeur. Cette cuillère extra-large est dotée d'un mécanisme permettant d'éjecter la glace.

Mortier et pilon
Mesuré à Macael (ESP), le 28 mars 2015, le plus grand mortier mesure 3,29 m de haut pour un diamètre de 3,07 m à l'ouverture. Le pilon mesure 4,73 m de long et 0,85 m au point le plus large. Cet ustensile géant est une création d'Ayuntamiento de Macael (ESP).

Tirelire
Même les épargnants les plus tenaces auraient du mal à remplir cette tirelire en forme de cochon de 8,03 m de long et de 5,58 m de haut, créée par Kreissparkasse Ludwigsburg (DEU). Elle a été mesurée à Ludwigsburg (DEU), le 18 mai 2015.

Poster
Fareed Lafta (IRQ) a créé un poster de 7 164,78 m², vérifié à Karbala (IRQ), le 26 février 2016. Le poster, qui représentait une carte du pays, mesurait 99,58 m de long sur 71,95 m de large. Il a été exposé au Karbala Stadium.

Parapluie
Jiangxi Kuntak Industrial Co Ltd (CHN) a fabriqué un parapluie de 22,9 m de diamètre. Il a été présenté à Xingzi (province de Jiangxi, CHN), le 3 août 2015.

LE MONSTER TRUCK LE PLUS LONG

Brad et Jen Campbell (tous 2 USA) de Big Toyz Racing ont créé le *Sin City Hustler*, un monster truck de 9,7 m de long. Mesuré dans un hangar d'aviation au lieu-dit Last Stop de White Hills (Arizona, USA), le 10 juillet 2014, il trône à 3,6 m de haut, pèse 6 800 kg – l'équivalent d'un éléphant mâle – et peut accueillir 12 passagers. Équipé d'un puissant moteur de 750 CV, le *Sin City Hustler* ne peut cependant pas excéder 72,4 km/h en raison de son poids. Ce camion géant est exploité par Russ Mann (USA).

La 1re autopsie médico-légale
Dans le cadre d'une enquête sur le meurtre supposé d'un noble, le physicien Bartolomeo da Varignana (ITA) réalise la 1re autopsie médico-légale. Il en effectuera d'autres dans le même cadre.

1302

CHRONOLOGIE

EXPLOITS DE BALLES

Le plus long échange de balle au tennis

Les tennismen Angelo A. Rossetti et Ettore Rossetti (tous 2 USA) ont réalisé un échange de 30 576 coups (sans que la balle ne touche le sol), au Weston Racquet Club de Weston (Connecticut, USA), le 8 août 2015. Les deux frères ont déjà battu le record du **plus long échange**, bien que le record actuel (50 970 coups), établi le 20 juillet 2013, à Bayreuth (DEU), soit détenu par Frank et Dennis Fuhrmann (tous 2 DEU).

Le plus de frappes consécutives d'un ballon de football avec la tête en nageant sur place

Jhoen Lefont Rodriguez (CUB) a réalisé 1 503 touches consécutives de ballon de football avec la tête. Il a réalisé ce record dans la piscine de l'Hotel Nacional de Cuba, à La Havane (CUB), le 10 août 2013.

La plus longue rotation d'un ballon de basket sur un orteil
Le 12 mars 2015, à Wilbur-by-the-Sea (Floride, USA), Bernie Boehm (USA) a fait tourner un ballon de basket pendant 25,52 s.

Bernie sait aussi surfer. Le 31 août 2013, il a battu le record du **plus de temps passé à faire tourner un ballon de basket en surfant**, soit 33,25 s, sur le plateau d'*Officially Amazing,* à Ponce Inlet, à Daytona Beach (Floride, USA).

Une balle, trop facile ? La **plus longue rotation de 2 ballons de basket** sur un doigt (sans cesser de tourner) est de 4 min et 31 s. Chen Weiwei (CHN) a fait tourner 2 ballons l'un sur l'autre, sur le plateau de *Lo Show dei Record*, à Milan (ITA), le 7 juillet 2014.

Le plus de frappes d'une balle de golf en 30 s
Le footballeur Aaron Ramsey (GBR) a frappé 61 fois une balle de golf en 30 s, sur le plateau d'*A League of Their Own* (GBR), à Londres (GBR), le 9 juillet 2015.

Lors de la même émission, l'ancienne star de la Premier League, Jamie Redknapp (GBR), a réalisé **le contrôle d'un ballon de football le plus haut**. Il a contrôlé un ballon qu'il avait lancé à 18,6 m.

La rotation d'un ballon de basket sur le nez la plus longue

« Scooter » Christensen des Harlem Globetrotters a fait pivoter un ballon de basket sur le nez pendant 7,7 s, à Phoenix (Arizona, USA), le 5 novembre 2015. C'est l'un des 7 records établis par les Globetrotters pour célébrer le GWR Day 2015. Les autres records : le **tir de basketball le plus long les yeux bandés** (21,18 m) par « Thunder » Law ; le **plus de dunks en 1 min par un individu** (15) par « Zeus » McClurkin ; le **tir le plus loin à genoux et en arrière** (18,47 m), exploit de « Handles » Franklin, et le **plus de tirs à 3 points au basketball à deux en 1 min** (19) par « Ant » Atkinson et « Cheese » Chisholm (tous USA).

Le plus ancien traité toujours en vigueur
Le 16 juin, des diplomates anglais et portugais signent le traité d'alliance anglo-portugais, un accord de paix qui résistera à de nombreux conflits mondiaux et changements de gouvernement. Il est toujours en vigueur.

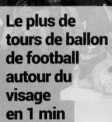

Le plus de tours de ballon de football autour du visage en 1 min

Victor Rubilar (ARG) a fait rouler un ballon de football 35 fois autour de son visage, à Istanbul (TUR), le 2 novembre 2013. Ce record a été réalisé en collaboration avec le centre commercial Maltepe Park (TUR). Victor partage aussi le record du **plus de ballons de football jonglés** : 5. Son record, établi en 2006, a été égalé par Marko Vermeer (NDL) en 2014.

Le plus de balles de ping-pong jonglées avec la bouche
Tony Fercos (USA, né CZE) parvient à faire sortir et saisir 7 balles de ping-pong à la suite avec la bouche en un seul cycle. Chaque balle est introduite dans la bouche, recrachée, puis rattrapée avec la bouche.

La plus longue distance avec un ballon de football en équilibre sur la tête
Le 22 octobre 2011, Abdul Halim (BGD) a parcouru 15,2 km avec un ballon de football sur la tête. Il a fait 38 tours de la piste de 400 m du Bangabandhu National Stadium de Dhaka (BGD).
Sinan Öztürk (DEU) détient le record du **ballon de football maintenu le plus longtemps sur le tibia** (1 min et 55 s), à Mittweida (Saxe, DEU), le 13 novembre 2014.

Le plus de boules de bowling tenues en même temps
Chad McLean (USA) a maintenu 13 boules de bowling réglementaires (validées par la World Tenpin Bowling Association), à Brigham City (Utah, USA), le 2 novembre 2015. Il tenait 4 boules sur les doigts, 7 dans les bras et 2 entre les jambes.

Les plus lourdes boules en rotation sur le dos de la main
Xie Jiajun (CHN) a fait pivoter 2 boules de 4,5 kg, soit environ le poids de 7 ballons de basket de la NBA, le 9 janvier 2016. Il a ainsi amélioré le précédent record, établi en 2015, de 0,31 kg.

Le plus de figures « autour du monde » en 1 min
Dans cette figure, le participant lance un ballon de football en l'air avec le pied, puis en fait le tour avec le même pied. Le freestyler John Farnworth (GBR, ci-dessous) détient le record absolu, avec 85 figures réalisées à Londres (GBR), le 3 octobre 2008.
Adrian Fogel (DEU) a réalisé le **plus de figures « autour de la lune » en 1 min**, soit 61, le 14 février 2010, à Nordhorn (DEU). La balle est placée derrière le cou et soulevée d'un coup sec, et la tête du participant doit effectuer un tour complet.

Le plus de figures « autour du monde » en 1 min (femme)

Laura Biondo (ITA) a effectué 57 figures « autour du monde » (voir à gauche), à Édimbourg (GBR), le 18 juillet 2013. Le même jour, elle a aussi réalisé le **plus de frappes de ballon de football avec la tête en 1 min (femme)**, soit 206.

LE CONTRÔLE DE BALLON LE PLUS LONG SUR UN CÂBLE

Le 14 décembre 2015, à Brentford (Londres, GBR), John Farnworth a maintenu un ballon de football en l'air 29,82 s, tout en se maintenant en équilibre sur un câble (à gauche).
Le freestyler du football a aussi réalisé le **plus de reprises de volée en 30 s**, soit 28, au National Football Museum de Manchester (GBR), le 25 août 2015 ; Farnworth montre la figure ci-dessous.

La pire épidémie de danse de Saint-Guy
En juillet, de nombreux hommes et femmes d'Aix-la-Chapelle (DEU) ont dansé frénétiquement, pour la plupart jusqu'à l'épuisement. Cette maladie du Moyen Âge n'a jamais vraiment été expliquée.

1374   CHRONOLOGIE

guinnessworldrecords.com   103

VOYAGES

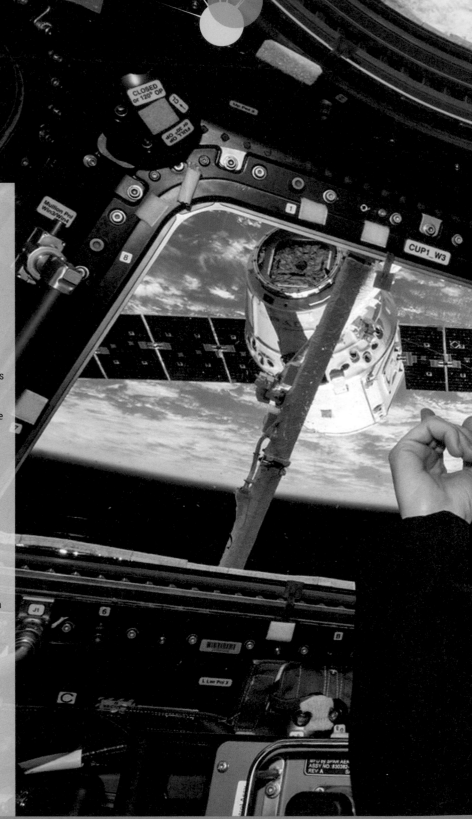

Entretien avec Samantha Cristoforetti

Vous avez passé plus de temps dans l'espace que toute autre femme et que la plupart des autres astronautes. Quelle est votre impression ?
Je n'y ai pas trop réfléchi. La Station spatiale internationale a connu une présence humaine pendant près de 16 ans, et la plupart des expéditions ont duré 5-6 mois. La mienne a duré peut-être quelques semaines de plus (et seulement quelques jours de plus que le précédent record, je crois), mais ça ne me semble pas si incroyable.

Quel grand souvenir gardez-vous de ce si long séjour dans l'espace ?
C'est une expérience que j'ai vécu comme un tout, et je ne saurais choisir un souvenir plutôt qu'un autre. J'ai aimé travailler avec mon équipage et avec les équipes au sol, jour après jour, en essayant de faire de mon mieux et de devenir un peu plus chaque jour un être humain « extraterrestre ». Et bien sûr, j'ai adoré les fous rires que nous avons eus ensemble, le sentiment de l'apesanteur, la vue depuis le hublot... tellement choses au final que quelques mots ne suffisent pas !

Est-ce que votre façon de voir la vie a changé depuis ?
Je ne crois pas que cela change radicalement la vie. Du moins cela n'a pas changé la mienne. Les gens pensent parfois que les astronautes en tirent une certaine philosophie sur les grandes questions de la vie ou qu'ils y gagnent une sorte d'éveil spirituel. En vrai, nous sommes aussi démunis que n'importe qui d'autre sur des questions telles que le but de la vie ou l'existence de Dieu. Peut-être avons-nous juste une idée plus précise sur un point : nous ne survivrons pas longtemps comme espèce si nous n'apprenons pas à nous considérer comme l'équipage de la planète Terre.

Quel conseil donneriez-vous à des enfants qui voudraient suivre votre exemple ?
Faire des études en science, en technologie ou en aviation. Bien que, qui sait, peut-être que lorsqu'ils seront adultes on recrutera les astronautes dans d'autres professions, c'est dur à prédire. Ils devront veiller à leur santé, faire du sport et être prêts à relever des défis... qui les sortent de leur zone de confort. Je leur dis toujours : quand vous avez le choix entre deux chemins, choisissez toujours le plus difficile.

Qu'est-ce que ça fait d'être détentrice d'un Guinness World Records ?
C'est arrivé par hasard ! Je n'ai rien fait de particulier pour le mériter, si ce n'est d'être au bon endroit au bon moment.

CHRONOLOGIE

▶ **1407**

Le plus grand palais
L'empereur Zhu Di de la dynastie Ming ordonne la construction d'un nouveau palais à Pékin (CHN). Plus d'un million d'ouvriers et une décennie sont nécessaires pour bâtir les 980 édifices du vaste ensemble que constitue le palais impérial.

SOMMAIRE

LE SAVIEZ-VOUS ?

« Il y a du café dans cette nébuleuse... euh, je veux dire dans ce #Dragon. » Ce tweet de Cristoforetti fait allusion à *Star Trek* et au vaisseau cargo *Dragon* visible à travers l'un des hublots. Il a transporté la **1ʳᵉ machine à expresso de l'espace** (« ISSpresso ») jusqu'à l'*ISS*, en mai 2015. La spationaute a bu en orbite du café frais dans une tasse imprimée en 3D adaptée à la microgravité !

Le plus long vol spatial pour une femme

Le 23 novembre 2014, l'astronaute Samantha Cristoforetti (ITA), de l'Agence spatiale européenne (ESA), a décollé du cosmodrome de Baïkonour (KAZ) pour mener des recherches sur l'apesanteur dans la *Station spatiale internationale* (*ISS*). Prévu en avril 2015, son vol de retour a été repoussé. Elle est revenue sur Terre le 11 juin 2015, au terme d'une mission de 199 jours, 16 h et 43 min. Elle est donc la femme ayant effectué le plus long vol dans l'espace. Sur la photo, elle porte un uniforme de *Star Trek*. On peut voir autour d'elle les 7 hublots de la coupole de la station.

Les plus vieilles lunettes
Au Moyen Âge, un Londonien met aux ordures sa monture de lunettes en corne cassée. Retrouvée 500 ans plus tard, cette paire de lunettes est la plus ancienne du monde. **1450** ▶ CHRONOLOGIE

L'EVEREST

Pour de nombreux amateurs de sensations fortes, rien ne surpasse l'ascension des 8 848 m de l'Everest, **le plus haut sommet du monde**. L'aventure suppose des mois de préparation (sans compter le temps nécessaire pour trouver un financement). Il faut s'habituer à la raréfaction de l'air et aux changements de température. Cet exploit exige aussi une grande force psychologique. Beaucoup d'alpinistes affirment que le mental compte pour 90 % dans la réussite d'un tel projet. Une fois au sommet, vous êtes sur le toit du monde. Voici les défis qui attendent ceux qui se lancent dans cette aventure...

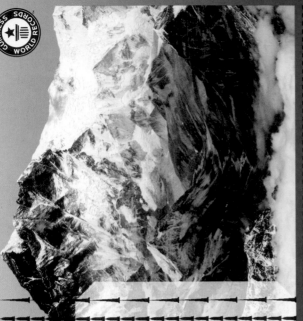

LA PLUS HAUTE MONTAGNE

L'Everest culmine à 8 848 m. C'est juste un peu moins que l'altitude de croisière moyenne d'un avion de ligne, plus de 10 fois la hauteur de **l'édifice le plus haut du monde**, le Burj Khalifa de Dubaï (ARE), et près de 20 fois celle du plus haut gratte-ciel de New York, l'Empire State Building. Dans l'est de l'Himalaya, à la frontière entre le Tibet et le Népal, l'Everest fut désigné en 1856 comme le pic le plus haut du monde par le département de topographie du gouvernement des Indes. En 1865, l'arpenteur général britannique des Indes proposa de lui donner le nom de son prédécesseur, le colonel George Everest.

LE PLUS GRAND NETTOYAGE DE L'EVEREST

Depuis 2008, des écologistes népalais se rendent chaque année sur l'Everest pour ôter les déchets laissés par les alpinistes. Ils ont ainsi retiré 12 000 kg de cordes, de tentes, d'emballages alimentaires, de bouteilles d'oxygène, de bouteilles de gaz et autres objets. En 2009, ils ont enlevé 6 000 kg de déchets, dont 700 kg de débris dus au crash d'un hélicoptère en 1973. Ce total incluait 115 kg de déchets humains gelés, soit l'équivalent du tas de briques ci-contre.

LE SAVIEZ-VOUS ?

Le dernier camp de base se situe à 1,6 km du sommet. Le dernier camp de base n'est qu'à 1,6 km du sommet. C'est peu, mais il faut en général 12 h de l'Everest pour effectuer aux alpinistes pour effectuer cette ultime ascension.

L'ÉNERGIE NÉCESSAIRE

Pour grimper au sommet de l'Everest, les alpinistes doivent faire le plein d'énergie. Au cours de la dernière ascension, ils peuvent dépenser jusqu'à 20 000 calories, soit l'apport de 225 bananes ou de 9 pizzas Margherita ou de 46 gros steaks ou encore de 66 cheeseburgers (*à droite*) !

LE SAVIEZ-VOUS ?

Le plus d'ascensions de l'Everest en 1 jour a été enregistré le 19 mai 2012 : 245 personnes ont alors gravi le pic. Comme vous le voyez sur la photographie prise ce jour-là, la montagne était noire de monde. Il y a même eu un embouteillage près du sommet.

COMBIEN CELA COÛTE ?

L'ascension de l'Everest peut coûter 45 000 $, voire plus de 65 000 $ quand elle est organisée par des tour-opérateurs occidentaux. Cela dépend du type de randonnée choisie, du fait que vous soyez ou non sponsorisé et que vous grimpiez par la face nord (depuis le Tibet) ou sud (depuis le Népal). Les dépenses incluent :

- **le voyage** : entre 500 et 7 000 $ pour aller en avion jusqu'à Katmandou et atteindre le camp de base ;
- **les yaks** : 150 $ par jour et par bête, soit au moins 2 400 $;
- **les porteurs** : 75 $ par jour et par porteur, soit au moins 1 350 $. Les porteurs acheminent le matériel jusqu'au camp de base et le redescendent.
- **les sherpas** : 5 000 $ par sherpa plus leurs bouteilles d'oxygène, à raison de 550 $ par bouteille ;
- **le permis de grimper (par alpiniste)** : 7 000 $ pour la face nord et 11 000 $ pour la face sud ;
- **le ravitaillement et le matériel** : 12 000 $ (habits, nourriture, cuisinier au camp de base, bouteille d'oxygène et équipement médical) ;
- **l'entretien du camp** : 2 000 $.

Sources : thebmc.co.uk, alanarnette.com, grindtv.com

CONQUÊTES DE L'EVEREST

De plus en plus d'alpinistes tentent chaque année de gravir l'Everest, mais son ascension reste l'un des défis ultimes. Voici quelques pionniers.

DATE	RECORD
29 mai 1953	La 1re ascension : Edmund Percival Hillary (NZL) et Sherpa Tenzing Norgay (NPL)
16 mai 1975	La 1re ascension (femme) : Junko Tabei (JPN)
8 mai 1978	La 1re ascension sans bouteille d'oxygène : Reinhold Messner (ITA) et Peter Habeler (AUT)
20 août 1980	La 1re ascension en solo : Reinhold Messner (ITA)
21 mai 2004	L'ascension la plus rapide : Pemba Dorje Sherpa (NPL) en 8 h et 10 min (face sud)
11 mai 2006	Le plus d'ascensions (femme) : 21, par Lakpa Sherpa (NPL)
11 mai 2011	Le plus d'ascensions : 21, par Apa Sherpa (NPL) et Phurba Tashi Sherpa (NPL), le 23 mai 2013
19 mai 2012	Le plus d'alpinistes en 1 jour : 245 personnes

ÉQUIPEMENT

Sur cette photographie, vous voyez David Liaño González (MEX), la 1re personne à avoir gravi les 2 versants de l'Everest en une saison. Il a atteint le sommet par sa face sud en partant du Népal le 11 mai 2013 et a réédité cet exploit le 19 mai en escaladant sa face nord depuis le Tibet. Il a expliqué qu'il était vital de choisir un bon équipement pour augmenter ses chances de réussite. Sur notre cliché, il est habillé comme il l'était au cours de ses ascensions. Il nous a présenté l'équipement qui lui a permis d'accomplir son exploit.

Les alpinistes portent des vêtements qu'ils peuvent empiler de façon à s'adapter aux changements climatiques et aux étapes d'une ascension. Pour conquérir de tels sommets, il est essentiel de disposer d'une combinaison en duvet dotée d'une capuche qui protège le visage.

Ce sac à dos léger et extensible peut contenir des habits, un sac de couchage, des provisions, de l'eau, un appareil photo et d'autres accessoires.

La plupart des alpinistes emportent des bouteilles d'oxygène et un masque, car, au sommet du pic, il y a 3 fois moins d'oxygène qu'au niveau de la mer. Sans oxygène supplémentaire, le cerveau ne peut plus se concentrer et le corps s'épuise rapidement.

Les gants sont glissés dans des moufles imperméables qui protègent mieux du froid que les gants. L'intérieur des gants est par ailleurs équipé de chaufferettes.

La corde d'escalade doit être légère et résistante. Certaines sont traitées pour que l'humidité ne les alourdisse pas trop.

Le piolet léger est attaché à la taille par une sangle. Cela permet de l'avoir à portée de main au moment d'escalader les parties les plus raides.

Des crampons sont essentiels pour ne pas glisser sur les parois rocheuses et la glace. Près du sommet, les alpinistes portent des chaussures doubles. Elles sont en effet protégées par une coque qui empêche la neige et la glace d'entrer à l'intérieur.

1500	1600	1700	1800

Ce chapitre est consacré aux voyages d'exploration qui ont fait l'objet de records. En étudiant leur chronologie, vous remarquerez que leur nombre n'a cessé de croître au fil des années. C'est en grande partie dû à notre meilleure connaissance du monde, aux progrès technologiques en matière d'équipements, de véhicules et de bateaux, ainsi qu'à un engouement accru pour les records. Cependant, au cours des siècles, rien n'a changé : l'endurance, la confiance en soi et le courage demeurent des qualités indispensables à tous ceux qui se lancent dans de tels périples.

1642 : L'explorateur Abel Tasman (NLD) découvre un pays qu'il nomme « Terre de Van Diemen » et qui sera rebaptisé « Tasmanie » en son honneur, ainsi que la Nouvelle-Zélande. Le capitaine James Cook (GBR) atteint celle-ci en 1769 et en fait une carte détaillée. Tasman s'est rendu à la voile jusqu'aux archipels des Fidji et des Tonga, et a dessiné la carte de la côte nord de l'Australie. Comme il n'avait trouvé aucune route commerciale ni voie de navigation utile, ses voyages furent considérés comme des échecs.

▲ **1871 :** Les frères John *(ci-dessus)* et Robert Naylor (GBR) sont les **1ers à rallier à pied John O'Groats à Land's End.** Ils parcourent en moyenne 40 km par jour, en faisant des détours pour visiter certains lieux, soit au total 2 208 km, plus de 2 fois la distance séparant ces 2 points à vol d'oiseau. Le livre racontant leur voyage *(à droite)* n'est paru qu'en 1916.

▲ **1522 :** Le 8 septembre, le navigateur Juan Sebastián Elcano (ESP) rentre à Séville sur le vaisseau espagnol *Vittoria* après avoir effectué la **1re circumnavigation.** Il avait quitté Sanlúcar de Barrameda (Andalousie, ESP) le 20 septembre 1519 avec 4 autres vaisseaux, dans le cadre de l'expédition de l'explorateur Ferdinand Magellan (PRT). Après avoir fait le tour du cap Horn, traversé le Pacifique via les Philippines et contourné le cap de Bonne-Espérance, il est revenu en Europe. Le *Vittoria* est le seul vaisseau de retour. Seules 18 personnes sur 239 ont survécu à cette expédition.

1577-1580 : Sir Francis Drake fait le tour du monde, devenant la **1re personne à la tête d'une expédition autour du monde** et le **1er** Anglais à réaliser cet exploit. Son voyage dure plus de 1 000 jours, dont il profite pour piller des vaisseaux espagnols. Sur les 5 bateaux de l'expédition, seul le sien – appelé à l'origine *Pelican* et rebaptisé *Golden Hind* en 1578 – revient.

1607-1611 : Henry Hudson (GBR) accomplit 4 voyages pour trouver une route commerciale vers l'Asie en passant par l'Arctique. Il échoue, mais ses cartes de l'Amérique du Nord améliorent considérablement les connaissances de l'époque en matière de navigation.

1620 : En septembre, les Pères pèlerins quittent Plymouth à bord du *Mayflower* pour gagner le Nouveau Monde. Ils fondent la colonie de Plymouth, 1re colonie permanente de Nouvelle-Angleterre.

MADLLA BARÉ.

▲ **1766-1769 :** Habillée en homme, Jeanne Barret est aide-botaniste au cours du 1er voyage autour du monde réalisé par des Français, sous le commandement de l'amiral Louis Antoine de Bougainville. Elle est la **1re femme à accomplir un tour du monde.** Ses travaux permettent de découvrir une grande diversité de plantes.

1889 : La tour Eiffel est construite. Initialement bâti pour servir d'entrée à l'Exposition universelle qui doit se tenir la même année, l'édifice en fer forgé de 300 m est la **plus haute structure du monde** jusqu'à l'édification, 41 ans plus tard, du Chrysler Building (319 m), à New York (USA). En 2016, elle demeure l'édifice le plus haut de Paris.

1903 : Le 17 décembre, à 10 h 35, Orville Wright (USA) pilote sur 36,5 m, à une altitude comprise entre 2,4 et 3,6 m, le *Flyer I*, avion de 12 CV équipé d'un système de transmission par chaîne qu'il a construit avec son frère Wilbur, à Kitty Hawk (Caroline du Nord, USA). Il s'agit du **1er vol motorisé.**

 1455 **Le plus vieux livre imprimé sur presse**
La Bible de Gutenberg est imprimée à Mainz (Allemagne), vers 1455, par Henne zum Gensfleisch zur Laden, connu sous le nom de Johannes Gutenberg (vers 1398-1468).

EN BREF

Magellan passe pour être le 1ᵉʳ navigateur à avoir fait le tour du globe mais il fut tué aux Philippines en cours de route • Le **1ᵉʳ vol motorisé** a duré 12 s • John O'Groats a été baptisé ainsi en l'honneur de Jan de Groot, un passeur hollandais.

1900 | **1950** | **1970**

▶ **1911 :** Le 14 décembre, à 11 h, le capitaine Roald Amundsen (*à droite*) et son équipe norvégienne de 5 hommes sont les **1ᵉʳˢ à atteindre le pôle Sud**, au terme d'un voyage de 53 jours en traîneau à chiens depuis la baie des Baleines.

▶ **1924 :** Le **1ᵉʳ tour du monde** en avion est effectué par 2 hydravions Douglas World Cruiser de l'armée américaine, du 6 avril au 28 septembre. Le *Chicago* est piloté par Lowell H. Smith et Leslie P. Arnold, et le *New Orleans* par Erik H. Nelson et John Harding (tous USA). Le point de départ et d'arrivée est Seattle (Washington, USA).

▲ **1933 :** Du 15 au 22 juillet, Wiley Post (USA) effectue le **1ᵉʳ tour du monde en solitaire en avion** à bord du *Winnie Mae*, un Lockheed Vega. Il parcourt 25 099 km. Le point de départ et d'arrivée est New York (USA).

▲ **1953 :** À 11 h 30, le 29 mai, Edmund Percival Hillary (NZL, *ci-dessus à gauche*) et Tenzing Norgay (né Namgyal Wangdi, *ci-dessus à droite*, IND/TIB) sont les **1ᵉʳˢ à atteindre le sommet de l'Everest.** Ils sont photographiés ici la veille de leur exploit historique.

▲ **1950 :** Avec ses 8 091 m, l'Annapurna I, situé au Népal, dans l'Himalaya, est le 10ᵉ plus haut sommet du monde. Il a été **gravi pour la 1ʳᵉ fois** le 3 juin, par Maurice Herzog et Louis Lachenal (tous deux FRA).

1961 : Le 12 avril, le cosmonaute Iouri Alexeïevitch Gagarine (URSS) effectue le **1ᵉʳ vol spatial** à bord de *Vostok 1*. Il décolle du cosmodrome de Baïkonour (KAZ) à 6 h 07 GMT et atterrit à Smelovka, près d'Engels, dans la région de Saratov (RUS), 118 min plus tard.

1963 : Valentina Vladimirovna Tereshkova (URSS) est la **1ʳᵉ femme dans l'espace.** Elle quitte le cosmodrome de Baïkonour à bord de *Vostok 6,* à 9 h 30 GMT, le 16 juin.

▲ **1969 :** « *Eagle* a atterri. » Le 21 juillet, Neil Armstrong et Buzz Aldrin (tous deux USA) sont les **1ᵉʳˢ hommes à marcher sur la Lune :** Armstrong à 2 h 56 min 15 s GMT, puis Aldrin à 3 h 11 GMT.

▲ **1969 :** John Fairfax (GBR, *ci-dessus*) est la **1ʳᵉ personne à traverser un océan** (l'Atlantique d'est en ouest) **à la rame en solitaire.** Il réalise cet exploit sur le *Britannia,* du 20 janvier au 19 juillet 1969. La même année, Robin Knox-Johnston (GBR) est la **1ʳᵉ personne à faire le tour du monde à la voile en solitaire et sans escale,** à bord du *Suhaili.* Parti de Falmouth (GBR) le 14 juin 1968, dans le cadre de la course Golden Globe du *Sunday Times,* il y est revenu le 22 avril 1969.

Le 1ᵉʳ modèle d'androïde
Léonard de Vinci (ITA) imagine le 1ᵉʳ robot humanoïde. On n'a pas retrouvé de dessins du modèle, mais il en existe représentant un chevalier mécanique aux articulations mues par des câbles et des poulies.

1495

CHRONOLOGIE

EXPLORATIONS 1971-1995
VOYAGES

▲ **1974 :** David Kunst (USA, *ci-dessus*) a accompli le **1ᵉʳ tour du monde à pied**, le 5 octobre. Parti le 20 juin 1970, il a couvert 23 250 km sur 4 continents. George Matthew Schilling (USA) aurait fait de même entre 1897 et 1904, mais son record n'est pas attesté.

▲ **1980 :** Reinhold Messner (ITA) est la **1ʳᵉ personne à gravir l'Everest en solitaire**. Il met 3 jours depuis le camp de base situé à 6 500 m pour atteindre le sommet le 20 août. Son ascension est d'autant plus ardue qu'il n'a pas de bouteille d'oxygène.

▲ **1983 :** Le 18 septembre, George Meegan (GBR) devient le **plus rapide à avoir parcouru la route panaméricaine à pied**. Il couvre 30 608 km en 2 426 jours. Parti le 26 janvier 1977 du point le plus au sud de l'Amérique du Sud, il rallie le point le plus au nord de l'Amérique du Nord.

▲ **1978 :** Explorateur et alpiniste, Naomi Uemura (JPN) est la **1ʳᵉ personne à rallier le pôle Nord au cours d'un trek en solitaire**, en passant par la mer de glace de l'océan Arctique, le 1ᵉʳ mai, à 4 h 45 GMT. Parti le 7 mars du cap Edward sur l'île d'Ellesmere au nord du Canada, il a parcouru 770 km. Il était aidé par des traîneaux à chiens et a bénéficié de ravitaillements.

▲ **1975 :** Le 16 mai, Junko Tabei (JPN) devient la **1ʳᵉ femme ayant réussi l'ascension de l'Everest**. Elle sera aussi la **1ʳᵉ femme à avoir escaladé les 7 sommets** (les plus hauts pics des 7 continents) après avoir gravi le Puncak Jaya (ou pyramide Carstensz), le 28 juin 1992.

▲ **1982 :** Le 29 août, sir Ranulph Fiennes *(ci-dessus, à gauche)* et Charles Burton *(ci-dessus, à droite*, tous deux GB) reviennent à Greenwich (Londres, GBR) après avoir effectué le **1ᵉʳ tour du monde par voie terrestre via les 2 pôles**. Ils sont partis de Greenwich le 2 septembre 1979, ont traversé le pôle Sud le 15 décembre 1980, puis le pôle Nord le 10 avril 1982, parcourant 56 000 km.

CHRONOLOGIE

1535 { **La plus grande armure**
On pensait que cette armure de 2,057 m fabriquée à peu près à cette date était celle de Jean de Gand, 1ᵉʳ duc de Lancastre au XIVᵉ siècle, mais elle est en fait d'origine allemande. Elle est exposée dans la tour Blanche de la tour de Londres (GBR).

EN BREF

En 2011, un cimetière de baleines est découvert près de la route panaméricaine au Chili • Le pôle Nord et le pôle Sud se sont inversés 400 fois en 330 millions d'années • L'Atlantique s'agrandit alors que le Pacifique se réduit.

1985   **1990**   **1995**

▲ **1985 :** Du 30 juin au 20 août, Hanspeter Beck (AUS) se rend de Port Hedland (Australie-Occidentale) à Melbourne (Victoria) en monocycle. Il parcourt 6 237 km en 51 jours, 23 h et 25 min, réalisant la **traversée de l'Australie la plus rapide en monocycle**.

▲ **1986 :** Richard G. « Dick » Rutan et Jeana Yeager (tous deux USA) accomplissent le **1er tour du monde en avion sans escale**, en 9 jours, du 14 au 23 décembre. Leur avion particulier *Voyager* a été conçu et fabriqué par Burt, le frère de Dick.

▶ **1986 :** Le 5 août, Patrick Morrow (CAN) devient le **1er à gravir les 7 sommets** – les plus hauts pics des 7 continents selon la liste de Carstensz. Sur celle-ci, le plus haut point de l'Océanie est le Puncak Jaya (pyramide de Carstensz) en Indonésie.

▲ **1988 :** Rémy Bricka (FRA) effectue la **traversée de l'Atlantique « à pied » la plus rapide** sur des skis flottants de 4,2 m de long. Il met 59 jours, du 2 avril au 31 mai, pour couvrir 5 636 km, en tractant une plate-forme contenant des provisions et un dessalinisateur d'eau.

1989 et 1991 : Le record du **premier et du plus rapide tour du monde en voiture par un homme et une femme** sur les six continents, selon les règles en vigueur de 1989 à 1991 pour un trajet dépassant la longueur de l'équateur (40 075 km), est détenu par Saloo Choudhury et sa femme Neena Choudhury (tous deux Inde). Le voyage a duré 69 jours, 19 h et 5 min du 9 septembre au 17 novembre 1989. Le couple a conduit une "Contessa Classic" Hindustan de 1989, avec Delhi (Inde) pour point de départ et d'arrivée.

▲ **1989 :** Robert Swan (GBR) devient la **1re personne à rallier les 2 pôles à pied** quand, à la tête de l'expédition « Marche sur la glace », il parvient avec 8 hommes au pôle Nord, le 14 mai. Trois ans plus tôt, le 11 janvier 1986, il avait mené l'expédition à 3 « Sur les traces de Scott » jusqu'au pôle Sud.

▲ **1992 :** Du 6 au 9 août, Cesare Fiorio (ITA) effectue la **traversée la plus rapide de l'Atlantique** en 2 jours, 10 h, 34 min et 47 s, au gouvernail du *Destriero*, un yacht de luxe de 68,1 m. Équipé d'une turbine à gaz, le bateau a gardé une vitesse moyenne de 53 nœuds (98 km).

1993 : Le 7 janvier, Erling Kagge (NOR) devient le **1er homme à atteindre en solitaire et en autonomie totale le pôle Sud**. Parti de l'île Berkner, il parcourt 1 400 km par voie terrestre en 50 jours.

▲ **1994 :** Du 2 mars au 23 avril, Børge Ousland (NOR) réalise le **trek vers le pôle Nord en solitaire et sans aide le plus rapide**, en 52 jours, au départ du cap Arkticheskiy sur l'archipel russe de Severnaya Zemlya. Il est aussi le **1er à avoir effectué seul un voyage sans assistance par voie terrestre jusqu'au pôle Nord**.

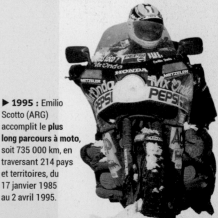

▶ **1995 :** Emilio Scotto (ARG) accomplit le **plus long parcours à moto**, soit 735 000 km, en traversant 214 pays et territoires, du 17 janvier 1985 au 2 avril 1995.

Le jardin botanique le plus ancien (dans le même lieu)
L'Orto Botanico de Padoue (ITA) est créé. En 2016, il est toujours agencé de la même façon. Ce jardin circulaire (symbolisant le monde) entouré d'eau est dédié à la recherche.

1545 ▶   CHRONOLOGIE

EXPLORATIONS 1996-2005
VOYAGES

▲ **1996 :** Peter Bird (GBR) est l'**homme qui est resté le plus longtemps en mer dans un canot à rames**, soit 940 jours. De 1974 à 1996, il parcourt 34 238 km à la rame pour traverser l'Atlantique d'est en ouest, le Pacifique d'est en ouest, puis le Pacifique d'ouest en est.

▲ **1999 :** Emmanuel Coindre (FRA) traverse seul l'Atlantique, d'est en ouest, sur un pédalo. Il a accompli le **plus de traversées d'océans en solitaire** (7). Il traverse l'Atlantique à la rame d'est en ouest en 2001 et 2004, et d'ouest en est en 2002. En 2004, il réalise la **traversée de l'Atlantique à la rame d'ouest en est la plus rapide**, en 62 jours, 19 h et 48 min *(ci-dessus)*. En 2005, il part de Chōshi (JPN) et traverse le Pacifique à la rame, d'ouest en est, jusqu'à Coos Bay (Oregon, USA), en 129 jours, 17 h et 22 min. Enfin, il est le **plus rapide à traverser l'océan Indien à la rame**, en 56 jours, 7 h, 29 min et 11 s, du 30 novembre 2013 au 25 janvier 2014.

▲ **2000 :** Du 31 mai au 6 septembre, Colin Bodill (GBR) réalise le **tour du monde le plus rapide en ULM**, à bord de son Mainair Blade 912 Flexwing, en 99 jours. Il l'a fait en même temps que Jennifer Murray (GBR) qui, elle, a réussi le **tour du monde le plus rapide en hélicoptère** par une femme (aux mêmes dates). Leur point de départ et d'arrivée était l'aérodrome Brooklands de Weybridge (Surrey, GBR).

▼ **1999 :** Le 10 janvier, Antoine De Choudens (FRA) devient la **1ʳᵉ personne à réussir l'expédition des « trois pôles »**, en gravissant l'Everest sans oxygène. Il avait décidé de relever ce défi le 25 avril 1996.

▼ **2001 :** Erik Weihenmayer (USA) est né avec un rétinoschisis, maladie de l'œil qui l'a rendu aveugle à 13 ans. Malgré cela, il devient, le 25 mai, le **1ᵉʳ aveugle à conquérir l'Everest**. En avril 2016, il était toujours le seul aveugle à y être parvenu. Erik est un alpiniste, un skieur et un parapentiste chevronnés.

▲ **1998 :** La construction de la *Station spatiale internationale (ISS)* débute. Elle coûte 100 milliards $ de plus que prévu. Il s'agit de la **structure créée par l'homme la plus chère**.

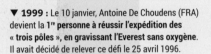

▶ **1998 :** David Hempleman-Adams (GBR) devient la **1ʳᵉ personne à réussir le grand chelem des aventuriers**, qui constitue un défi de taille puisqu'il faut gravir les 7 sommets (les plus hauts sommets des 7 continents) et atteindre les pôles Nord et Sud à pied depuis la côte. Il a entrepris de relever ce défi en 1980 et y est parvenu 18 ans plus tard en ralliant le pôle Nord avec l'aventurier Rune Gjeldnes (NOR), de mars à mai 1998.

1999 : Robert Hansen de Kittery (Maine, USA) accomplit le **plus long voyage en solitaire et sans assistance à motoneige**, du 12 janvier au 9 février. Il parcourt 7 993 km de Medway (Maine) à International Falls (Minnesota, USA), aller-retour.

CHRONOLOGIE

1556

Le séisme le plus meurtrier
Le séisme (*dizhen* en chinois) qui frappe les provinces chinoises du Shaanxi, du Shanxi et du Henan, le 2 février, aurait fait 830 000 morts.

112 Voyages

2001 **2004** **2005**

▲ **2004** : Du 20 janvier au 5 mai, Sarah et Sally Kettle (toutes deux GBR) traversent l'Atlantique d'est en ouest, à bord du *Calderdale – The Yorkshire Challenger*. Il s'agit de la **1re équipe mère-fille ayant effectué la traversée d'un océan à la rame.**

▲ **2001** : **Premier couple marié à atteindre les 2 pôles**, Mike et Fiona Thornewill (tous deux GBR) parviennent au pôle Nord le 5 mai, après avoir rallié le pôle Sud à ski le 4 janvier 2000. Ils ont bénéficié dans les 2 cas d'un soutien aérien, et avaient pour coéquipière Catharine Hartley (GBR). Thornewill et Hartley décrochent le record de **l'expédition la plus rapide jusqu'au pôle Nord (femme)** : 55 jours.

2002 : L'aviateur Steve Fossett (USA, 1944-2007, *à droite*) accomplit le **1er tour du monde en solitaire en ballon**, du 19 juin au 2 juillet, à bord du *Bud Light Spirit of Freedom*. Son point de départ et d'arrivée est l'Australie.

2002 : Le 22 avril, Lars Clausen (USA) quitte Tillamook (Oregon, USA) pour accomplir le **plus long voyage sur un monocycle**. Sa double traversée du pays se termine à Los Angeles, (Californie), le 12 novembre. Il a parcouru 14 686,8 km et traversé 48 États.

▶ **2002** : Le 1er février, Tina Sjögren (SWE) devient la **1re femme ayant effectué une expédition sans assistance au pôle Sud**. Partie avec son mari Thomas de l'anse d'Hercule le 30 novembre 2001, elle a rallié le pôle en 63 jours.

▲ **2005** : Park Young-Seok (KOR) rejoint le pôle Nord à pied le 30 avril, devenant la **1re personne à réaliser le grand chelem des explorateurs**, à savoir gravir les plus hauts pics des 7 continents, les 14 sommets de plus de 8 000 m et atteindre les pôles Nord et Sud à pied. Il a commencé par l'ascension de l'Everest le 16 mai 1993.

▲ **2005** : Du 1er au 3 mars, Steve Fossett accomplit le **1er tour du monde en avion en solitaire et sans ravitaillement**, à bord du *Virgin Atlantic GlobalFlyer*, en 67 h et 1 min, avec pour point de départ et d'arrivée Salina (Kansas, USA). L'avion fabriqué par Scaled Composites contient près de 5 t de carburant.

▲ **2005** : Le 18 juillet 2005, Flávio Jardim et Diogo Guerreiro (tous deux BRA) atteignent Oiapoque sur la côte brésilienne dans le cadre de l'expédition Blue Destination. Il s'agit de la **plus longue distance parcourue en planche à voile**, soit 8 120 km. Ils avaient quitté Chuí le 17 mai 2004.

Le 1er assassinat par arme à feu
Le 23 janvier, James Hamilton de Bothwellhaugh (Écosse), partisan de la reine d'Écosse Marie Stuart, se sert d'une carabine pour tuer James Stewart, 1er comte de Moray et régent d'Écosse.

1570 ▶ CHRONOLOGIE

EXPLORATIONS 2006-2009
VOYAGES

2006   **2007**

▲ **2007** : Parti d'Atalaya (PER), Martin Strel (SVN) a descendu l'Amazone à la nage jusqu'à Belém (BRA) en 67 jours, du 1er février au 8 avril. C'est la **plus longue distance parcourue à la nage en eau libre**, soit 5 268 km, à raison de 9 à 127 km par jour.

▲ **2006** : Le 18 mai, Dee Caffari (GBR) devient la **1re femme ayant fait le tour du monde en solitaire à la voile vers l'ouest et sans escale**. Partie de Portsmouth (GBR) le 20 novembre 2005, elle a mis 178 jours, 3 h, 5 min et 34 s pour accomplir ce périple sans assistance, à bord d'*Aviva*, un monocoque de 22 m de long. Près de 3 ans plus tard, le 16 février 2009, elle sera la **1re femme à faire le tour du monde à la voile dans les 2 sens sans escale**.

▲ **2007** : Le 23 mai, Jennifer Murray et Colin Bodill (tous deux GBR) accomplissent le **1er tour du monde en passant par les 2 pôles**, à bord d'un **hélicoptère** Bell 407. Partis de Fort Worth (Texas, USA) le 5 décembre 2006, ils réalisent le **tour du monde en hélicoptère via les 2 pôles le plus rapide**, en 170 jours, 22 h, 47 min et 17 s.

▲ **2006** : Du 19 novembre au 28 décembre, Hannah McKeand (GBR) met 39 jours, 9 h et 33 min pour se rendre à ski de l'anse d'Hercule, à l'extrémité de l'Antarctique, au pôle Sud. Il s'agit du **voyage en solitaire, sans assistance ni ravitaillement le plus rapide accompli par une femme jusqu'au pôle Sud** (dont l'altitude est de 2 834 m). Hannah McKeand a dû porter elle-même ses provisions. Elle avait besoin d'absorber chaque jour 6 000 calories.

2006 : Les trois extrémités du globe sont l'Everest, le pôle Nord et le pôle Sud (les « trois pôles »). Le 24 avril, Cecilie Skog (NOR) a réalisé l'**expédition aux trois pôles la plus rapide (femme)** en atteignant le pôle Nord en 1 an et 336 jours.

▲ **2007** : Samantha Larson (USA), à 18 ans et 301 jours, est la **plus jeune femme à avoir escaladé les 7 sommets**, dont la pyramide de Carstensz, le 4 août.

▲ **2007** : le 6 octobre, Jason Lewis (GBR) boucle au bout de 13 ans le **1er tour du monde réalisé sans l'aide du vent ou d'un engin motorisé**. De nombreux supporters et amis l'ont rejoint au cours de certaines étapes de son trek impressionnant.

1580

Le plus long siège d'un château
Le temple-forteresse d'Ishiyama Hongan-ji situé à Osaka (JPN) est attaqué par le chef de guerre Oda Nobunaga en août 1570. Il est défendu par les Ikkō-ikki, des moines guerriers, jusqu'en août 1580, avant d'être incendié.

EN BREF

La chaîne Gamburtsev (Antarctique) est enfouie sous 4 800 m de glace • À 3 m de profondeur, les océans renferment autant de chaleur que l'atmosphère • 1974 est la dernière année où personne n'a gravi l'Everest.

Guinness World Records n'accepte plus les records établis par les moins de 16 ans.

2008 **2009**

▲ **2009 :** Sarah Outen (GBR, née le 26 mai 1985) a 23 ans et 310 jours quand elle quitte, le 1er avril, l'Australie pour traverser l'océan Indien. Elle parcourt 7 740 km et atteint le 3 août l'île Maurice, à bord du *Serendipity*. C'est la **plus jeune personne** et la **1re femme à avoir traversé cet océan à la rame en solitaire**.

▲ **2008 :** Le 28 septembre, Rob Thomson (NZL) termine le **plus long voyage en skateboard**. Parti de Leysin (CHE) le 24 juin 2007, il a traversé une partie de l'Europe, les États-Unis et la Chine d'ouest en est jusqu'à Shanghai (CHN). Il a eu besoin de 3 jeux de roues et de 3 planches pour couvrir ces 12 159 km.

▲ **2009 :** Du 8 mai au 13 novembre, Mick Dawson et Chris Martin (tous deux GBR) ont rallié à la rame Chōshi (JPN) au Golden Gate Bridge (San Francisco, Californie, USA), à bord du *Bojangles*. Ce voyage de 189 jours, 10 h et 39 min est la **1re traversée à la rame du Pacifique d'ouest en est par équipe**.

▲ **2009 :** Le 27 août, Michael Perham (GBR, né le 16 mars 1992) devient la **plus jeune personne à avoir fait le tour du monde à la voile en solitaire, sans escale ni assistance**. Il a 16 ans et 244 jours quand il quitte Portsmouth (GBR) à bord du *TotallyMoney.com*, le 15 novembre 2008.

▶ **2008 :** Francis Joyon (FRA) arrive à Brest (FRA) le 20 janvier, après avoir effectué le **tour du monde à la voile en solitaire le plus rapide**, à bord du trimaran *IDEC II* de 29,5 m. Il a mis 57 jours, 13 h, 34 min et 6 s pour couvrir 38 900 km. Le 16 juin 2013, il réussit la **transatlantique en solitaire la plus rapide**, en parcourant 5 333 km en 5 jours, 2 h et 56 min.

◀ **2009 :** Partis de l'anse d'Hercule (Antarctique), Ray Zahab, Kevin Vallely et Richard Weber (tous CAN) atteignent le pôle Sud le 7 janvier, au bout de 33 jours, 23 h et 30 min, réussissant le **trek le plus rapide sans assistance ni ravitaillement jusqu'au pôle Sud**. Leur vitesse maximale a été de 55,56 km par jour.

La plus vieille bourse
Une bourse est créée à Amsterdam (NLD) pour permettre la négociation des actions de la Compagnie des Indes orientales des Pays-Bas.

1602 ➤

CHRONOLOGIE

EXPLORATIONS 2010-2015

VOYAGES

▲ **2010** : Alan Bate (GBR) accomplit le **tour du monde le plus rapide à vélo**, du 31 mars au 4 août, en parcourant 29 467,91 km en 125 jours, 21 h et 45 min. Son voyage de plus de 42 608,76 km (en tenant compte des transferts) a débuté et s'est achevé au Grand Palace de Bangkok (THA).

▶ **2010** : Ed Stafford (GBR) est la **1ʳᵉ personne à avoir longé à pied l'Amazone**. Il y est parvenu le 9 août, au terme d'un voyage de 2 ans, 4 mois et 8 jours (860 jours). Il a parcouru 233 km pour aller du Pacifique à la source de l'Amazone, puis 6 992 km le long du fleuve, soit une distance totale de 7 225 km d'un bout à l'autre.

▲ **2010** : Le 3 janvier, Katie Spotz (USA, née le 18 avril 1987) a 22 ans et 260 jours quand elle quitte Dakar (SEN) pour traverser l'Atlantique d'est en ouest. Elle atteint Georgetown (GUY) le 14 mars, après un voyage de 70 jours. C'est la **plus jeune femme ayant traversé un océan en solitaire à la rame**.

▲ **2011** : Le 13 janvier, Christian Eide (NOR) atteint le pôle Sud après un trek de 24 jours, 1 h et 13 min, soit le **trek au pôle Sud en solitaire et sans assistance le plus rapide**. Il a entrepris ce périple de 1 150 km le 20 décembre 2010. Parti de l'anse d'Hercule, à l'extrémité sud-ouest de la plate-forme de Ronne, il a parcouru en moyenne 47 km par jour, sauf le dernier jour où il a couvert 90 km. La photographie montre son reflet dans la boule réfléchissante qui symbolise le pôle Sud.

▶ **2010** : Vernon Tejas (USA) a gravi les sommets cumulés des listes Kosciuszko et Carstensz en 133 jours. Il a commencé par le massif Vinson le 18 janvier, puis a escaladé l'Aconcagua, la pyramide de Carstensz, les monts Kosciuszko, Kilimandjaro, Elbrous et Everest, pour atteindre le sommet du dernier pic, le Denali – ou mont McKinley –, le 31 mai. Il est la **personne ayant gravi le plus rapidement les 7 sommets dont la pyramide de Carstensz**. On le voit ici en haut de l'Everest, avec sa guitare Lapstick.

CHRONOLOGIE

1610 La plus grande meurtrière
La comtesse Elizabeth Báthory est emprisonnée dans son château de l'actuelle Slovaquie. Elle aurait tué 600 personnes en se livrant à des actes de vampirisme sur des jeunes filles et des jeunes femmes.

116 *Voyages*

EN BREF
La chaîne de l'Himalaya s'est formée il y a 60 millions d'années. À son sommet, la roche contient des fossiles datant d'il y a 450 millions d'années, que l'on trouve dans les fonds océaniques • Kibo, le plus haut pic du Kilimandjaro, est un volcan endormi ; les 2 autres pics sont des volcans éteints

2012   **2013**   **2014**   **2015**

▲ **2012 :** Gábor Rakonczay (HUN) traverse l'Atlantique d'est en ouest à bord d'un canoë de 7,5 m de long en 76 jours. Parti de Lagos (PRT), il atteint l'île d'Antigua (ATG) le 25 mars. Il est le **1er à avoir traversé un océan en canoë.**

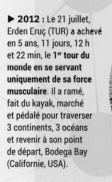

▶ **2012 :** Le 21 juillet, Erden Eruç (TUR) a achevé en 5 ans, 11 jours, 12 h et 22 min, le **1er tour du monde en se servant uniquement de sa force musculaire.** Il a ramé, fait du kayak, marché et pédalé pour traverser 3 continents, 3 océans et revenir à son point de départ, Bodega Bay (Californie, USA).

▶ **2013 :** Le 23 mai, Phurba Tashi Sherpa (NPL, *à droite*) atteint le sommet du plus haut pic du monde, l'Everest, pour la 21e fois, égalant le record du **plus de conquêtes de l'Everest** établi par Apa Sherpa (NPL), le 11 mai 2011.

2013 : David Liaño González (MEX) est la **1re personne à avoir escaladé l'Everest par les 2 versants en une saison.** Il a gravi le versant sud depuis le Népal le 11 mai, puis le versant nord depuis le Tibet le 19 mai, en utilisant à chaque fois des bouteilles d'oxygène.

▲ **2013 :** Vanessa Audi Rhys O'Brien (GBR/ USA) a gravi les pics des listes Kosciuszko et Carstensz en 295 jours. Elle est la **femme qui a réussi l'ascension la plus rapide des 7 sommets, dont la pyramide de Carstensz.** Elle a commencé par escalader l'Everest, le 19 mai 2012, et a fini par le Kilimandjaro, le 10 mars 2013. *(Voir le record masculin p. 116.)*

▼ **2013 :** Les « Triple Seven Summits » sont les 3 plus hauts pics de chacun des 7 continents. Christian Stangl (AUT) atteint le dernier, le mont Shkhara (5 193 m), à la frontière entre la Géorgie et la Russie, le 23 août, devenant la **1re personne à avoir gravi les Triple Seven Summits.**

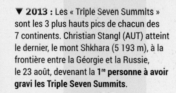

▲ **2014 :** Matthew Guthmiller (USA, né le 29 novembre 1994) devient la **plus jeune personne à avoir fait le tour du monde en avion en solitaire.** Il l'a terminé le 14 juillet, à El Cajon (Californie, USA), à 19 ans et 227 jours.

▲ **2015 :** Simon Chalk (GBR) a effectué le **plus de traversées d'océans à la rame,** en solitaire et en équipe. Il a notamment traversé l'Atantique et l'océan Indien. Son 9e exploit a eu lieu le 3 janvier.

▲ **2015 :** Callum Gathercole (GBR, né le 15 mai 1995) a 20 ans et 219 jours quand il entreprend sa traversée de l'Atlantique, le 20 décembre. C'est la **plus jeune personne à avoir traversé un océan à la rame en solitaire.**

Le drapeau national encore en usage le plus ancien
Le motif du drapeau danois – une croix scandinave blanche sur un fond rouge – est adopté. Le drapeau devient carré en 1748. Au Danemark, il est appelé *Dannebrog,* ou « tissu danois ».

1625 ▶

CHRONOLOGIE

À ESSAYER À LA MAISON

LE SAVIEZ-VOUS ?
Pour remporter ce record, Christian a crié le mot « Tor ! » – « but » en allemand. Une station de radio cherchait un fan de sport capable de crier ce mot le plus longtemps possible, dans l'esprit des commentateurs de football sud-américains qui étirent leurs voyelles. Goooooooaaaal !

CHRONOLOGIE ▶ **1657** ❯ **La 1re horloge à pendule**
L'inventeur Galilée (ITA) conçoit l'horloge à pendule avant sa mort, mais le 1er modèle a été breveté 20 ans plus tard par l'astronome et horloger Christiaan Huygens (NLD).

118 À essayer à la maison

SOMMAIRE

Le plus long cri

Ce chapitre est consacré aux exploits que vous pouvez reproduire à la maison : pas besoin d'être un athlète olympique ou une star d'Hollywood pour battre un record ! Christian Kinner (DEU) détient le record du **cri le plus long** – exploit que tout le monde peut essayer chez soi. Avec l'aide de la station de radio Sportradio Sport1.fm, Christian – fan de football et fervent supporter du Borussia Dortmund – a crié pendant 43,56 s, à Munich (DEU), le 25 avril 2015. Chapeau !

Si vous souhaitez, vous aussi, donner de la voix ou tenter un exploit, pourquoi ne pas essayer de battre les records des 8 pages suivantes ?

Le plus ancien périodique ininterrompu
Le 1er numéro de *Philosophical Transactions* est publié par la Royal Society, l'académie des sciences britannique, le 6 mars. Il compte Isaac Newton et Charles Darwin parmi ses contributeurs.

1665

CHRONOLOGIE

À ESSAYER À LA MAISON...
DANS VOTRE CUISINE

Vous pensez que la cuisine est exclusivement dédiée à la préparation des plats et à la vaisselle ? Détrompez-vous : c'est aussi l'endroit parfait pour battre des records ! Ustensiles de cuisine, aliments du quotidien, comme les œufs, le sucre ou le riz... les opportunités ne manquent pas dans les placards, les tiroirs et même dans la corbeille à fruits. Il y en a pour tous les goûts, du chef le plus expérimenté au gourmand le plus affamé.

ŒUFS

Le plus d'œufs écrasés avec la tête en 1 min	142	Scott Damerow (USA)
Le plus d'œufs écrasés avec une main en 1 min	32	Ross McCurdy (USA)
Le plus d'œufs écrasés en s'asseyant dessus en 1 min	72	Michaël Levillain (FRA)
Le plus d'œufs écrasés avec le poignet en 2 min	78	Antonio Almijez (ESP)
Les 10 œufs écrasés le plus rapidement avec les coudes en avant	12,64 s	Mauro Vagnini (ITA)
Les 6 œufs déplacés le plus rapidement entre une boîte et des coquetiers avec les pieds	21,15 s	Ashlee Carlisle (USA)
Les 12 œufs tenus en équilibre le plus rapidement	1 min et 6,45 s	Brian Spotts (USA)

BANANES

Le plus de bananes épluchées et mangées en 1 min	8	Patrick Bertoletti (USA)
Le plus de bananes rompues en 1 min	99	Ashrita Furman (USA)

CUILLÈRES

Le plus de cuillères en équilibre sur le corps	52	Etibar Elchiev (GEO)
Le plus de cuillères tordues en 1 min	14	Ashrita Furman (USA)
Le plus de cuillères en équilibre sur le visage	31	Dalibor Jablanović (SRB)

MORCEAUX DE SUCRE

Le plus de morceaux en équilibre sur le menton (une seule pile)	17	Silvio Sabba (ITA)
La plus haute tour	208 cm	Camille Courgeon (FRA)

CRACKERS

Les 3 biscuits mangés le plus vite	34,78 s	Ambrose Mendy (GBR)

BONBONS GÉLIFIÉS

Le plus de Jelly Beans déplacés à la paille en 1 min	36	Andrew Kamil Mourad (LBN)
Les 30 Jelly Beans triés le plus vite avec des baguettes	23,39 s	Silvio Sabba (ITA)
Les 30 Jelly Babies triés le plus vite avec des baguettes	27,42 s	Stephen Kish (GBR)

M&M'S/SMARTIES

Le plus de M&M's/Smarties mangés en 1 min avec des baguettes	65	Kathryn Ratcliffe (GBR)
La plus grande mosaïque de M&M's	13,8 m²	Jackson McKenzie (USA)
Les 500g de M&M's au beurre de cacahuètes triés le plus rapidement	2 min et 12 s	Stephen Kish (GBR)
Les 30 M&M's/Smarties triés le plus vite avec des baguettes	31,5 s	Yinger Guan (CHN)

CHRONOLOGIE

1670 **Le pape élu le plus âgé**
Clément X (ITA, né Emilio Altieri) était âgé de 79 ans et 290 jours quand il a été élu chef de l'Église catholique. Il a exercé ses fonctions jusqu'à sa mort, 6 ans plus tard.

OIGNONS

L'oignon cru mangé le plus rapidement	29,5 s	Yusuke Yamaguchi (JPN)
Les 50 livres d'oignons épluchées le plus rapidement	2 min 39 s	Bob Blumer (CAN)
Le plus d'oignons épluchés et tranchés en 1 min	615 g	Masanori Fujimura (JPN)

FERRERO ROCHER

Le plus de Ferrero Rocher mangés en 1 min	9	Peter Czerwinski (CAN) Patrick Bertoletti (USA)
Les 15 Ferrero Rocher mangés le plus vite	2 min et 22 s	Peter Czerwinski (CAN)
Le plus de Ferrero Rocher empilés	12	Silvio Sabba (ITA)
Le Ferrero Rocher mangé le plus rapidement sans les mains	8,04 s	Thomas Gangstad (NOR)

CONDIMENTS

La bouteille de ketchup (396 g) bue le plus rapidement	32,37 s	Benedikt Weber (DEU)
Le plus de moutarde bue en 30 s	416 g	André Ortolf (DEU)
La moutarde (200 ml) bue le plus rapidement	20,8 s	Ashrita Furman (USA)

CITRONS

Le jus de citron (1 l) bu à la paille le plus rapidement	24,41 s	Stephen Dechert II (USA)
Le citron pelé et mangé le plus rapidement	8,25 s	Ashrita Furman (USA)
Les 3 citrons pelés et mangés le plus rapidement	28,5 s	Jim Lyngvild (DEN)
Le plus de citrons attrapés les yeux bandés en 30 s (à 2)	15	Ashrita Furman et Bipin Larkin (tous deux USA)
Le plus de citrons attrapés les yeux bandés en 1 min (à 2)	33	Ashrita Furman et Bipin Larkin (tous deux USA)

RIZ & PÂTES

Le plus de grains de riz crus déplacés avec des baguettes en 1 min	38	Silvio Sabba (ITA)
Le plus de grains de riz mangés avec des baguettes en 1 min	23	Rob Beaton (USA)
Le plus de grains de riz mangés avec des baguettes en 3 min	134	Bob Blumer (CAN)
Le plus de tortellinis fabriqués en 3 min	25	Francesco Boggian (ITA)
Le bol de pâtes (100 g) en sauce mangé le plus rapidement	41 s	Peter Czerwinski (CAN)

PICS À COCKTAIL

Le plus de petits pois mangés en 30 s	40	Ashrita Furman (USA)
Le plus de petits pois mangés en 1 min	86	Paolo Verri (ITA)
Le plus de grains de maïs mangés en 3 min	236	Ian Richard Purvis (GBR)
Le plus de haricots cuisinés mangés en 5 min	271	Ashrita Furman (USA)

Le juge d'exécution le plus prolifique
Le juge en chef George Jeffreys (GBR) a condamné à mort pour le crime de trahison 320 rebelles ayant participé à la rébellion de Monmouth. Cette série de procès est connue sous le nom de « les Assises sanglantes ».

1685 CHRONOLOGIE

À ESSAYER À LA MAISON
DANS VOTRE JARDIN

Il fait beau dehors ? Dans ce cas, ne restez pas enfermé chez vous : il existe des centaines de records à tenter dans son jardin. C'est une bonne excuse pour prendre l'air et faire le plein de vitamine D, et le jardin est l'endroit idéal pour participer aux activités sportives qui demandent de l'espace. Il est donc temps de sortir les vieux jouets du grenier ! Vous n'avez pas de jardin ? Pas de problème : rendez-vous au parc le plus proche avec un panier à pique-nique et tentez de battre des records du monde en famille !

FRISBEE/DISQUE VOLANT

Le plus de temps passé en l'air (homme)	16,72 s	Don Cain (USA)
Le plus de temps passé en l'air (femme)	11,81 s	Amy Bekken (USA)
Le plus long lancer (homme)	250 m	Christian Sandstrom (SWE)
Le plus long lancer (femme)	138,5 m	Jennifer Griffin (USA)
Le plus long lancer vers une cible	45,7 m	Brodie Smith (USA)
Le plus de frisbees lancés vers une cible en 1 min	27	Loïc Dumont (FRA)
Le plus de frisbees attrapés dans le dos en 1 min	24	Tim et Daniel Habenicht (tous deux USA)
Le plus de plots touchés en 1 min	12	Brodie Smith (USA)

HULA-HOOP

Le plus de hula-hoops tournés simultanément	200	Marawa Ibrahim (AUS)
Le plus de hula-hoops tournés et rattrapés en 1 min	236	Liu Rongrong (CHN)
Le plus de rotations par une équipe de 3 en 1 min	50	Paul Blair (USA), Pan Bo et Ding Hemei (tous deux CHN)
Le plus de rotations sur un trampoline en 1 min	130	Ken Kovach (USA)

BALLON SAUTEUR

Le 100 m le plus rapide	30,2 s	Ashrita Furman (USA)

POGO STICK

Le plus haut saut	3,2 m	Biff Hutchison (USA)
Le plus de touchers de socle en 30 s	69	Silvio Sabba (ITA)
Le moins de sauts en 1 min	39	Biff Hutchison (USA)
Le plus de sauts en 1 min	266	Tone Staubs (USA)
Le plus de ballons éclatés en 1 min	57	Mark Aldridge (GBR)
Le plus de sautillements en 1 min	178	Ashrita Furman (USA)

BALLON DE FOOTBALL

Le 100 m le plus rapide avec un ballon en équilibre sur la tête	18,5 s	Daniel Cutting (GBR)
Le plus de jongles avec la nuque en 1 min	61	Adrian Fogel (DEU)
Le plus de jongles avec le pied en 1 min	85	John Farnworth (GBR)
Le plus de ballons jonglés simultanément	5	Victor Rubilar (ARG) Marko Vermeer (NLD)
Le plus de temps passé à faire tourner un ballon sur un doigt	4 min et 21 s	Raphael Harris (ISR)
Les 50 passes les plus rapides (à 2)	29,7 s	Jonathan Gomez (TTO) et Keith Considine (GBR)

BOMBE À EAU

Le plus long lancer et attraper (sans éclater)	38,8 m	Ashrita Furman et Bipin Larkin (tous deux USA)
Le plus de bombes à eau attrapées et maintenues en 1 min	22	Ashrita Furman et Bipin Larkin (tous deux USA)
Le plus de bombes à eau lancées sur quelqu'un en 1 min	32	Ashrita Furman et Bipin Larkin (tous deux USA)

CHRONOLOGIE

1705 › **La 1ʳᵉ comète périodique confirmée**
L'astronome Edmond Halley (GBR) découvre qu'une comète, répertoriée pour la première fois en 240 av. J.-C., frôle la Terre tous les 75 ans. Il prédit avec succès que le prochain passage de cette comète aura lieu en 1758.

122 À essayer à la maison

TRAMPOLINE

Le plus de sauts périlleux consécutifs	3 333	Brian Hudson (GBR)
Le plus de sauts périlleux arrière en 30 s	30	Shane Connor Smith (USA)
Le plus de sauts périlleux avant en 1 min	40	Jed Evans (GBR)
Le plus de sauts ventraux en 1 min	26	Ken Kovach (USA)
Le plus de sauts assis en 1 min	49	Oleksandr Nakonechny (UKR)
Le plus de sauts périlleux arrière groupés en 1 min	30	Hu Zichao (CHN)

CORDE À SAUTER

Le plus de sauts arrière en 30 s	135	Hijiki Ikuyama (JPN)
Le plus de sauts triples en 1 min	113	He Chunyan (CHN)
Le plus de sauts triples consécutifs	423	Shozo Hamada (JPN)
Le plus de sauts quadruples consécutifs	78	Akitoshi Moriguchi (JPN)
Le 100 m le plus rapide	15,3 s	Alain Trottier (USA)

BALLON DE BASKET

Le plus de cercles autour de la taille en 30 s	68	Corey Rich (USA)
Le plus de rebonds en 1 min	444	Thaneswar Guragai (NPL)
Le plus de temps à en faire tourner 3	7,5 s	Thomas Connors (GBR)
Le plus de temps à faire tourner un ballon sur un doigt (à une main)	10 min et 33 s	Ruben Alcaraz (ESP)
Le plus de temps passé à faire tourner un ballon sur la tête	18,1 s	Mehmet Kekeç (DEU)

TROTTINETTE

Le plus haut bunny hop	80 cm	Marc Vinco (FRA)
Le plus de tailwhips en 1 min	57	Daniel Barrett (USA)
Le plus de backflips en 1 min	12	Dakota Schuetz (USA)

BALLES DE TENNIS

Le plus de balles attrapées les yeux bandés en 1 min	11	Anthony Kelly (AUS)
Le plus de rebonds sur le manche d'une raquette en 1 min	185	Florian Zoller (AUT)
Le plus long contrôle de balle avec une raquette	4 h, 8 min et 16 s	Palmer Campbell (USA)
Le plus de balles tenues dans une main	23	Mahadeo Bhujbal (IND)
Le plus long rebond de balle sur la tête	1 h, 1 min et 2 s	Tomas Lundman (SWE)
Le plus long contrôle de balle avec les pieds	5 h, 28 min et 59 s	Jacek Guzowski (POL)

DIABOLO

Le plus de prises en 1 min	16	Wang Yueqiu (CHN)
Le plus de prises sur le dos en 1 min	67	Chen Yun (CHN)
Le plus de tours de jambe en 1 min	117	Adrian Hidalgo (ESP)
Le plus de rebonds consécutifs autour du cou	126	Harvey Woods (GBR)
Le plus de temps passé à jongler avec 4 diabolos autour de la jambe	1 min et 21 s	Peng Zhan (TPE)
Le plus long grind	1 min et 35 s	Harry Feachen (GBR)

Le plus vieux restaurant
Le restaurant Botín ouvre ses portes dans le centre-ville de Madrid (ESP). Les clients doivent apporter leur vin et leurs ingrédients, qui sont cuisinés sur place. Ce restaurant est toujours ouvert.

1725 CHRONOLOGIE

DANS VOTRE SALLE DE SPORT

Viser un record du monde est le meilleur moyen de pallier l'ennui à la salle de sport !
Que vous couriez sur un tapis de course, souleviez des haltères ou frappiez dans un
punching-ball, il existe des records à battre à tous les niveaux. Voici une petite sélection
de catégories parmi les centaines que nous évaluons. Si vous souhaitez tenter un défi que
vous ne voyez pas ici, pas d'inquiétude : inscrivez-vous sur www.guinnessworldrecords.com
et nous ferons de notre mieux pour vous aider.

RAMEUR (CONCEPT II)

Le 2 000 m le plus rapide (homme)	5 min et 36,6 s	Rob Waddell (NZL)
Le 2 000 m le plus rapide (femme)	6 min et 28,4 s	Sophie Balmary (FRA)
Le marathon le plus rapide (homme)	2 h, 28 min et 54 s	Glen Goodman (GBR)
Le marathon le plus rapide (femme)	2 h, 53 min et 16 s	Anna Bailey (GBR)
Le 1 000 km le plus rapide	128 h, 38 min et 19 s	Nigel Gower (GBR)
Le plus rapide à ramer la longueur de l'équateur (40 075 km)	2 ans, 6 mois et 20 jours	David Holby (GBR)

TAPIS DE COURSE

Le 50 km le plus rapide	3 h, 55 min et 28 s	Gemma Carter (GBR)
Le 100 km le plus rapide (homme)	6 h, 21 min et 40 s	Phil Anthony (GBR)
Le 100 km le plus rapide (femme)	8 h, 35 min et 5 s	Edit Bérces (HUN)
La plus longue distance en 12 h (homme)	131,35 km	David Staley (USA)
La plus longue distance en 12 h (femme)	96,98 km	Dee Boland (IRL)
La plus longue distance en 24 h (homme)	257,88 km	Suresh Joachim (CAN/LKA)
La plus longue distance en 24 h (femme)	247,20 km	Edit Bérces (HUN)
La plus longue distance en 1 semaine (homme)	827,16 km	Marcio Villar (BRA)
La plus longue distance en 1 semaine (femme)	833,05 km	Sharon Gayter (GBR)

HALTÈRES

Le plus de poids soulevé en élévation frontale en 1 min	1 215 kg	Eamonn Keane (IRL)
Le plus de poids soulevé en élévation frontale en 1 h	18 830 kg	Eamonn Keane (IRL)
Le plus de poids soulevé en rowing en 1 min (à un bras)	1 975,85 kg	Robert Natoli (USA)
Le plus de poids soulevé en rowing en 1 h	32 730 kg	Eamonn Keane (IRL)
Le plus de poids soulevé en développé debout en 1 min	910 kg	Kristin Rhodes (USA)
Le plus de poids soulevé en écarté incliné en 1 min	2 160 kg	Eamonn Keane (IRL)
Le plus de poids soulevé en écarté incliné en 1 h	40 600 kg	Eamonn Keane (IRL)

CHRONOLOGIE

1770 Le 1ᵉʳ cirque moderne
Le voltigeur Philip Astley (GBR) intègre des acrobates, des danseurs de corde et des clowns dans son spectacle équestre à Londres
(GBR). En 1782, un ancien membre de sa troupe, Charles Hughes (GBR), crée le 1ᵉʳ spectacle dit « de cirque ».

VÉLO STATIQUE

La plus longue distance en 1 min	3,06 km	Miguel Ángel Castro Rodríguez (ESP)
La plus longue distance en 3 min	5,80 km	Miguel Ángel Castro Rodríguez (ESP)
La plus longue distance en 1 h (homme)	122 km	Miguel Ángel Castro Rodríguez (ESP)
La plus longue distance en 1 h (femme)	35,30 km	Tina Ternjak (SVN)
La plus longue distance en 8 h	742,14 km	Philippe Vaz (FRA)
La plus longue distance en 12 h (homme)	832,35 km	Miguel Ángel Castro Rodríguez (ESP)
La plus longue distance en 12 h (femme)	348 km	Tina Ternjak (SVN)
La plus longue distance en 24 h	1 421,05 km	Philippe Vaz (FRA)
Le plus long marathon (durée)	268 h, 32 min et 44 s	Jamie McDonald (GBR)

SAC DE FRAPPE

Le plus long marathon	52 h	Kaveh Fatemian (GBR)

STEP

Le plus de step-ups en 1 min	105	Takahiro Morishita (JPN)
Le plus de step-ups en 1 h	4 135	Manjit Singh (GBR)
Le plus de step-ups en 8 h	8 898	Arran McLellan (CAN)
Le plus de step-ups en 24 h	25 061	Subhash Sasne (IND)
Le plus de step-ups avec un sac de 40 livres en 1 min	52	Robert Natoli (USA)
Le plus de step-ups avec un sac de 60 livres en 1 min	47	Robert Natoli (USA)
Le plus de step-ups avec un sac de 80 livres en 1 min	41	Robert Natoli (USA)
Le plus de step-ups avec un sac de 100 livres en 1 min	40	Paddy Doyle (GBR)

MEDICINE BALL

Le plus de pompes sur une medicine ball en 1 min	68	Mohammad Hassaan Butt (PAK)
Le plus long contrôle d'une medicine ball	1 min et 34 s	Conny Strömberg (SWE)

KETTLEBELLS

Le plus lourd poids soulevé en long cycle en 1 h	33 184 kg	Anatoly Ezhov (BLR)
Le plus lourd poids soulevé en arraché en 1 h (homme)	34 160 kg	Evgeny Nazarevich (BLR)
Le plus lourd poids soulevé en arraché en 1 h (femme)	14 340 kg	Lyubov Cherepaha (UKR)
Le plus lourd poids soulevé en jeté en 1 h	53 424 kg	Anatoly Ezhov (BLR)
Le plus lourd poids soulevé en swing en 1 h	12 400 kg	James Saward-Anderson (GBR)
Le plus lourd poids soulevé en 1 min (alterné avec développés au sol)	4 347 kg	Anatoly Ezhov (BLR)

SWISS BALLS

Sauter au-dessus de 10 swiss balls le plus rapidement	8,31 s	Neil Whyte (AUS)
Le plus lourd poids soulevé en squat en 1 min	1 979,6 kg	Stephen Buttler (GBR)
Le plus de flexions de genoux sur une Swiss Ball en 1 h	1 716	Stephen Buttler (GBR)
Le plus de temps passé debout sur une Swiss Ball	5 h, 25 min et 36,98 s	Garrett Lam (USA)
Le plus de passes de Swiss Ball en 5 min (équipe)	198	Health & Diet Centres Ltd (GBR)
Le plus long saut entre 2 Swiss Balls	2,3 m	Neil Whyte (AUS)

Le plus vieux moteur à vapeur
Conçu par James Watt et construit par l'entreprise Birmingham Canal Company (tous deux GBR), le moteur Smethwick, qui sert à pomper l'eau du canal, entre en service le 27 mai à Smethwick (Midlands de l'Ouest, GBR).

1779 ▶ CHRONOLOGIE

À NE PAS ESSAYER À LA MAISON

LE SAVIEZ-VOUS?

Lorsqu'il s'est enflammé, Josef portait trois épaisseurs de vêtements protecteurs et avait enduit sa peau d'un gel résistant à la chaleur. Des assistants se chargeaient d'alimenter le feu tout en assurant la sécurité de Josef.

▶ 1783

Le 1ᵉʳ vol habité
Le 15 octobre, François Pilâtre de Rozier s'envole à 26 m, à bord d'un ballon dirigeable conçu par Joseph et Jacques Montgolfier (tous 2 FRA). Le 21 novembre, il effectue un 2ᵉ vol avec le marquis d'Arlandes, qui sera le **1ᵉʳ vol habité non captif en montgolfière**.

SOMMAIRE

La plus longue torche humaine (sans oxygène)

Les activités suivantes sont strictement réservées aux professionnels. Merci de ne pas reproduire ces cascades. Qui pourrait mieux introduire ce chapitre de records à risques que le cascadeur professionnel Josef Tödtling (AUT) ? Il a passé 5 min et 41 s entièrement en feu, sans apport d'oxygène, à la caserne de pompiers de Salzbourg (AUT), le 23 novembre 2013. Ce record a nécessité une longue préparation et Josef a dû se concentrer pour contrôler ses mouvements : un geste imprudent aurait suffi à attiser les flammes et à lui brûler les yeux ou la bouche.

Josef s'est à nouveau transformé en torche humaine pour la séance photo du Guinness World Records à Styria (AUT), le 17 septembre 2015. Il s'est enflammé 5 fois pour nous assurer le meilleur cliché ! Un autre record de Josef est à découvrir p. 132.

La 1ʳᵉ vaccination moderne
Afin de démontrer le pouvoir de l'inoculation, le docteur Edward Jenner (GBR) inocule la variole des vaches à un enfant. Quelques semaines plus tard, il lui injecte le virus de la variole et prouve que l'enfant est immunisé contre cette maladie souvent mortelle.

1796 →

CHRONOLOGIE

Le plus rapide en monster truck

À bord du Ram Truck surnommé le *Raminator*, Mark Hall (USA) a atteint 159,49 km/h, sur le circuit des Amériques d'Austin (Texas, USA), le 15 décembre 2014.

Le wheelie le plus rapide en moto

Le 18 avril 1999, Patrik Fürstenhoff (SWE) a atteint 307,86 km/h sur la roue arrière d'une Honda Super Blackbird 1100 cc Turbo. Ce record a eu lieu sur le terrain d'essai de Bruntingthorpe, dans le Leicestershire (GBR).

La voiture retenue le plus longtemps

Le 26 juillet 2015, Gerald Gschiel (AUT) a retenu une Chevrolet Corvette Z06 au démarrage 22,33 s, sur le plateau de *ZDF Fernsehgarten*, à Mainz (DEU).

Le plus de bascules de voiture à la main en 5 min

Jean Caron (CAN) a renversé une voiture 13 fois en 5 min, sur le plateau de *Guinness World Records Special* (CCTV), à Jiangyin (CHN), le 11 janvier 2015.

Le saut le plus haut en moto (quarter-pipe)

Ronnie Renner (USA) a sauté à 10,77 m au-dessus d'un quarter-pipe, au Red Bull High Rise de Grant Park, Butler Field, à Chicago (Illinois, USA), le 25 juillet 2009.

Le plus long wheelie en véhicule tout-terrain

Roger LeBlanc (CAN) a maintenu un wheelie dans un véhicule tout-terrain sur 1,14 km, à l'aéroport International du Grand Moncton (New Brunswick, CAN), le 23 août 2014. Ce record a été atteint à bord d'un Honda 700 Pioneer. Roger était accompagné de quatre valeureux passagers : Jeff Gallant, Gilles Dupuis, Paul Arsenault et Martin Phinney.

Le plus long saut sur rampe en monster truck

Le 1er septembre 2013, Joe Sylvester (USA) a fait sauter son monster truck *Bad Habit* (4 536 kg) sur 72,42 m, au Cornfield 500 à Columbus (Pennsylvanie, USA). Il a décollé à 136,7 km/h pour être certain de couvrir cette distance. Sylvester avait déjà remporté ce record, qui avait été battu en 2012 par Dan Runte (USA). Qu'est-ce qui l'a poussé à reconquérir son titre ? « Ce qui me motive à repousser mes limites tous les jours : la poussée d'adrénaline. »

Le véhicule le plus lourd tracté avec les dents

Igor Zaripov (RUS) a tracté un bus de 13 713,6 kg avec ses dents sur 5 m, sur le plateau de *Guinness World Records Special* (CCTV), à Jiangyin (CHN), le 7 janvier 2015.

Le plus rapide sur 1 mile sur deux roues de voiture

Terry Grant (GBR) a parcouru 1 mile en 2 min et 55 s sur les roues latérales d'une voiture, lors du Festival de vitesse de Goodwood (GBR), le 3 juillet 2011.

LE SAVIEZ-VOUS?

À l'atterrissage, *Bad Habit* a failli se réceptionner sur le nez. Voilà qui aurait rappelé de mauvais souvenirs à Sylvester. En 2010, alors qu'il s'entraînait pour son 1er saut avec *Bad Habit*, l'avant du camion s'était accroché au sol à l'atterrissage. Le camion avait alors fait un tonneau.

1800

La plus longue corne humaine
Une Française de 82 ans, connue sous le nom de madame Dimanche, subit une opération visant à extraire une corne (tumeur faite de kératine) qui avait poussé sur son front pendant 6 ans et ayant atteint 24,9 cm de long.

EN BREF

Les pneus d'un monster truck mesurent entre 1,60 et 1,67 m de haut – la taille moyenne d'une femme • Evel Knievel (USA) est un pionnier du saut à moto – il a dû supporter le **plus d'os cassés en une vie**, soit 433

LE PLUS LONG...

Saut en voiture sur rampe en marche arrière

Le 13 février 2014, Rob Dyrdek (USA) a effectué un saut sur rampe de 27,2 m en marche arrière, pour l'émission *Rob Dyrdek's Fantasy Factory* (MTV), au Six Flags Magic Mountain de Valencia (Californie, USA).

Wheelie en voiture

Le 12 août 2012, « Nitro » Mike Kunz (CAN) a maintenu un wheelie dans une voiture sur 763,4 m, au Temiskaming Drag'N'Fly Summer Classic, à Earlton (Ontario, CAN).

Distance à moto assis à l'envers

Dipayan Choudhury (IND) a piloté une moto assis à l'envers sur 202 km, à Jabalpur (IND), le 7 octobre 2014.

Le wheelie le plus rapide à moto sur la glace

Robert Gull (SWE) a effectué un wheelie sur glace à 206,09 km/h, à Årsunda (SWE), le 28 février 2015. Il a effectué cette cascade sur une moto 2011 BMW S1000RR – un modèle standard, à l'exception des pneus cloutés.

Le plus long saut en camion

Le 24 juillet 2015, Gregg Godfrey (USA) a effectué un saut de 50,6 m de long en camion, aux Evel Knievel Days, à Butte (Montana, USA). Godfrey s'est envolé 3 fois plus loin que son record précédent (15,39 m), qu'il avait remporté au Godfrey Trucking/Rocky Mountain Raceway, à Salt Lake City (Utah, USA), le 17 novembre 2008.

LE PLUS LONG LOOPING EN VOITURE

Le cascadeur Terry Grant et Jaguar (tous 2 GBR) ont réalisé un looping de 19,08 m de diamètre, au circuit de course de Niederrad à Francfort (DEU), le 14 septembre 2015. Le diamètre du looping a été mesuré à partir de la base et jusqu'au sommet de la boucle. Grant était à bord d'une Jaguar F-PACE et a remporté ce record à l'occasion de la 1re apparition publique de la voiture, devant la presse automobile du monde entier.

LE SAVIEZ-VOUS?

Cette cascade a été étudiée pendant des mois. Au sommet du looping, la vitesse de la voiture a chuté à 24,1 km/h. Les organisateurs se sont servis d'une formule mathématique précise pour s'assurer que la voiture ne décroche pas. Grant devait aborder la boucle à 85,3 km/h.

Le 1er véhicule routier
Le 24 décembre, l'inventeur et ingénieur minier Richard Trevithick (GBR) transporte des passagers à Camborne, en Cornouailles (GBR), à bord du *Puffing Devil*, une automobile à vapeur.

1801 ▶
CHRONOLOGIE

À NE PAS ESSAYER À LA MAISON
FEU

Le plus long parcours à moto à travers un tunnel de feu

Le 5 septembre 2014, Enrico Schoeman et son passager André de Kock (tous deux ZAF) ont parcouru 120,4 m en side-car à travers un tunnel de feu, à Parys (ZAF). La vision d'Enrico était altérée par les flammes mais, grâce à son expérience, André et lui en sont sortis indemnes.

Le plus long parcours en quad à travers un tunnel de feu

Sur le plateau de *Lo Show dei Record*, à Rome (ITA), Dan Serblin (ITA) a bravé le feu sur 25 m, le 12 avril 2012.

La plus longue distance d'une flèche humaine (avec le corps en feu)

Propulsé par une arbalète géante, Brian Miser (USA) a parcouru 31,87 m pour *Guinness World Records Special* (CCTV) et *Lo Show dei Record* à Peru (Indiana, USA), le 14 juin 2014.

Le plus de personnes avec le corps en feu

Le 19 octobre 2013, 21 personnes se sont enflammées simultanément, à Cleveland (Ohio, USA). Organisé par le cascadeur Ted Batchelor et Hotcards.com (tous deux USA), l'événement a permis de collecter des fonds pour plusieurs associations caritatives, dont la Cleveland Foodbank.

Le plus de bâtons de feu attachés au corps simultanément

« Snake Fervor », alias Heidi Bradshaw (GBR), est devenue incandescente en attachant 31 bâtons de feu à son corps le 13 décembre 2013, à Londres (GBR). Les bâtons devaient tous se consumer simultanément – sans interruption pendant 10 s – et aucun ne devait être tenu. Les bâtons sur ses mains étaient accrochés à ses gants.

LA PLUS LONGUE DISTANCE PARCOURUE EN ÉTANT TIRÉ PAR UN CHEVAL (AVEC LE CORPS EN FEU)

Le 27 juin 2015, le cascadeur professionnel Josef Tödtling (AUT) a été tiré sur 500 m par un cheval tout en s'enflammant. Josef s'est protégé en portant plusieurs épaisseurs de vêtements et un gel refroidissant sur la peau, ainsi que des protections métalliques sur les tibias et des coudières. Ces dernières étaient vitales car le cheval, habitué aux cascades, allait au petit galop, traînant Josef à plat ventre en maintenant une vitesse moyenne de 35 km/h. Pendant ce trajet cahoteux, le casse-cou était suivi – à Teichalm-Fladnitz, Styrie (AUT) – par un conducteur de quad qui ravivait les flammes avec de l'huile de paraffine.

Après avoir atteint la distance prémesurée de 500 m, Josef a remporté un autre record : il a parcouru 582 m en étant traîné, cette fois, par un quad – la plus longue distance parcourue en étant tiré par un véhicule (avec le corps en feu) !

CHRONOLOGIE

1814

Le plus jeune docteur
Le 10 avril, le génie Karl Witte de Lochau (Allemagne) est devenu docteur en philosophie (PhD), à l'université de Giessen (Allemagne), à 13 ans et 283 jours.

132 À ne pas essayer à la maison

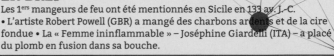

EN BREF
Les 1ers mangeurs de feu ont été mentionnés en Sicile en 133 av. J.-C. • L'artiste Robert Powell (GBR) a mangé des charbons ardents et de la cire fondue • La « Femme ininflammable » – Joséphine Giardelli (ITA) – a placé du plomb en fusion dans sa bouche.

LE SAVIEZ-VOUS ?
Jamie a grandi à Hawaii (USA) et a commencé à surfer très jeune. Il a eu l'idée de surfer en s'enflammant à la suite d'un message reçu sur Instagram. Ce défi est un vrai exploit, qu'il a mis 1 an à préparer avec une équipe dirigée par Riley Harper, le plus grand cascadeur de Los Angeles.

Le plus haut plongeon dans le feu en eau peu profonde
Le 21 juin 2014, « Professeur Splash », alias Darren Taylor (USA), a plongé de 8 m de haut dans 25,4 cm d'eau enflammée pour l'émission *Show Stopping Sunday Special* (NBC), à Los Angeles (Californie, USA). La surface de la piscine avait été enflammée juste avant le saut.

La 1re personne à surfer une vague avec le corps en feu

Le 22 juillet 2015, le surfeur professionnel Jamie O'Brien (USA) a surfé une des plus grosses vagues du monde – à Teahupo'o (Tahiti, PYF) – après avoir été enflammé ! Englouti par le feu à l'intérieur du « barrel » (tube), il qualifiera cet exploit de « plus grande poussée d'adrénaline de sa vie ».

Le plus haut saut à l'élastique dans l'eau avec le corps en feu

Yoni Roch (FRA) a sauté, le corps en feu, du haut du viaduc de la Souleuvre (Normandie), d'une hauteur de 65,09 m, le 14 septembre 2012. Les flammes se sont éteintes quand Yoni est entré en contact avec la rivière. Ce pont ferroviaire, construit par Gustave Eiffel, est devenu une plate-forme de saut à l'élastique en 1990.

Le plus de torches de feu jonglées en avalant un sabre
Le 14 septembre 2012, au Wonderground, à Londres (GBR), « Le Grand Gordo Gamsby » (AUS) a jonglé avec 3 torches de feu pendant 10 s tout en avalant un sabre.

Le même jour, Pippa Coram, alias « l'Éventreur » (AUS), a rattrapé en 10 s le **plus de cerceaux en feu en faisant le grand écart**.

Le plus de flammes crachées en 1 min
Zhu Jiangao (CHN) a craché 189 flammes sur le plateau du *Guinness World Records Special* (CCTV), à Jiangyin (CHN), le 9 janvier 2015.

La torche tenue entre les dents le plus longtemps
Le 30 août 2015, Hector Alexander « Spitfire » Gonzalez (USA) a tenu l'extrémité enflammée d'une torche entre ses dents pendant 3 min et 38,39 s, à Newark (New Jersey, USA).

Le plus de torches...
• **Éteintes en 1 min :** Le 7 septembre 2014, Bret Pasek (USA) a éteint avec la bouche 99 torches enflammées présentées par ses assistants, à Shakopee (Minnesota, USA).
• **Allumées et éteintes en 30 s et 1 min :** « Snake Fervor » *(voir page ci-contre)* a allumé et éteint 59 torches avec la bouche en 30 s, à l'Electrowerkz de Londres (GBR), le 4 juillet 2014. L'année suivante, le 29 septembre, elle a remporté un nouveau record en éteignant 126 torches en 1 min.

L'éruption volcanique la plus mortelle
Le 5 avril, le volcan Tambora sur l'île de Sumbawa (Indonésie, anciennement Indes néerlandaises) entre en éruption. Environ 71 000 personnes périssent – certaines des répercussions, comme le changement climatique brutal que l'éruption a engendré.

 1815 ▶ CHRONOLOGIE

EAU

La plus grande pyramide humaine en ski nautique

Le 14 septembre 2013, Big Pull 2013 (USA) a rassemblé 60 personnes pour former une pyramide humaine sur le lac Wazeecha, à Grand Rapids (Wisconsin, USA). Cinq équipes de ski nautique du Wisconsin et de l'Illinois (Aqua Ducks, Backwater Gamblers, Badgerland, Beaverland Must-Skis et Water Bugs) ont participé à cette figure.

Le plus grand bateau à tracter un skieur nautique

Jan Schwiderek (DEU), journaliste de Galileo TV et skieur nautique, a été tracté par l'*AIDAbella* pendant 6 min et 25 s, à une vitesse de 14 nœuds (26 km/h), au large d'Alicante (ESP), le 1er octobre 2010. Le navire (au tonnage brut de 69 203) était commandé par le capitaine Josef Husmann (DEU). L'*AIDAbella* mesure 252 m de long et 32,2 m de large. Il est composé de 13 ponts et 1 025 cabines de passagers.

Le plus de skieurs nautiques tractés par un seul bateau
145 skieurs nautiques du Horsehead Water Ski Club (AUS) ont été tractés par un seul bateau sur plus d'un mille marin (1,8 km), à Strahan (Tasmanie, AUS), le 27 janvier 2012.

Le plus haut saut à l'élastique dans l'eau
Le 8 juin 2015, Raymond Woodcock (GBR) a sauté à l'élastique à 141,7 m de hauteur – plus haut que la Grande Pyramide de Gizeh – et a atterri dans l'eau, à Chepstow (GBR).

Le plus haut plongeon depuis une cascade
Di Huanran (CHN) a plongé à 12,1 m de haut depuis la chute d'eau de Diaoshuilou, au lac Jingpo, à Mudanjiang (CHN), pour *Zheng Da Zong Yi – Guinness World Records Special*, le 5 octobre 2008.

LA SORTIE À VÉLO LA PLUS PROFONDE

En matière de cyclisme sous-marin, personne n'est aussi profondément impliqué que Vittorio Innocente (ITA). Le 21 juillet 2008, il a enfourché son vélo à une profondeur de 66,5 m, à Santa Margherita Ligure (Ligurie, Italie).

La **plus longue distance à vélo sous l'eau**, 6,7 km, a été atteinte par Jens Stötzner (DEU), à Bibert Bad Zirndorf, à Zirndorf (DEU), le 8 septembre 2013.

LES PLUS RAPIDES...

Kitesurf (homme)
Alexandre Caizergues (FRA) a atteint une vitesse de 56,6 nœuds (104,8 km/h) en kitesurf, à Port-Saint-Louis-du-Rhône (FRA), le 11 novembre 2013.

La **vitesse la plus rapide en kitesurf par une femme** est de 50,4 nœuds (93,3 km/h). Ce record a été atteint par Charlotte Consorti (FRA), au Lüderitz Speed Challenge de Lüderitz (NAM), le 28 octobre 2010.

LE SAVIEZ-VOUS ?

Avant de commencer son exploit sous-marin, Vittorio Innocente a été guidé sous l'eau par des plongeurs. Il est monté sur son vélo à 28 m de profondeur et a pédalé sur une pente sous-marine jusqu'à atteindre ce record. Le parcours a duré 9 min.

1826 | **Le plus ancien zoo**
Fondée par l'homme d'État Stamford Raffles (GBR), la Société zoologique de Londres est le plus ancien zoo scientifique. Deux ans plus tard, les premiers enclos pour animaux du zoo de Londres sont érigés à Regent's Park.

EN BREF
Le mot *scuba* (« plongée ») est un acronyme signifiant *Self-contained underwater breathing apparatus* (« appareil respiratoire sous-marin autonome ») • Ralph Samuelson (USA) a inventé le ski nautique en 1922 ; il a fabriqué les 1ers skis avec des douelles de tonneau.

Voile (homme)
Le 24 novembre 2012, Paul Larsen (AUS) a atteint une vitesse de 65,4 nœuds (121,2 km/h) à la voile, lors d'un parcours chronométré de 500 m à Walvis Bay (NAM). Il était à bord d'un Vestas Sailrocket 2.

La **vitesse la plus rapide en sport à voile sur eau (femme)** a été remportée par la véliplanchiste Karin Jaggi (CHE) lors d'un parcours chronométré de 500 m. Elle a atteint 46,3 nœuds (85,7 km/h) à bord de sa planche à voile Patrik, à Lüderitz (NAM), le 2 novembre 2015.

LES PLUS LONGS...

Plongée sous-marine en eau libre (eau froide)
Daniel Sammut (MLT) a plongé 13 h et 42 min dans la baie de Saint-Paul (MLT), le 19 mars 2015.

Nage en apnée sous la glace (sans palmes ni combinaison)
Stig Åvall Severinsen (DAN) a nagé 76 m sous la glace dans le lac de Qordlortoq (Lac 40), sur l'île d'Ammassalik (GRL), le 17 avril 2013.

Marche sous l'eau par un individu en 24 h
Les 17 et 18 novembre 2011, Joey Kelly

La plongée en apnée la plus profonde (femme)
Équipée d'une combinaison et de palmes, mais sans aide respiratoire, Aurore Asso (FRA) a plongé à 57,9 m de profondeur, à Ikerasak, dans la baie d'Uummannaq (GRL), le 3 mai 2015. Elle a suivi une corde jusqu'à une plaque, qu'elle a remontée pour prouver qu'elle avait atteint cette distance. Elle a accompli cet exploit dans le cadre de One Breath for Arctica, qui défend la protection de l'environnement arctique.

(DEU) a marché 16,3 km sous l'eau, sur le plateau de *RTL-Spendenmarathon*, aux studios MMC, à Hürth (DEU). Son exploit a permis de collecter 115 000 € pour une association de protection des enfants.

Marche sous l'eau en apnée
Le 19 avril 2015, Sertan Aydın (TUR) a marché 79,9 m sous l'eau dans la piscine olympique Anafartalar, à Çanakkale (TUR).

Surf sur un mascaret
Steve King (GBR) a surfé 12,2 km sur un mascaret du fleuve Severn, dans le Gloucestershire (GBR), le 30 mars.

Le plus haut plongeon en eaux peu profondes
Professeur Splash, alias Darren Taylor (USA), a plongé à 11,56 m de haut dans une piscine remplie de 30 cm d'eau, le 9 septembre 2014. Ce plongeon dangereux a eu lieu sur le plateau du *Guinness World Records Special* (CCTV), à Xiamen (Fujian, CHN). Comme tous les exploits de ces pages, celui-ci est strictement réservé aux professionnels : Professeur Splash est un cascadeur expérimenté.

La plongée sous-marine la plus profonde
Ahmed Gabr (EGY, encadré et à droite) a plongé à 332,35 m de profondeur dans la mer Rouge, au large de Dahab (EGY), le 18 septembre 2014. Cette distance est presque équivalente à la hauteur du Chrysler Building de New York (USA).

Verna van Schaik (ZAF) a plongé à 221 m de profondeur dans le gouffre de Boesmansgat (province du Cap du Nord, ZAF), le 25 octobre 2004 : c'est la **plongée sous-marine la plus profonde (femme)**. L'exploit a duré 5 h et 34 min, dont seulement 12 min de descente. Pour éviter l'accident de décompression, elle a dû effectuer une ascension très lente de 5 h et 15 min.

La 1re bande dessinée
Le dessinateur Rodolphe Töpffer (CHE) crée *Histoire de M. Vieux Bois* (30 pages), qui sera publiée 10 ans plus tard.

1827

CHRONOLOGIE

guinnessworldrecords.com 135

Le plus long lancer-rattraper d'une tronçonneuse en marche
Le « Cowboy de l'Espace », alias Chayne Hultgren, a lancé une tronçonneuse en marche au « Grand Gordo Gamsby » (tous deux AUS) à 4 m de distance, au London Wonderground (GBR), le 14 septembre 2012.

Le plus rapide à se libérer d'une camisole de force sous l'eau
Lucas Wilson (CAN) s'est libéré d'une camisole sous l'eau en 22,86 s, sur le plateau de *Lo Show dei Record,* à Milan (ITA), le 7 juillet 2014.

Le poids le plus lourd soulevé avec les orbites
Manjit Singh (GBR) a soulevé 24 kg avec les orbites, au Cossington Sports Hall, à Leicester (GBR), le 15 novembre 2012.

La plus haute traversée sur un fil avec les yeux bandés
Nik Wallenda (USA) a marché sur une corde, les yeux bandés, à 170,04 m de hauteur au-dessus de Chicago (Illinois, USA), le 2 novembre 2014.

Le plus de pommes tenues dans la bouche et coupées par une tronçonneuse

Johnny Strange a coupé 12 pommes en deux en 1 min – chacune étant tenue dans la bouche de « Daniella D'Ville », alias Danielle Martin (tous deux GBR) – au Tattoo Jam, à l'hippodrome de Doncaster (GBR), le 12 octobre 2013. Lors du même événement, Johnny a obtenu un autre record (battu depuis) : le **plus de pommes tenues dans sa propre bouche et coupées en deux par une tronçonneuse en 1 min**. Il en a coupé 8.

Le plus de bouteilles de bière ouvertes avec les pieds en 1 min

La contorsionniste « Zlata », alias Julia Günthel (DEU), a décapsulé 8 bouteilles de bière avec ses pieds en 1 min, sur le plateau de *Rekorlar Dünyası,* à Istanbul (TUR), le 5 juin 2013. Elle a battu son propre record de 7 bouteilles, remporté 2 ans plus tôt. Zlata se tenait en équilibre sur les avant-bras *(voir photo ci-contre).*

Le plus de pièges à souris déclenchés sur la langue en 1 min

Sweet Pepper Klopek (CAN) a déclenché 58 pièges à souris sur sa langue en 60 s, à St John (New Brunswick, CAN), le 16 juillet 2015, soit 5 de plus que le record précédent de Casey Severn (USA) en 2014.

La plus haute traversée sur un fil à moto a eu lieu à 130 m de hauteur, sur une corde de 666,1 m de long. Mustafa Danger (MAR) a réalisé cet exploit à Benidorm (ESP), le 16 octobre 2010.

Le plus long maintien d'une tronçonneuse sur le menton

Ashrita Furman (USA) a maintenu une tronçonneuse en équilibre sur le menton pendant 1 min et 42,47 s, à New York (USA), le 15 septembre 2013. La tronçonneuse pesait 4,75 kg.

LE SAVIEZ-VOUS ?
Après qu'une émission de Discovery Channel a présenté Zlata en 2010, un médecin a effectué une IRM afin d'enquêter sur sa souplesse. Nos ligaments ont tendance à durcir, or ceux de Zlata sont aussi mous et souples que ceux d'un bébé.

1838 { **La 1re photographie d'un être humain**
Louis Daguerre (FRA) prend en photo une rue dans laquelle un homme se fait cirer les chaussures. Le sujet est suffisamment immobile pour être visible dans ce cliché qui a nécessité un long temps d'exposition.

136 À ne pas essayer à la maison

EN BREF

La tronçonneuse est inspirée de l'ostéotome, outil chirurgical utilisé par les dentistes et les orthopédistes • La camisole de force a été inventée en 1790 par Guilleret, un tapissier français, pour un asile parisien.

Le plus de harpons attrapés sous l'eau en 1 min
Le 13 novembre 2014, dans une piscine d'Armidale (AUS), Anthony Kelly (AUS) a attrapé 10 harpons lancés par un fusil sous-marin à 2 m de distance, en l'honneur de la journée du Guinness World Records 2014.

Le plus de sabres avalés sur monocycle

Le « Cowboy de l'Espace » *(voir page ci-contre)* a avalé 3 sabres sur un monocycle, au London Wonderground (GBR), le 14 septembre 2012. Chaque sabre mesurait 42 cm de long, 3 mm d'épaisseur et 2 cm de large. Le monocycle mesurait 2,49 m de haut.

LE PLUS DE BACKFLIPS RÉALISÉS EN AVALANT UN SABRE EN 1 MIN

Le 2 juillet 2014, à Milan (ITA), « Aerial Manx », alias James Loughron (AUS), a avalé un sabre de 41 cm de long avant d'effectuer 20 backflips contre la montre. Le sabre empêchait Aerial de respirer, il devait donc retenir son souffle. Il a fait 2 pauses en 1 min, pour enlever le sabre puis le ravaler avant de continuer.

Le plus de boules de bowling rattrapées avec le front

Le comédien Matt Baker (USA) a la tête dure. Il a rattrapé 6 boules de bowling avec le front en 30 s, à Coeur d'Alene (Idaho, USA), le 31 janvier 2014. Matt a décroché ce record devant 300 spectateurs, au Kroc Center Theater.

Le poids le plus lourd tiré par des oreilles percées

Johnny Strange (GBR) a tracté un avion Cessna 172P de 677,8 kg sur 6,22 m, le 12 mai 2014. Johnny a remporté ce défi de lobes à l'aérodrome de North Weald (Essex, GBR).

Robert Cornelius (USA) est la 1ʳᵉ personne à se prendre lui-même en photo. Il utilise le daguerréotype – un procédé photographique se servant de vapeur de mercure et d'iodure d'argent.

Le 1ᵉʳ selfie

1839

CHRONOLOGIE

LE SAVIEZ-VOUS ?

En 2013, *Minecraft* a été mis au programme de l'école Viktor Rydberg à Stockholm (SWE) pour développer la créativité des ados. « Ils y découvrent la gestion d'une ville, les problèmes environnementaux, la mise en œuvre de projets et la planification à long terme », explique Monica Ekman.

1844

Le tunnel de métro le plus ancien
Le tunnel Atlantic Avenue de 767 m de long, passant sous Brooklyn, à New York (USA), est terminé. Il transporte les trains du Long Island Rail Road jusqu'à sa fermeture en 1861. Il est ensuite oublié jusqu'en 1981.

SOMMAIRE

Le plus de vues pour une chaîne vidéo *Minecraft*

Au 27 janvier 2015, la chaîne YouTube « TheDiamondMinecart » de DanTDM, alias Daniel Middleton (GBR), enregistrait 5 615 483 973 vues sur un total de 1 705 vidéos depuis son lancement le 14 juillet 2012. Les vidéos de Dan enregistrent en moyenne 70 millions de vues par mois. Il reçoit par ailleurs de nombreux courriels de fans du monde entier. « J'aime l'idée que ma passion permette d'ajouter des histoires et de créer des astuces […] pour améliorer la créativité du jeu », dit-il.

Pour qu'une chaîne vidéo soit considérée comme « dédiée », un minimum de 85 à 90 % de son contenu doit concerner une franchise spécifique de jeu vidéo.

Le code le plus long à percer
Le mathématicien et pionnier de l'informatique Charles Babbage (GBR) décode le chiffre de Vigenère, système de chiffrement polyalphabétique que l'on pensait impossible à percer depuis son invention en 1553.

⟩ **1854** ▶

 CHRONOLOGIE

LEGOLOGIE

Le nom de LEGO® est une combinaison des mots danois *leg et godt* signifiant « joue bien ». La société a commencé à produire ses fameuses « briques à liaison automatique » en 1949. Le concept est plus que durable, puisque les briques actuelles s'emboîtent avec toutes les briques fabriquées depuis 1958 ! La photo ci-contre est une boîte 700/5 de cette année-là. Aujourd'hui, on trouve des LEGO® dans la plupart des pays du monde, et même dans l'espace...

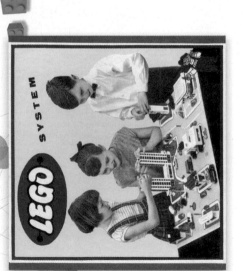

CONSTRUIRE UNE LÉGENDE, BRIQUE PAR BRIQUE

Toutes les briques de LEGO® sont faites à partir de granules de plastique (ci-dessous), et plus précisément d'acrylonitrile butadiène styrène (ABS). À leur arrivée à l'usine, elles sont aspirées dans des silos, puis transportées dans l'usine par des tuyaux. Elles sont fondues à haute température (310 °C), puis injectées dans des moules qui les soumettent à de fortes pressions (de 25 à 150 t). Les pièces sont refroidies sur un tapis, renversées dans des bacs et transportées dans l'entrepôt par des robots. Elles sont expédiées dans le monde entier pour être décorées, assemblées (Minifigures) et conditionnées avant d'être commercialisées.

DES LEGO® À GOGO

Selon LEGO® Education, si on divise le nombre de briques de LEGO® existantes par le nombre d'habitants de la planète, chaque personne posséderait 86 briques. Cela paraît énorme, mais réaliste, quand on sait qu'en 2012, 45,7 milliards de briques de LEGO® ont été produites au rythme de 5,2 millions de briques à l'heure. Et elles se vendent comme des petits pains : tout au long de l'année, on vend 7 boîtes de LEGO® à chaque seconde. Et, à Noël, on atteint 28 boîtes par seconde !

LE PLUS GRAND FABRICANT DE PNEUS

De tous les fabricants de pneus que vous connaissez, lequel fabrique le plus de pneus chaque année ? Michelin ? Goodyear ? Firestone ? Pirelli ? Eh bien, la réponse est... le groupe LEGO® ! En 2015, la société a fabriqué 675 millions de pneus pour ses sets de construction, battant allègrement tous les autres fabricants. Par ailleurs, le caoutchouc utilisé pour ces pneus n'a rien à envier à celui des pneus de voiture !

UN PHÉNOMÈNE MONDIAL

Le 28 janvier 1958, le groupe LEGO® dépose un brevet pour ses célèbres briques dotées de tubes à l'intérieur. Elles connaissent un succès durable, puisque environ 45 milliards de briques sont vendues chaque année, en moyenne. Mises bout à bout, elles pourraient couvrir 18 fois le tour de la Terre ! Et empilées, elles formeraient une colonne reliant la Terre à la Lune !

On estime que les enfants du monde entier passent 5 milliards d'heures à jouer au LEGO® par an, ce qui représente 571 000 années, soit presque 3 fois la durée de l'existence de l'homme moderne sur Terre !

LA PLUS GRANDE DISTANCE PARCOURUE PAR UNE MINIFIGURE LEGO®

3 Minifigures LEGO® spécialement conçues à cet effet ont fait le voyage jusqu'à Jupiter à bord de la sonde *Juno* (NASA). Elles sont parties le 5 août 2011 pour un voyage de 2,8 milliards de km. Les figurines représentent le dieu romain Jupiter, son épouse Junon et Galilée (ci-contre), en hommage au savant italien du XVIIe siècle qui a découvert la plus grande lune de Jupiter (voir aussi p.148).

DITES UN CHIFFRE

L'un des attraits principaux de ce jeu de construction réside dans le grand nombre de combinaisons possible. À votre avis, combien de combinaisons peut-on réaliser avec 6 briques de LEGO® de 8 tenons ? Réponse ci-dessous.

Réponse : il y a 915 103 765 combinaisons possibles avec seulement 6 briques de LEGO® de 8 tenons !

JE T'AI DANS LA PEAU !

L'artiste Jason Freeny (USA) a apporté une petite touche personnelle aux jouets classiques en proposant sa conception de leur anatomie interne. Les figurines LEGO® n'ont pas échappé à son imagination ! À partir de 3 figurines LEGO® spéciales de 45,7 cm, Jason a créé leur anatomie interne à partir de mousse sculptée, puis peinte. Jason fait cela par pur plaisir, sans rien imposer : « Ma conception de l'anatomie est purement hypothétique, a-t-il déclaré au site streetanatomy.com. C'est de l'art pur. »

LE SAVIEZ-VOUS ?

Parmi les créations insolites pour la poupée Barbie en LEGO®, citons la petit bonhomme en pain d'épice. Il a également créé des modèles anatomiques similaires et de caoutchouc, des canards en ballons gonflables, disponibles en kit à assembler.

LA PLUS GRANDE MAISON EN TAILLE RÉELLE EN LEGO®

Avec ses 4,69 m de haut, ses 9,39 m de long et ses 5,75 m de large, ses 2 étages et ses 4 pièces, cette maison en taille réelle, entièrement fabriquée en LEGO®, a été construite à Dorking (GBR), le 17 septembre 2009, par 1 200 volontaires dirigés par James May (GBR), pour *James May's Toy Stories* (BBC, GBR). 2,4 millions de briques de LEGO® ont été utilisés pour ce projet doté d'une structure en bois à l'intérieur. À titre de comparaison, il faudrait 9 000 briques normales pour construire une maison traditionnelle de 4 pièces.

LES 5 PLUS GRANDES BOÎTES DE LEGO®

L'époque des modèles simples à construire en LEGO® est bel et bien révolue. Aujourd'hui, LEGO® produit un nombre impressionnant de sets complexes. La **plus grande boîte de LEGO®**, en nombre de pièces, est le Taj Mahal, avec 5 922 pièces. Vient ensuite le *Millennium Falcon*, qui compte 5 195 pièces, suivi du Quartier général de Ghostbusters (2016), avec 4 634 briques. La tour de Londres arrive en 4e place, avec 4 287 pièces. La 5e place est décrochée par une boîte *Star Wars* : la *Death Star* (ci-dessus), avec 3 803 pièces.

LE PLUS GRAND PEUPLE DU MONDE

Il existe plus de 4 milliards de Minifigures LEGO®, et ce nombre ne cesse de croître (on en a fabriqué 725 millions en 2015). S'ils étaient humains, ils formeraient le plus grand peuple du monde. Les figurines sont très variées, des pièces de collection en or massif aux personnages personnalisables, comme les juges du GWR (voir ci-dessous). Si on alignait toutes les Minifigures LEGO® fabriquées depuis le début, on ferait plus de 2,5 fois le tour de la Terre !

La naissance des Minifigures LEGO®

L'introduction des Minifigures LEGO® en 1978 – comme l'astronaute rouge classique, ci-dessous – a renouvelé l'univers LEGO®. Les personnages vont aujourd'hui de l'infirmière au pompier, en passant par le policier et le père Noël, Harry Potter et même Steven Spielberg ! À l'origine, les personnages avaient une expression neutre ou souriante, jusqu'en 1989, où les Minifigures de pirates LEGO® ont été les premières à arborer de véritables expressions.

Son pesant d'or ?

Sortie en 2013, la Série 10 des Minifigures LEGO® a dévoilé son 5 000e exemplaire portant une figurine dorée portant un haut-de-forme, un monocle et une carne ornée d'un énorme diamant. Limitées à 5 000 exemplaires, ces figurines sont rapidement devenues des pièces de collection. Elles ont bientôt été revendues 1 100 $ pièce, soit 3 fois le prix de leur poids en or !

Fauteuil roulant

Bien que des fauteuils roulants aient déjà été fabriqués, le groupe LEGO® a lancé son 1er fauteuil roulant à l'échelle des Minifigures en janvier 2016. La figurine au bonnet et aux militants en matière de handicap, lesquels les enfants souffrant de handicap n'étaient pas correctement représentés dans l'industrie du jouet.

Minifigures ou carte de visite ?

Certains employés du groupe LEGO®, comme Emma Owen (ci-contre), utilisent des Minifigures en lieu et place de cartes de visite. En plus de fournir leurs nom, titre et coordonnées, comme toute carte de visite, les figurines ressemblent à la personne qu'elles représentent !

Emma Owen

JOUETS ET JEUX DE PLATEAU

La plus grande collection de petites voitures

Nabil « Billy » Karam (LBN), fan de rallye, a commencé à collectionner les voitures miniatures en 1985, lorsqu'il a acheté un Porsche 911. Sa collection s'est considérablement agrandie. Dans le musée qu'il a construit exprès à Zouk (LBN), on a compté 27 777 voitures miniatures uniques, le 17 nov. 2011 lors de la journée GWR. Billy détient un autre record dans ce domaine, voir page 149.

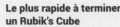

Le plus rapide à terminer un Rubik's Cube

Le 21 novembre 2015, Lucas Etter (USA), 14 ans, est devenu le 1er à passer sous la barre des 5 s pour résoudre un Rubik's Cube 3x3 (4,9 s), au River Hill Fall 2015, à la River Hill High School de Clarksville (Maryland, USA). Il a ainsi également battu le record de 5,09 s réalisé le même jour par Keaton Ellis (USA).

Le 15 octobre 2015, un robot réalisé par Zackary Gromko (USA) est devenu **le robot le plus rapide à résoudre un Rubik's Cube** (2,39 s), à la Saint Stephen's Episcopal School, à Bradenton (Floride, USA).

À Canberra (Australie), le 10 mai 2015, Feliks Zemdegs (AUS) a été **le plus rapide à résoudre un Rubik's Cube d'une main** (6,88 s). Le 4 octobre 2015, au China Championship de Canton, Kaijun Lin (CHN) est devenu **le plus rapide à résoudre un Rubik's Cube les yeux fermés** (21,05 s).

La voiture miniature sur batterie télécommandée la plus rapide

La voiture dénommée *Radio Controlled Bullet*, fabriquée par Nic Case (USA, ci-contre), a atteint 325,12 km/h, à St George (Utah, USA), le 25 octobre 2014, lors des championnats du monde de la Radio Operated Scale Speed Association.

Le plus grand looping réalisé par un véhicule télécommandé miniature
Une moto Venom VMX-450 RC Dirt Bike, contrôlée par Jason Bradbury (GBR), a réalisé un looping de 3,18 m. Le record a été établi dans *The Gadget*

Show sur Channel 5, à Birmingham (West Midlands, UK), le 15 juin 2013.

L'avion à réaction miniature télécommandé le plus rapide
Le 14 septembre 2013, un avion à turbine, construit par Niels Herbrich (DEU), a

atteint 706,97 km/h, sur l'aérodrome de WLP Ballenstedt (Saxe-Anhalt, DEU). Pour être le plus précis possible, Niels a guidé l'avion le long d'un couloir de mesure de 200 m de long et de 20 m de large à l'aide de sa télécommande.

LE SAVIEZ-VOUS ?

Les figurines *Skylanders* sont les **jouets dérivés de jeux interactifs les plus vendus**, avec 240 millions d'unités vendues à janvier 2016. Ils se connectent à la série des jeux vidéo du même nom à l'aide de la communication en champ proche (CCP), qui permet de donner vie aux figurines dans le jeu.

Le plus grand Skylander

En juillet 2013, le plus grand Skylander est un Tree Rex grandeur nature, qui circule dans les expositions et les salons commerciaux du monde entier. Du haut de ses 3,15 m, la statue a été sculptée dans du polystyrène et recouverte de fibre de verre. Elle a été réalisée par la société Sculpture Studios (ci-contre, le fondateur Aden Hynes avec Tree Rex et un autre personnage des *Skylanders*, Jet-Vac). Tree Rex est une réplique à l'échelle ultra détaillée du personnage de *Skylanders Giants*...

1859 **La 1re traversée des chutes du Niagara sur une corde**
Jean-François Gravelet (FRA), alias Charles Blondin, traverse les fameuses chutes entre les États-Unis et le Canada sur une corde de 335 m de long.

CHRONOLOGIE

EN BREF
Senet, le jeu de plateau de l'Égypte antique, figurait sur la tombe d'Hesy, vers 2686 av. J.-C. • L'ingénieur naval Richard T. James a inventé le slinky par hasard, en testant des ressorts pour suspendre des appareils de mesure en cas de tempête en mer.

Le plus grand cheval à bascule
Un cheval à bascule aussi haut qu'un immeuble de 3 étages a été construit par Gao Ming (CHN) et inauguré le 7 juillet 2014, à Linyi (CHN). Créé pour le festival du Folklore, il mesure 8,20 m de haut et 12,72 m de long.

La plus grande collection de slinkys
Le 25 octobre 2014, Susan Suazo, de Los Lunas (Nouveau-Mexique, USA) a déclaré sa collection de 1 054 slinkys. Ce trésor est couvert par une assurance spéciale

Le plus grand plateau de Monopoly
Le 6 septembre 2015, Hasbro a créé un plateau de Monopoly de 405,6 m² – presque 2 fois la superficie d'un court de tennis –, pour fêter le 650e anniversaire de la fondation de Varsovie (POL).

Le plus grand jeu de Twister
est 6 fois plus grand que le plateau de Monopoly, avec ses 1 200 plateaux de Twister classiques, pour une surface de jeu totale de 52,197 x 48,298 m ! Il a été réalisé par Thomas Rhett et Big Machine Label Group (USA), à Arlington (Texas, USA), le 23 septembre 2015.

La plus grande partie de pistolets-jouets
Des volées de flèches à ventouse et de balles en mousse ont permis aux 577 étudiants de la Drake University, équipés de Nerf, d'établir ce record à Des Moines (Iowa, USA). Le campus Dogtown After Hours a vu s'opposer les équipes rouge et bleue le 28 mars 2015.

La plus grande marque de petites voitures
Hot Wheels (USA) a affiché un chiffre d'affaires de 835 700 000 $ en 2014. Mattel (USA), propriétaire de la marque, est donc la **plus grande société de petites voitures**, avec un chiffre d'affaires de 1 477 300 000 $ en 2014.

La plus longue partie de baby-foot (double)
Entre le 29 août et le 1er septembre 2012, Alexander Kuen, Manuel Larcher, Bernd Neururer et Dietmar Neururer (tous AUT) ont joué au baby-foot pendant 61 h et 17 min, à Innsbruck (AUT). Ils ont établi le record du monde pour la 3e fois.

LE PLUS GRAND BABY-FOOT
Le 25 septembre 2015, Marco Berry Onlus (ITA) a occupé la Via Roma, l'avenue principale de Turin (ITA), avec un baby-foot de 121,4 m de long. Il s'agissait en fait d'un ensemble de baby-foots reliés entre eux. Très exactement 2 332 footballeurs en plastique, en maillot rouge et bleu, ont tapé dans 101 balles sous l'action frénétique de 424 paires de mains. L'événement était destiné à lever des fonds pour la construction et l'entretien de l'hôpital universitaire Mohamed Aden Sheikh, à Hargeisa (SOM). À l'issue de ce match, les tables ont été séparées et distribuées aux participants.

Le 1er plastique synthétique
La parkesine, plastique développé par Alexander Parkes (GBR) et dérivé de cellulose de plantes, est présentée au public à la Grande Exposition internationale de Londres.

1862

CHRONOLOGIE

guinnessworldrecords.com **143**

ÉCHECS

Le grand maître d'échecs le plus précoce (femme)

Hou Yifan (CHN, née le 27 février 1994) est devenue grand maître le 29 août 2008, à 14 ans et 184 jours.

À ce jour, le **grand maître d'échecs le plus précoce** est Sergey Karjakin (UKR, né le 12 janvier 1990). Il a décroché ce titre le 12 août 2002, à 12 ans et 212 jours.

Le champion du monde d'échecs le plus jeune

Hou Yifan (CHN, *ci-dessus*) avait 16 ans et 300 jours lorsqu'elle a battu Ruan Lufei (CHN) pour devenir championne du monde, le 24 décembre 2010.

Le grand maître russe Garry Kasparov (né Garik Kimovich Weinstein le 13 avril 1963) est le **plus jeune** champion du monde d'échecs (homme). Il avait 22 ans et 210 jours lorsqu'il a remporté le titre au cours d'une partie contre Anatoly Karpov (RUS), le 9 novembre 1985.

Le 1er ordinateur à battre un champion du monde dans un temps réglementaire

Deep Blue, superordinateur spécialisé dans le jeu d'échecs développé par IBM, a battu le champion du monde d'échecs Garry Kasparov au cours d'un match formel le 11 mai 1997. Deep Blue était capable d'évaluer 200 millions de positions sur l'échiquier par seconde. À l'époque, il s'agissait de l'évaluation de positions sur un échiquier la plus rapide réalisée par un ordinateur d'échecs.

Le plus grand ordinateur d'échecs en réseau

Le 30 janvier 2004, le grand maître Peter Heine Nielsen (DNK) affronte ChessBrain : 2 070 ordinateurs connectés, dans 56 pays. La partie, qui se déroulait à Copenhague (DNK), s'est soldée par un nul après 34 coups.

Le plus long marathon d'échecs

Magne Sagafos et Joachim Berg-Jensen (tous deux NOR) ont joué 40 h et 42 min, à Stavanger (NOR), du 22 au 24 juin 2015.

La partie d'échecs par correspondance la plus longue

Reinhart Straszacker et Hendrik Roelof van

Le plus rapide pour installer un grand échiquier

Le 4 octobre 2015, Altynbek Bekmuratov (KGZ) a mis en place un grand échiquier en 1 min et 44 s. Il a réalisé ce record lors du *GWR Live!*, à l'occasion de l'inauguration du centre commercial Kuntsevo Plaza de Moscou (RUS), battant le record de la veille de 14,6 s.

Huyssteen (tous deux ZAF) ont joué leur 1re partie d'échecs par correspondance en 1946. Après 112 parties, les 2 hommes en ayant chacun remporté la moitié, ce marathon qui durait depuis plus de 53 ans prit fin avec le décès de Straszacker le 13 octobre 1999.

Le coup d'échec le plus lent (avant la pendule)

Avant l'adoption de la pendule dans les années 1860, les joueurs pouvaient réfléchir à leurs coups sans limite de temps. En novembre 1857, lors de la finale du 1er congrès américain d'échecs, il a fallu à Paul Morphy (USA) et Louis Paulsen (DEU) plus de 15 h pour jouer 56 coups ! Paulsen, grand perdant, fut aussi le plus lent à jouer : l'un de ses coups a requis 1 h et 15 min de réflexion !

LE SAVIEZ-VOUS ?

Les étudiants en design qui ont conçu ce roi ont fait ce choix en souvenir des parties d'échecs qu'ils disputaient lors de leurs pauses déjeuner. Pour réaliser ce roi, ils ont utilisé des morceaux de MDF (panneau de fibres de densité moyenne) contreplaqué, récupérés de leurs autres projets.

LA PLUS GRANDE PIÈCE D'ÉCHEC

Le 4 avril 2014, un roi de 5,076 m de haut et 2,04 m de diamètre à la base a été dévoilé à l'école technique Gitok, à Kalmthout (BEL). Cette pièce a été réalisée dans le cadre de cours de sensibilisation à l'artisanat. Véritable travail d'équipe, cette réalisation devait permettre de lever des fonds reversés à des œuvres caritatives en faveur des orphelins et de la lutte contre le cancer.

CHRONOLOGIE

1863

Le 1er roman policier
Ouvrant sur un meurtre, *The Notting Hill Mystery* de Charles Felix (GBR) – initialement publié par épisodes dans le magazine britannique *Once a Week*, entre 1862 et 1863 – sort sous forme de roman intégral et instaure le genre classique du roman policier.

144 Jeux & jouets

LE SAVIEZ-VOUS ?
Un ensemble extraordinaire de 59 pièces d'échecs scandinaves, superbement gravées dans l'ivoire, a été découvert sur l'île de Lewis (GBR) il y a environ 2 siècles. Deux des rois ressembleraient à Magnus V et à Sverrir, des rois norvégiens du XIIᵉ siècle.

La plus grande collection d'échecs

Au 30 janvier 2012, Akın Gökyay (TUR) était l'heureux propriétaire de 412 jeux d'échecs, à Ankara (TUR). Juriste et homme d'affaires, Akın a commencé sa collection en 1975. Ses jeux d'échecs esthétiques issus du monde entier sont en diverses matières – bois, métal, marbre, arêtes de poisson... – et peuvent porter sur des thèmes populaires comme Harry Potter et Astérix.

Le plus de victoires simultanées (yeux bandés)
Quand il a les yeux bandés, le joueur doit mémoriser tous les coups de son adversaire. Le 27 novembre 2011, le maître Marc Lang (DEU) a remporté 25 parties et fait 19 nuls sur 46 parties en 21 h.

Le plus de parties d'échecs simultanées par un individu
Les 8-9 février 2011, Ehsan Ghaem Maghami (IRN), grand maître et 9 fois champion national d'Iran, a disputé 135 parties simultanément à Téhéran (IRN).

Anna-Maria Botsari (GRC) a disputé le **plus de parties consécutives**, à Kalavryta (GRC), les 27-28 février 2001. Les 1 102 parties se sont soldées par sa victoire, à l'exception de 7 nuls.

Le plus petit jeu d'échecs fait à la machine

Un échiquier de 435 microns carrés – le diamètre de 4 cheveux – a été créé par des étudiants de la Texas Tech University (USA) en 2010. Cet échiquier jouable disposait de « micropièces » mesurant 50 microns carrés.

Le 3 mars 2008, Malla Siva (IND) a présenté le **plus petit échiquier fait main** (*ci-contre*). Il mesure 18 mm carrés, ses pièces allant de 4 à 6,5 mm de haut. Le record a été vérifié à Bilaspur, Chhattisgarh (IND).

Le plus de coups
Le 17 février 1989, Ivan Nikolić et Goran Arsović (tous deux SRB) ont exécuté 269 coups au cours d'une partie de 20 h et 15 min.

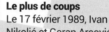

Le score le plus élevé aux échecs

La Fédération internationale des échecs (FIDE) utilise le classement Elo pour attribuer des points aux joueurs en fonction de leurs performances dans les parties et les tournois. En mai 2014, le grand maître Magnus Carlsen (NOR) a marqué le plus grand score jamais attribué par la FIDE, soit 2 882. Ce score remarquable est dû à la performance impressionnante du mois précédent lors du tournoi d'échecs de Shamkir (AZE). Carlsen, le champion du monde d'échecs, a remporté 5 victoires contre ses adversaires et grands maîtres et a gagné la compétition.

La plus longue détention du titre de n° 1 mondial d'échecs (femme)

Du 1ᵉʳ février 1989 au 1ᵉʳ mars 2015, le grand maître Judit Polgár (HUN) a dominé le classement féminin – 26 ans et 28 jours –, jusqu'à ce qu'il lui soit enlevé par Hou Yifan (voir page de gauche). En 2005, Polgár marquait le score de 2 735 : le **score d'échecs le plus élevé (femme)**.

Le 1ᵉʳ accident de la route mortel
Le 31 août, Mary Ward, une scientifique irlandaise, est la 1ʳᵉ personne à mourir d'un accident de la route, après être tombée de la voiture à vapeur expérimentale de son cousin.

1869

CHRONOLOGIE

guinnessworldrecords.com **145**

RÉACTIONS EN CHAÎNE

« L'effet domino » a fait son entrée dans le Guinness World Records *en 1977 alors que Bob Speca Jr (USA) alignait 22 222 dominos à l'université de Pennsylvanie (USA), le 2 mai 1976 – battant son propre record de 11 111.*

Le plus de dominos renversés

Le 13 novembre 2009, 89 bâtisseurs ont renversé 4 491 863 dominos, au centre WTC Expo de Leeuwarden (NLD), pour le Domino Day 2009.

Le plus de dominos renversés par une personne s'élève à 321 197. Il est le fait de Liu Yang (CHN), au Citic Guoan Grand Epoch City, à Pékin (CHN), le 31 décembre 2011.

Le plus grand Great Ball Contraption

Un Great Ball Contraption (GBC) est un ensemble de modules – conçus par LEGO® Technic – organisés de manière à faire passer une balle en plastique d'un module à l'autre, en boucle. Constitué de 100 modules, le plus grand GBC est l'œuvre de Maico Arts et de Ben Jonkman (tous 2 NLD). Il a été dévoilé à l'exposition BRICK, à Londres (GBR), le 12 décembre 2015.

Le plus grand domino

9,18 m de haut, 4,57 m de large et 1,25 m d'épaisseur : ce domino géant a été créé par la Prudential Financial Inc. (USA). C'est le dernier d'une série de dominos destinée à être renversée par les membres de la Prudential, à Charlotte (Caroline du Nord, USA), le 6 août 2014.

La plus grande bombe à bâtons

Une bombe à bâtons est constituée de bâtons plats tissés ensemble. Quand vous ôtez un bâton, vous déclenchez une onde de choc qui fait sauter tous les bâtons, en raison de la mise sous tension due au tissage. Le 6 juin 2015, le Natick High School Bomb Squad – composé de 15 étudiants de la Natick High School (Massachusetts, USA) – ont déclenché une bombe à bâtons constituée de 31 370 pièces en bois.

La plus longue chute continue de dominos

60 personnes ont fait chuter en continu des dominos disposés en rond pendant 35 min et 22 s, au Domino Day 2008 à Leeuwarden (NDL), le 7 novembre 2008.

La plus haute structure en dominos

Les étudiants Michael Hörmann et Philipp Zimmermann (tous 2 DEU) ont érigé, puis renversé une structure de 9,17 m de haut, composée de 8 044 dominos, à Buchloe (DEU), le 21 avril 2014.

La plus grande ligne de dominos humains

Le 12 août 2010, 10 267 personnes ont formé une ligne de dominos humains à l'Ordos International Nadam Fair, à Ordos (région autonome de Mongolie-Intérieure, CHN).

Le plus de dominos empilés en 30 s

Silvio Sabba (ITA) a érigé une colonne de 48 dominos en 30 s, à Pioltello (Milan, ITA), le 28 avril 2013.

Le plus de dominos empilés sur un domino est de 1 055. Cet exploit a été réalisé par le Sinners Domino Entertainment, au lycée Wilhelm-Lückert, à Büdingen (DEU), le 12 août 2014.

Le plus de briques renversées

165 384 briques de maçonnerie ont été renversées sur une ligne continue dans et autour de Bremerhaven (DEU), le 17 janvier 2004. L'événement, organisé par Röben Tonbaustoffe (DEU), a occupé 1 305 volontaires des jeunes sapeurs-pompiers de Cuxhaven.

Le plus de livres renversés comme des dominos

Dans le cadre du lancement de la version allemande du *Guinness World Records 2016*, Sinners Domino Entertainment (DEU) a assemblé 10 200 exemplaires du livre le plus vendu de l'année pour les renverser ainsi. L'événement s'est déroulé pendant la foire du Livre de Francfort (DEU), le 14 octobre 2015. L'équipe, qui a réalisé d'autres records (voir ci-contre), était constituée de 12 personnes. Il leur a fallu 11 h pour installer les livres, dont la chute n'a duré que 1 min.

CHRONOLOGIE

1876

Le 1er appel téléphonique
En mars, le 1er appel téléphonique intelligible a été effectué à Boston (Massachusetts, USA). Alexander Graham Bell (GBR), qui avait déposé son brevet le 14 février 1876, appelle son assistant dans une salle voisine et lui dit : "Mr *Watson – Come here – I want to see you.*"

146 Jeux & jouets

Le plus de dominos érigés en pyramide

Le 21 juillet 2014, Kevin Pöhls (DEU) a renversé 15 022 dominos constitués en pyramide 3D, dans un Pizza Express, à Waren (Müritz, DEU).

Le plus de pièges à souris déclenchés sur une ligne
À Hualien (TPE), Synology Inc. (TPE) a mis en place une réaction en chaîne de 1 508 pièges à souris, le 13 septembre 2013. 1 509 avaient été placés, mais l'un d'eux n'a pas fonctionné.

Le plus rapide à renverser 10 W.-C. portables
Philipp Reiche (DEU) a renversé 10 toilettes portables en 11,30 s, sur le plateau de *Wir Holen Den Rekord Nach Deutschland*, à l'Europa-Park de Rust (DEU), le 22 juin 2013.

La plus grande machine de Rube Goldberg
Une machine Rube Goldberg (ci-contre) de 382 étapes, réalisée par 11 universitaires de l'université de Technologie et d'Économie de Budapest, a été exposée à Székesfehérvár (HUN), le 23 avril 2015. Parmi ses processus, citons la dissolution de sel dans l'eau pour changer la conductivité et la projection de balles le long de pentes au moyen de pistons pneumatiques.

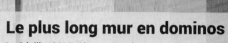

Le plus long mur en dominos

Le 6 juillet 2012, Sinners Domino Entertainment a construit et renversé un mur constitué de 31 405 dominos de 30 m de long, au lycée Wilhelm-Lückert, à Büdingen (DEU).

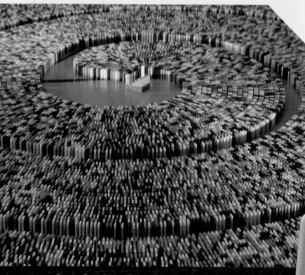

Le plus de dominos renversés en spirale

Sinners Domino Entertainment a renversé une spirale constituée de 55 555 dominos pour l'émission *Officially Amazing*, à Büdingen (DEU), le 12 juillet 2013. Le même jour, la même équipe a battu un autre record : celui du plus de mini-dominos renversés, soit 2 000 ! Ces minuscules dominos mesurent 1 x 0,5 x 0,2 cm.

LA PLUS GRANDE MACHINE RUBE GOLDBERG EN COMPÉTITION

La construction de machines Rube Goldberg donne lieu à des compétitions. La machine la plus complexe exposée en compétition compte 300 étapes. Réalisée par la Purdue Society of Professional Engineers Rube Goldberg Team (USA), elle a été activée au National Rube Goldberg Machine Contest à la Purdue University de Lafayette (Indiana, USA), le 31 mars 2012. Son objectif était de gonfler un ballon puis de le faire éclater !

LE SAVIEZ-VOUS ?
Le terme de «machine de Rube Goldberg» désigne toute invention extrêmement complexe destinée à réaliser une tâche très simple. Le concept vient d'un satiriste américain (et ingénieur !), dont les dessins montraient ce genre d'inventions folles.

La 1re ampoule à incandescence
Le 18 décembre, Joseph Wilson Swan (GBR) dévoile son ampoule à incandescence au cours d'une démonstration à la société chimique Newcastle (GBR). Elle a grillé très rapidement…

1878

CHRONOLOGIE

guinnessworldrecords.com   147

JEUX DE CONSTRUCTION

Le plus rapide à construire une tour Jenga (30 niveaux)

Les frères Tyler et Ryan Measel (tous 2 USA) ont érigé une tour Jenga de 30 niveaux, en 2 min et 51,04 s, à Pilesgrove (New Jersey, USA), le 7 juin 2014.

La plus grande structure réalisée en LEGO® zigzag en 30 s (d'une main)

Le 1er novembre 2015, dernier jour du BRICK 2015 organisé au NEC, à Birmingham (GBR), Leon Ip (GBR) a réalisé d'une seule main une construction en LEGO® zigzag de 28 niveaux.

Le plus de châteaux construits en LEGO® en 1 min

Le 30 octobre 2015, 2e jour du BRICK 2015, Ed Diment (GBR) a construit 15 châteaux en 60 s, soit 4 s par château en moyenne. Ce record a été égalé 2 jours plus tard, au cours du même événement, par Jack Clarke (GBR).

Le plus de participants à une sculpture en Mega Bloks

19 274 volontaires de 22 endroits de Hong Kong (CHN) ont participé à la construction d'une structure de Mega Bloks, entre le 12 juillet et le 9 août 2015. L'événement était sponsorisé par Mead Johnson Nutrition et Mattel East Asia (tous 2 HKG). Les briques ont ensuite été léguées à des œuvres de charité.

La plus longue structure en LEGO®

Organisé par Consorzio Esercenti CC Shopville Le Gru un mille-pattes mesurant l'équivalent de 32 piscines olympiques est détenteur de ce record. Dévoilé à Grugliasco (Turin, ITA), le 13 février 2005, il mesurait 1 578,81 m de long et était constitué de 901 760 briques de LEGO®.

La plus grande sculpture en ballons réalisée par une seule personne

Le 25 juillet 2015, au Thanksgiving Point de Lehi (Utah, USA), Jeremy Telford (tous 2 USA) a dévoilé un chien géant en ballons, réalisé avec 8 867 ballons et mesurant 20,09 x 9,93 m.

La série de jeux vidéo basée sur un jouet la plus exploitée

Depuis le lancement de *LEGO Island* (Mindscape, 1997), la série a produit 67 jeux inspirés des fameuses briques au 1er février 2016. En plus des jeux récents *LEGO Dimensions* et *Marvel's Avengers*, ces jeux comptent des titres de la franchise Bionicle de LEGO®, de nombreuses licences de divertissement, des jeux mobiles, des jeux éducatifs et des séries sportives.

La plus grande boîte de LEGO® en vente

Conçu pour les constructeurs expérimentés, avec ses 5 922 pièces, le Taj Mahal mesure 51 x 41 cm. Comme l'original, la miniature en Lego® est dotée de minarets, de dômes, de fleurons et d'arches.

La **plus grande boîte de LEGO® Technic en vente** est le camion Mercedes-Benz Unimog U 400 à l'échelle 1:12,5, qui compte 2 048 pièces. Le véhicule comprend une grue

LA PLUS GRANDE SCULPTURE K'NEX

La réplique grandeur nature du *Bloodhound SSC* (bolide supersonique) – 3,87 m de haut, 2,44 m de large et 13,38 m de long – est constituée de plus de 350 000 pièces de K'Nex. Il a fallu 1 280 h à la BLOODHOUND SSC RBLI K'NEX Build Team (GBR) pour l'assembler. Elle a été mesurée par le Royal British Legion Industry HQ, à Aylesford (Kent, GBR), le 26 août 2014. Propulsé par réacteur et conçu pour dépasser 1 600 km/h, le véhicule supersonique vise le record de vitesse au sol en 2016.

1889

La 1re usine de production de voitures
René Panhard et Émile Levassor (tous 2 FRA) construisent l'usine Panhard Levassor, en France. La 1re voiture de production sort de l'usine l'année suivante.

EN BREF
Meccano est breveté en 1901 par Frank Hornby (GBR) sous le nom de
« Mechanics Made Easy » • En 2015, il existait 3 600 types d'éléments LEGO® •
L'inventeur du Jenga, Leslie Scott, a baptisé son invention d'après le terme
swahili signifiant « construire ».

La plus grande caravane en LEGO®

Une caravane grandeur nature a été construite à partir
de 215 158 pièces de LEGO®, par le NCC (National Caravan
Council) et validée à Bordon (East Hampshire, GBR),
le 8 octobre 2015. Il a fallu 12 semaines pour construire
cette caravane de 3,6 m de long. Elle comprend une cuisine
équipée, un lit, l'eau courante et l'électricité.

La plus grande structure en Meccano

Le 1er juillet 2015, la School of Architecture de l'university Queen's
de Belfast (GBR) a présenté un pont constitué de 10 000 pièces de
Meccano. Construit au-dessus des docks de Clarendon, à Belfast,
par des écoliers locaux et des étudiants en 3e année d'école
d'ingénieur, le pont mesurait 28,76 m. Il a été officiellement ouvert
par le directeur de l'école, le professeur Trevor Whittaker,
et le robot Meccanoid G15 KS de Meccano (*photo*).

pneumatique articulée,
dotée d'une pince et d'un
treuil à l'avant. Il a 4 roues
motrices, une direction
fonctionnelle, des
suspensions, un *gear block*
(engrenage de verrouillage)
et un moteur avec des
pistons mobiles.

La plus grande figurine LEGO® en ballons
Il a fallu 3 jours et
1 985 ballons à Larry Moss et
son équipe (tous USA) pour
réaliser une figurine LEGO®
de 6 m de haut. Elle a été
présentée le 30 novembre
2014, à Londres (GBR).

Le plus de sculptures en ballon réalisées en 1 h
John Cassidy (USA) a
réalisé 747 figures en
ballons en 1 h, au Bucks
County Community College,
à Newtown (Pennsylvanie,
USA), le 14 novembre 2007.

**Le plus de sculptures en
ballons réalisées en 24 h**
s'élève à 6 176, soit plus d'un
par minute. Il a été
établi par Tim
Thurmond (USA),
à Northville
(Michigan,
USA), les 16 et
17 avril 2004.

Le plus grand mammouth en LEGO®

Le 1er novembre 2015, lors du BRICK 2015, à Birmingham
(GBR), Bright Bricks (GBR) a dévoilé son géant préhistorique
de 2,47 m de haut, 3,8 m de long et 1,3 m de large. Le même jour, Bright
Bricks a présenté le **plus grand moa en LEGO®**, un oiseau géant de
3,17 m de haut, de 1,47 m de long et de 0,8 m de large.

Le 1er brevet radiophonique
Le 2 juin, l'inventeur Guglielmo Marconi (ITA) dépose un brevet pour
un système de communication utilisant les ondes électromagnétiques.

1896

CHRONOLOGIE

guinnessworldrecords.com 153

JEUX VIDÉO
GALERIE

Entrant dans sa 10e année, notre *Gamer's Edition* a de plus en plus de succès. Vous y découvrirez de nombreux jeux palpitants, de véritables pros du vlog et des e-sports, ainsi que des références aux anciens jeux d'arcade. Nous vous proposons ici une sélection de photos incroyables de ces joueurs de tous les records.

LE SAVIEZ-VOUS ?
Kat Gunn est une joueuse passionnée depuis sa plus tendre enfance. Elle s'est lancée dans la compétition en 2002 lorsqu'elle a été sélectionnée comme bêta testeuse pour le service de jeu en ligne Xbox Live de Microsoft.

LE GAMER PRO AYANT GAGNÉ LE PLUS D'ARGENT (FEMME) — 1

Kat « Mystik » Gunn (USA) a gagné 122 000 $ depuis qu'elle est devenue pro en 2007. Elle a commencé dans le jeu de combat, terminant parmi les trois meilleurs sur deux tournois de *Dead or Alive 4*. Le plus grand prix de sa carrière reste les 100 000 $ empochés pour sa 1re place à la compétition télévisée *WCG Ultimate Gamer*. Dans cette compétition de 2010, des pros du e-sports devaient concourir sur des jeux aussi variés que *Mario Kart*, *Rock Band* et *Halo : Reach*.

LA BORNE D'ARCADE LA PLUS HAUTE — 2

4,4 m de haut, 1,93 m de large et 1,06 m de profondeur : la borne Arcade Deluxe de Jason Camberis (USA) est presque trois fois plus grande qu'une borne classique. Idéale pour Sultan Kösen (**l'homme le plus grand du monde**), elle oblige les joueurs à monter sur une chaise ou une échelle pour atteindre les boutons de... 10,2 cm ! Cette borne est parfaitement fonctionnelle et propose une variété de jeux d'arcade classiques.

LE PLUS LONG MARATHON *FIFA* — 3

Du 5 au 7 novembre 2014, Christopher Cook (GBR), grand gamer et fan de foot, a réuni ses deux passions pour établir le nouveau record du marathon *FIFA* le plus long : il a joué sans interruption pendant 48 h et 49 min. Il a participé à plus de 120 matchs, en ligne et hors ligne. Cette session épuisante a été organisée pour lever des fonds pour l'œuvre caritative Special Effect, qui crée des manettes adaptées aux personnes atteintes de handicaps.

LE PLUS RAPIDE À TERMINER *THE LEGEND OF ZELDA: OCARINA OF TIME* — 4

Le 16 mars 2015, Joel « Jodenstone » Ekman *(en photo)* a terminé le jeu d'aventure de Nintendo de 1998 en 17 min et 55 s. Son record a été battu le 10 juillet par le gamer connu sous le nom de Skater82297 (USA), qui a sauvé Hyrule en 17 min et 45 s. Les deux joueurs ont utilisé des glitches et des tricks pour sauter d'importantes parties du jeu, qui nécessitent normalement une trentaine d'heures.

CHRONOLOGIE
1901 **Les 1ers prix Nobel**
Le 10 décembre, ces récompenses à portée internationale ont été décernées pour la 1re fois dans les domaines de la physique, de la chimie, de la médecine, de la littérature et de la paix.

LE PLUS RAPIDE À TERMINER **5**
ASSASSIN'S CREED II
Le 26 mars 2011, François « Fed981 »
Federspiel a terminé *Assassin's Creed II*
en 5 h et 42 min, tuant des centaines
de gardes et bousculant des milliers de
badauds pour atteindre ses cibles. François
est un speedrunner prolifique fan de la
série *Assassin's Creed*. Il a également été
le **plus rapide à terminer** *Assassin's Creed:
Brotherhood*, en 2 h et 23 min, et *Assassin's
Creed: Revelations*, en 2 h et 48 min.

LE PLUS LONG VOYAGE **6**
DANS *MINECRAFT*
Le YouTuber Kurt J. Mac (USA) est parti
pour les Terres lointaines de *Minecraft*
en mars 2011. Au 28 mars 2016, il avait
couvert 2 723 612 blocs (2 723 km). Les
Terres lointaines se trouvent au-delà des
limites véritables du jeu, où des erreurs de
code produisent des paysages fantasques.
Elles n'avaient jamais été atteintes à pied
auparavant et, même après 5 ans de voyage,
Kurt avait parcouru moins de 22 % du chemin.

LE PLUS DE K.-O. SUR **7**
SUPER SMASH BROS. BRAWL
Klayton Schaufler (USA) a enregistré 51 K.-O.
en une partie pour le site Internet GWR
Challengers, le 8 février 2013. En tant que Zero-
Suit Samus, Klayton a divisé ses adversaires
en se plaçant en bordure de carte sur Flat Zone
2 et en les envoyant dans la ligne d'explosion
hors écran. Klayton a également réalisé
le **plus long lancer de marteau sur** *Mario &
Sonic aux jeux Olympiques*, avec un lancer
à 97,1 m, à l'aide de Vector the Crocodile.

**GAMER'S
EDITION**
Tous ces
détenteurs de
records ont été
photographiés pour notre *Gamer's
Edition*. Intégralement mis à jour
et illustré, l'ouvrage fourmille de
speedruns, de scores de folie et
autres records incroyables.

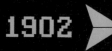

Le 1er **record de vitesse avec un moteur à combustion interne**
Le 5 août, le millionnaire William K. Vanderbilt, au volant
d'une voiture de course Mors, a atteint 122,43 km/h, à Ablis (FRA).

1902

CHRONOLOGIE

INGÉNIERIE

Il y a des milliers d'années, les bâtiments étaient construits avec des matériaux naturels, tels que la boue, la glace, l'argile, la pierre et le bois. Au fil du temps, les hommes ont développé de multiples techniques et matériaux qui ont redéfini les possibilités de l'architecture. Huit des 10 plus grands bâtiments ont été achevés au début du xxiᵉ siècle – et l'ingénierie virtuose n'a de cesse de réécrire les livres des records. Nous vous présentons ci-dessous les 10 plus grands bâtiments en 2016, ainsi que des monuments plus anciens à titre de comparaison. Les hauteurs sont calculées au plus haut point « architectural » du bâtiment, sans les antennes ou mâts. C'est l'approche adoptée par le Council on Tall Buildings and Urban Habitat (CTBUH) pour la mesure des plus grands bâtiments du monde.

1 BURJ KHALIFA
Lieu : Dubaï (ARE)
Achèvement : 2010
Hauteur : 828 m
Étages : 163
(plus 1 en sous-sol)
Nombre de marches : 2 909
Vitesse maximale de
l'ascenseur : 10 m/s
Autres informations :
• Alain Robert (FRA)
a réalisé l'ascension de la
Burj Khalifa la plus rapide,
en 6 h, 13 min et 55 s,
le 29 mars 2011.
• Vittorio Brumotti (ITA)
est le plus rapide à avoir
gravi la Burj Khalifa à vélo,
en 2 h, 20 min et 38 s,
le 18 octobre 2012.

3 ABRAJ AL-BAIT TOWERS (ALIAS MAKKAH ROYAL CLOCK TOWER)
Lieu : La Mecque (SAU)
Achèvement : 2012
Hauteur : 601 m
Étages : 120
(plus 3 en sous-sol)
Vitesse maximale de
l'ascenseur : 6 m/s
Autres informations :
• Le plus grand cadran
d'horloge est celui de
la Dokaae Tower : 43 m
de diamètre.
• La flèche du bâtiment
est surmontée d'un
croissant de lune en
mosaïque dorée qui
pèse 35 t.

5 TAIPEI 101
Lieu : Taipei (CHN)
Achèvement : 2004
Hauteur : 508 m
Étages : 101
(plus 5 en sous-sol)
Nombre de marches : 2 046
Vitesse maximale de
l'ascenseur : 16,83 m/s
Autres informations :
• Le plus de marches gravies
sur un vélo est de 3 139,
par Krystian Herba (POL)
dans la Taipei 101,
en 2 h et 12 min,
le 22 mars 2015. Il est
monté du 1ᵉʳ au 52ᵉ étage,
puis est redescendu
en ascenseur avant
de remonter jusqu'au
91ᵉ étage.

7 INTERNATIONAL COMMERCE CENTRE
Lieu : Hong Kong (CHN)
Achèvement : 2010
Hauteur : 484 m
Étages : 108
(plus 4 en sous-sol)
Nombre de marches : 2 120
Vitesse maximale de
l'ascenseur : 9 m/s
Autres informations :
• Très économe en énergie pour
un bâtiment de cette taille.

9 ZIFENG TOWER
Lieu : Nanjing (CHN)
Achèvement : 2010
Hauteur : 450 m
Étages : 66
(plus 5 en sous-sol)
Vitesse maximale de
l'ascenseur : 7 m/s
Autres informations :
• La conception de la tour
inclut des jardins plein
ciel qui serpentent
autour de la façade.

LE SAVIEZ-VOUS ?
Avec ses 146,5 m de haut,
la grande pyramide de Gizeh
(EGY) est plus de 5 fois plus petite
que le plus haut bâtiment
actuel, la Burj Khalifa.
Ce monument du iiiᵉ siècle av. J.-C.
fut pourtant le plus grand
bâtiment sur Terre
pendant 3 800 ans.

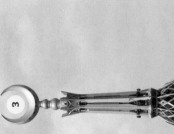

Tour penchée de Pise
Hauteur : 56,67 m côté « haut »
Achèvement : 1372

Statue de la Liberté
Hauteur : 92,99 m
Achèvement : 1886

Tour Eiffel
Hauteur : 300 m
Achèvement : 1889

Empire State Building
Hauteur : 381 m
Achèvement : 1931

LE SAVIEZ-VOUS ?
De 2004 à 2008, le 24ᵉ étage de l'Empire State Building était réservé aux ouvriers qui voulaient faire une sieste. Le bâtiment compte 102 étages, mais il y en a un 103ᵉ qui offre officiellement une terrasse panoramique à quelques privilégiés.

10

WILLIS TOWER
Lieu : Chicago (USA)
Achèvement : 1974
Hauteur : 442,1 m
Étages : 108
(plus 3 en sous-sol)
Vitesse maximale de l'ascenseur : 8,1 m/s
Autres informations :
• Achevée en 1973, anciennement Sears Tower, elle fut le **plus grand** bâtiment pendant 25 ans.

8

PETRONAS TWIN TOWERS
Lieu : Kuala Lumpur (MYS)
Achèvement : 1998
Hauteur : 451,9 m
Étages : 88
(plus 5 en sous-sol)
Vitesse maximale de l'ascenseur : 7 m/s
Autres informations :
• Un pont suspendu relie les 2 tours au niveau des 41ᵉ et 42ᵉ étages.

6

SHANGHAI WORLD FINANCIAL CENTER
Lieu : Shanghai (CHN)
Achèvement : 2008
Hauteur : 492 m
Étages : 101
(plus 3 en sous-sol)
Vitesse maximale de l'ascenseur : 10 m/s
Autres informations :
• Son sommet trapézoïdal lui a valu le surnom de « décapsuleur ».

4

ONE WORLD TRADE CENTER
Lieu : New York (USA)
Achèvement : 2014
Hauteur : 541,3 m
Étages : 94
(plus 5 en sous-sol)
Vitesse maximale de l'ascenseur : 10,16 m/s
Nombre de marches : 1 970 (jusqu'au 90ᵉ étage)
Autres informations :
• Sa hauteur en pieds (1 776) fait référence à l'année de la Déclaration d'indépendance américaine.

2

SHANGHAI TOWER
Lieu : Shanghai (CHN)
Achèvement : 2015
Hauteur : 632 m
Étages : 128
(plus 5 en sous-sol)
Vitesse maximale de l'ascenseur : 18 m/s
Autres informations :
• La forme torsadée de cette tour vise à la rendre plus résistante au vent.

Toutes les mesures proviennent du CTBUH.

DÔMES
GALERIE

Les nobles hémisphères qui couronnent les cathédrales, les temples, les mosquées et les mausolées servaient à l'origine de toiture là où le bois manquait. Au Moyen-Orient, en Inde et en Méditerranée, des briques de boue étaient utilisées pour la construction des maisons et des tombes. Le dôme devint une construction monumentale avec les Romains. Depuis, des architectes l'ont réinventé sous de nombreuses formes et ont magnifié le vaste espace intérieur – souvent en faisant simplement entrer la lumière par un lanterneau central.

3

2

1

LE 1ᵉʳ DÔME GÉODÉSIQUE **1**

La coque du dôme géodésique est faite de formes géométriques en mosaïque. Construit par Walther Bauersfeld (DEU) au-dessus de l'usine de verre optique Carl Zeiss à Iéna (DEU), le planétarium Zeiss a ouvert le 18 juillet 1926. Il se base sur un icosaèdre, structure symétrique à 20 faces mesurant 8,5 m de haut, chaque face étant subdivisée en triangles et en losanges à l'aide de 3 500 fines barres de fer formant la coque. L'intérieur du dôme présente les planètes et les étoiles fixes.

LE PLUS GRAND DÔME EN FONTE **2**

Le dôme du Devonshire Royal Hospital de Buxton (GBR), qui date de 1881, mesure 44,2 m de diamètre. Un peu plus grand que celui du Panthéon romain, il était à l'époque **le plus grand dôme** (*voir n° 5*). À l'intérieur, la lumière pénètre par un lanterneau coiffé d'une coupole. Appartenant à l'origine à un grand hôtel du XVIIIᵉ siècle, ce dôme fut ajouté lors de la transformation de l'hôpital. Le bâtiment appartient aujourd'hui à l'université de Derby.

LE DÔME DE VERRE LE PLUS SEPTENTRIONAL **3**

Dans un paysage de forêts et de montagnes, en Laponie, plus de 250 km au nord du cercle Arctique, le Kakslauttanen Arctic Resort propose de luxueuses chambres d'hôtel « igloo » chauffées. Chaque dôme en verre thermique, qui peut accueillir 4 personnes, offre la nuit une vue sur le ciel étoilé et – d'août à avril – sur les spectaculaires aurores boréales de la région, visibles environ 200 nuits par an.

LE PLUS GRAND DÔME RÉSIDENTIEL EN BOIS **4**

Le « dôme vert » de Kevin Shea (USA) mesure 21,33 m de large et 13,41 m de haut. Ce dôme géodésique abrite une maison écologique à la charpente en bois, à Long Island (New York, USA). Toute l'électricité de la propriété provient de l'énergie éolienne et solaire. Un toit végétal recueille l'eau de pluie et permet de protéger et d'accueillir la faune. En 2015, vous auriez pu vous offrir cette « base lunaire hippie » pour 1 million $.

1906 — **Le 1ᵉʳ long métrage**
Réalisé à Melbourne (Victoria, AUS), *The Story of the Kelly Gang* est diffusé pour la 1ʳᵉ fois le 26 décembre. Film biographique sur le célèbre hors-la-loi Ned Kelly, il séduit un vaste public.

LE PLUS GRAND DÔME **5**

Le Sports Hub, stade national de Singapour qui a coûté 1,3 milliard $, arbore le plus grand dôme véritable (complètement autoportant). Conçu par Arup and DP Architects, il couvre 312 m – pouvant ainsi presque accueillir 4 Airbus A380 côte à côte. La partie centrale du toit en plastique léger sert également d'écran géant, tandis que des sièges mécanisés peuvent être reconfigurés en 48 h pour différents sports, concerts et événements culturels.

LE PLUS GRAND DÔME PANORAMIQUE SOUS-MARIN **6**

Inauguré le 28 janvier 2014, le dôme de l'aquarium Whale Shark Exhibit de Chimelong Ocean Kingdom, à Hengqin, Zhuhai (CHN), affiche un diamètre extérieur de 12 m. La coupole et le cylindre qui la supporte mesurent 6 m de haut et on y accède via 2 tunnels. Les visiteurs profitent d'une vue à 360° et peuvent également admirer au-dessus d'eux des poissons géants, comme les raies manta et les requins-baleines – le **plus gros poisson.**

LE PLUS GRAND DÔME DE SPECTACLE **7**

(*Voir également illustration principale.*) Le Centre national des arts du spectacle de Pékin (CHN) mesure 46,68 m de haut – la taille de la statue de la Liberté – et occupe 30 500 m². Sa coque en acier ellipsoïdale, revêtue de titane et de verre, lui vaut le surnom d'« œuf géant ». Ce bâtiment de 325 millions $, situé sur un lac, abrite un opéra (2 398 sièges), une salle de concerts (2 019 sièges) et 2 théâtres (556 et 1 035 sièges).

LE SAVIEZ-VOUS ?
Le Centre national des arts du spectacle de Pékin descend à 32,5 m sous terre, soit la hauteur d'un immeuble de 10 étages. Grâce à une technologie d'élimination des bruits, le départ d'une personne pendant un spectacle est absolument silencieux.

Le plus grand impact enregistré sur Terre
L'énergie produite par la désintégration d'une météorite au-dessus du bassin de la Toungouska pierreuse (RUS), le 30 juin, équivaut à 10 à 15 mégatonnes d'explosif. Une zone de 3 900 km² est détruite.

1908

CHRONOLOGIE

MURS

Le mur le plus épais

Les remparts d'Ur (aujourd'hui Tell al-Muqayyar en Irak) mesuraient 27 m d'épaisseur, soit la longueur d'une baleine bleue. Ils étaient bâtis en briques crues. Cette fortification fut rasée en 2006 av. J.-C. par des Élamites venus de l'actuel sud-ouest de l'Iran.

La 1re isolation de mur creux

Construit en 1860, Overstone Hall, à Northampton (GBR), fut le 1er bâtiment à murs doubles (2 parois séparées par un espace). Il fut conçu par l'architecte William Milford Teulon pour accueillir la résidence d'été résolument « moderne » des Overstone. La façade historique classée cache un système de chauffage central, un éclairage au gaz et un ascenseur.

La plus longue enceinte de fort

Construits au cours du XVe siècle par Rana Kumbha (IND), les remparts du fort de Kumbhalgarh, au Rajasthan (IND), mesurent 36 km de long et 5 m d'épaisseur. Ils divisaient les royaumes du Mewar et du Marwar. Le fort servait d'ultime refuge aux souverains du Mewar.

Le plus long mur commémoratif

Achevé en 1982, à Washington, DC (USA), le Vietnam Veterans Memorial, qui mesure 150,42 m de long, a été conçu par Maya Ying Lin (USA). Il comprend 2 murs de 75,21 m de long en granite noir, sur lesquels sont inscrits les noms de 58 307 militaires, hommes et femmes, dans l'ordre chronologique de leur mort.

Les plus longs remparts

Les remparts de Nanjing (CHN) mesuraient 35,2 km de long lors de leur édification sous la dynastie Ming (1368-1644). Il a fallu 200 000 ouvriers et 21 ans pour les construire. Leur hauteur moyenne est de 12 m et ils comptent 13 portes. Les deux tiers subsistent.

La plus longue digue

La digue de Saemangeum (KOR), de 33,89 km de long, fut achevée le 27 avril 2010.

Ce projet d'ingénierie, le plus grand du pays, a coûté 2,6 milliards $. La digue entoure 414 km² d'eau de mer et de vasières, soit l'équivalent des deux tiers de la capitale de la Corée du Sud, Séoul.

Le 1er bâtiment à mur-rideau

Le « mur-rideau » désigne l'enveloppe extérieure non porteuse d'un bâtiment. L'Oriel Chambers, sur Water Street, à Liverpool (GBR), est le plus ancien bâtiment doté d'une structure de verre et d'acier, achevé en 1864. Il fut conçu par l'architecte Peter Ellis pour son propriétaire, le révérend Thomas Anderson.

Le plus de murs recouverts par une fresque

En 2014-2015, le collectif de street art Germen Crew a recouvert 209 murs de maisons de la ville de Pachuca (MEX) d'un immense motif très coloré. Intitulée *El Macro Mural Barrio de Palmitas*, cette fresque mesurait 20 000 m². Elle a nécessité 20 000 l de peinture et 14 mois pour l'achever avec l'aide de résidents locaux. Vue de loin, elle évoque un arc-en-ciel tourbillonnant, dont les couleurs vives traversent les maisons.

LA PLUS LONGUE MURAILLE

La partie principale de la Grande Muraille de Chine s'étend sur 3 460 km – près de 3 fois la longueur de la Grande-Bretagne –, auxquels il faut ajouter 3 530 km d'embranchements. Érigée pour empêcher l'entrée des tribus nomades du nord, telles que les Mongols, la construction de la muraille commença sous le règne de Qin Shi Huang (221-210 av. J.-C.). Sa hauteur varie entre 4,5 et 12 m et son épaisseur atteint 9,8 m. La muraille part de Shanhaiguan, dans le golfe de Bohai, et se prolonge jusqu'à Yumenguan et Yangguan. Bien qu'elle ait été agrandie et reconstruite durant 2 millénaires, la majeure partie de la muraille fut édifiée sous la dynastie Ming (1368-1644). Depuis 1966, 51,5 km de muraille ont été détruits et, en juillet 1979, on en fit exploser une partie pour construire un barrage.

CHRONOLOGIE

1909

Les 1ers individus à atteindre le pôle Nord
Le 6 avril, Robert Peary et Matt Henson (USA), partis d'Ellesmere Island (CAN), atteignent le pôle Nord. Les historiens doutent qu'ils aient vraiment atteint le pôle, mais ils s'en sont plus approchés que leurs concurrents.

162 Ingénierie & architecture

Les plus longs remparts romains (encore existants)

S'étendant sur 118 km, le mur d'Hadrien fut édifié en tant que ligne de défense dans la province romaine de Britannia (actuel Royaume-Uni). La majeure partie du mur a subsisté entre le golfe de Solway, à l'ouest, et la Tyne, à l'est. L'édification du mur commença en 122 apr. J.-C., sous l'empereur Hadrien. Essentiellement fait de pierre, il mesurait 2,5 à 3 m de large et 4,5 à 6 m de haut.

Le plus long mur de feu
Le 14 mars 2009, les Marine Corps Community Services (USA) ont célébré les 50 ans de la Marine Corps Air Station Yuma (Arizona, USA) en déclenchant un mur de feu de 3 102 m de long lors du spectacle aérien annuel de la base.

Le plus haut mur d'escalade artificiel indépendant
Ce mur d'escalade situé à Historic Banning Mills, à Whitesburg (Géorgie, USA), mesurait 41,89 m de haut le 9 décembre 2011, soit la hauteur d'un immeuble de 14 étages. (*Voir à droite un autre mur d'escalade géant.*)

Le plus grand jardin vertical (mur végétal)

Cleanaway Company Ltd et Shine Green Energy Enterprise Co., Ltd (TWN) ont inauguré un mur végétal de 2 593,77 m² à Kaohsiung (TWN), le 29 juin 2015. Plus de 100 000 plantes d'espèces variées ont été utilisées pour créer le motif « coucher de soleil » du mur.

Le plus haut mur d'escalade artificiel

Ce mur d'escalade vertigineux de 49,85 m de haut fait partie du centre sportif de BaseCamp. Fixé sur le côté du Whitney Peak Hotel de Reno (Nevada, USA), qui compte 16 étages, il ouvrit le 1er octobre 2011. Du sommet, on surplombe Reno de 57,3 m – une hauteur supérieure à celle des célèbres chutes du Niagara.

LE SAVIEZ-VOUS ?
Le mythe selon lequel la Grande Muraille de Chine serait le seul édifice érigé par l'homme visible depuis l'espace est antérieur de plus de 200 ans aux vols spatiaux. Lorsque l'astronaute Yang Liwei (CHN) alla dans l'espace en 2003, il a avoué ne pas l'avoir vue.

L'objet volé le plus précieux
Le 21 août, l'inestimable *Joconde* de Léonard de Vinci disparaît du Louvre. Elle y retourne en 1913 ; Vincenzo Peruggia (ITA) est accusé de l'avoir volée.

1911 CHRONOLOGIE

INGÉNIEUX INGÉNIEURS

Le plus long pont entre deux tunnels

Le pont Aizhai, près de Jishou dans l'Hunan (CHN), a une portée de 1 176 m et une longueur totale de 1 534 m. La hauteur du tablier (336 m) de ce pont suspendu au-dessus de la vallée de Dehang en fait également

le plus haut pont suspendu entre deux tunnels. Inauguré en 2012, il s'insère dans l'autoroute reliant Jishou à Chadong.

On accède à cet ouvrage extraordinaire par deux tunnels percés dans les montagnes, si bien qu'il reste invisible jusqu'à l'arrivée sur le pont.

Le pont suspendu le plus long

Inauguré en 1998, le pont du détroit d'Akashi, d'une portée totale de 3 911,1 m, relie Honshu à Shikoku (JAP). La portée centrale représente la moitié environ de sa longueur totale, avec 1 990,8 m, soit la **plus longue portée d'un pont**.

Le plus long tunnel ferroviaire

Le 15 octobre 2010, les ingénieurs ont achevé le percement des 57 km

Le plus haut barrage en béton

Grande Dixence, sur la rivière Dixence (CHE), s'élève à 285 m, soit près de 2 fois la hauteur de la grande pyramide de Gizeh (EGY), et mesure 700 m de long. Il a fallu couler 5 960 000 m³ de béton, volume suffisant pour construire un mur de 1,5 m de haut et de 10 cm de large tout au long de l'équateur, pour ériger ce barrage-poids de section triangulaire (plus large à la base qu'au sommet). Il s'agit d'ailleurs du **plus haut barrage-poids**. Cette conception et la masse du barrage (15 000 000 t, soit 45 fois l'Empire State Building) permettent à Grande Dixence de supporter la pression de 400 millions de m³ d'eau.

du tunnel de base du Saint-Gothard, à 2 000 m, sous les Alpes suisses. Il a fallu 14 ans pour le construire ; 300 trains pourront l'emprunter chaque jour dès son inauguration en 2016.

La plus grande île artificielle

Le Flevopolder est une île des Pays-Bas créée entre 1955 et 1968 pour gagner du terrain sur la mer. Elle couvre 969,95 km² en lieu et place du golfe du Zuiderzee. Un chapelet de lacs la sépare du continent.

La plus grande centrale électrique à gazéification et séquestration du carbone

En 2016, la centrale de Kemper, située à l'est du Mississippi (USA), et d'une puissance de 582 MW, brûle environ 4 000 000 t par an de lignite local. Innovation majeure, cette centrale électrique élimine une grande partie des impuretés, 90 % du mercure toxique, 99 % du sulfure d'hydrogène et 65 % des émissions de CO_2. Celui-ci est utilisé dans le cadre de la récupération assistée du pétrole. Kemper est présentée comme la 1re centrale « à charbon propre » des États-Unis.

LA PLUS HAUTE PASSERELLE DE VERRE EN PORTE-À-FAUX

Inauguré le 28 mars 2007, le Grand Canyon Skywalk (Arizona, USA) surplombe la paroi rocheuse de 250 m. Située à l'ouest du Grand Canyon, sur la réserve Hualapai, la structure comprend une passerelle d'observation en verre. En forme de U, elle s'avance dans le vide sur 20 m au-dessus du Grand Canyon. Conçu par l'homme d'affaires de Las Vegas, David Jin et réalisé par Lochsa Engineering, le Skywalk peut résister à un séisme de magnitude 8 et à des vents de 160 km/h. Il peut accueillir 120 visiteurs à la fois.

Le télescope terrestre le plus cher

ALMA, le grand réseau d'antennes millimétriques/submillimétriques de l'Atacama, composé de 66 antennes de haute précision dont l'espacement peut atteindre 16 km, a coûté 1,3 milliard $. Situé sur le plateau de Chajnantor dans les Andes chiliennes, à une altitude de 5 050 m, ALMA étudie la lumière émise par les objets les plus froids de l'univers. Son principal réseau de 50 antennes, chacune mesurant 12 m de diamètre, agit comme un télescope unique, un interféromètre. La surface presque parfaite des antennes permet de capter le maximum de lumière cosmique.

1921

Le plus long coup de circuit
Le 18 juillet, la légende du baseball George Herman « Babe » Ruth (USA) expédie un coup de circuit de 175 m pour les New York Yankees contre les Detroit Tigers, au Navin Field de Detroit (Michigan, USA).

EN BREF

Les premières structures pyramidales remonteraient à plus de 5 000 ans en Mésopotamie • Le barrage-poids de Proserpine (ESP), construit par les Romains vers le IIe siècle de notre ère, est sans doute le **barrage le plus ancien encore en activité.**

La 1re construction en brouillard artificiel

Conçu par le cabinet d'architecture Diller Scofidio + Renfro (USA) pour l'exposition nationale suisse de 2002, à Yverdon-les-Bains, le Blur Building consistait en une plate-forme d'acier (encadré) enveloppée dans un nuage artificiel créé au-dessus du lac de Neuchâtel (CHE). Pour mettre au point cet effet, 31 400 jets à haute pression pulvérisaient de l'eau formant ainsi une brume permanente et mouvante.

Le plus grand cadran d'horloge

Le cadran Dokaae, au sommet de l'hôtel de 120 étages Makkah Royal Clock Tower (alias Abraj al-Bait Hotel Tower), à La Mecque (SAU), mesure 43 m de diamètre, près de 6 fois celui de l'Elizabeth Tower (souvent appelé à tort Big Ben, qui est le nom de la cloche à l'intérieur de la tour), à Londres (GBR).

Les plus grands...
• **Stade antique** Jusqu'en 550, 255 000 spectateurs assistaient aux courses de chars, à des épreuves athlétiques et à d'autres spectacles, au Circus Maximus (610 m de long), à Rome (ITA).

• **Amphithéâtre** Achevé en 80, l'amphithéâtre flavien, ou Colisée, à Rome (ITA), couvre 2 ha, soit l'équivalent de 3 terrains de football. Jusqu'à 87 000 spectateurs se rassemblaient pour assister aux combats de gladiateurs et d'animaux sauvages.
• **Pyramide** La pyramide de Quetzalcóatl, à Cholula de Rivadavia, au sud-est de Mexico,

culmine à 54 m et couvre environ 18,2 ha. Cet édifice aztèque est également le **plus grand monument jamais édifié.**

LE SAVIEZ-VOUS?

Les blocs de granite de l'aqueduc de Ségovie sont assemblés à sec, en raison sans doute de l'absence dans la région du calcaire nécessaire à réaliser un mortier. Cet assemblage lui offre la flexibilité suffisante pour résister à de petits séismes et aux rafales.

Le plus grand aqueduc romain

Toujours utilisé 19 siècles après sa création, l'aqueduc de Ségovie (ESP) transporte l'eau sur plus de 32,6 km entre la rivière Fuente Fría et Ségovie. Le pont-aqueduc mesure 683 m de long et culmine à 28 m au-dessus de 2 rangées de 166 arches supportées par 120 piliers, tous différents. Datant probablement du Ier siècle de notre ère, l'ensemble de l'aqueduc comprend des épurateurs, des bassins de décantation, des canaux et des pipes de sortie.

Le plus grand succès du cinéma muet
La Grande Parade (USA) a rapporté 22 millions $. Ce record a tenu jusqu'à la sortie de *The Artist* (FRA, 2011) qui reprend la grande tradition du cinéma muet et a rapporté 133 millions $, à janvier 2016.

1925

CHRONOLOGIE

ARTS & MÉDIA

1927 > **Le 1ᵉʳ record de vitesse terrestre supérieur à 320 km/h**
Le 29 mars, au volant de sa Sunbeam 1000 HP – mastodonte doté d'un double moteur V12 surnommé
Mystery –, le pilote de course Henry Segrave (GBR) atteint 327,97 km/h, à Daytona Beach (Floride, USA).

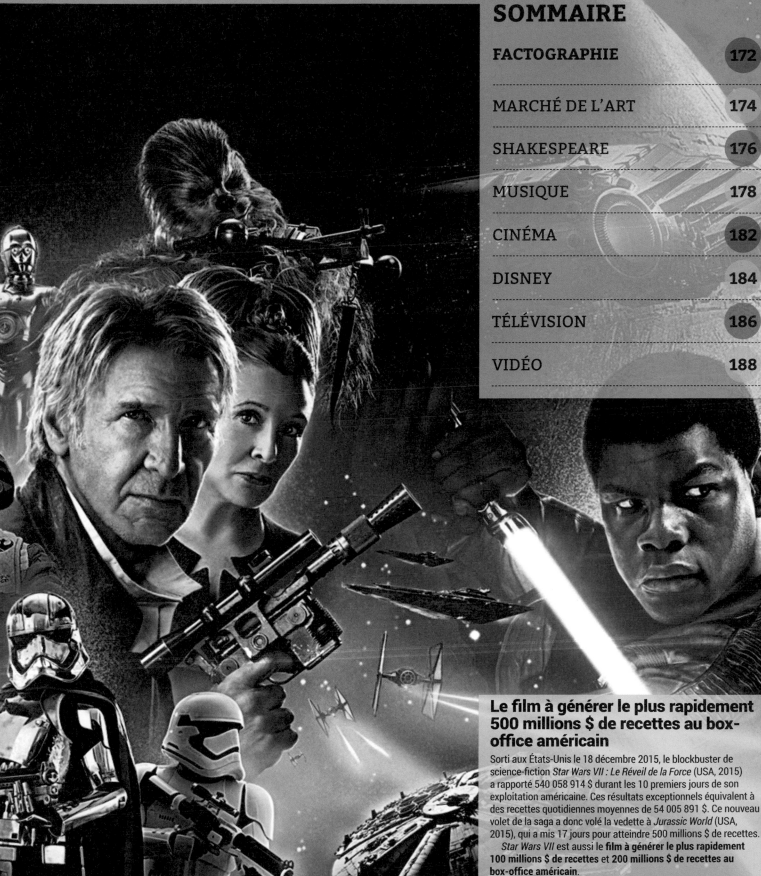

SOMMAIRE

Le film à générer le plus rapidement 500 millions $ de recettes au box-office américain

Sorti aux États-Unis le 18 décembre 2015, le blockbuster de science-fiction *Star Wars VII : Le Réveil de la Force* (USA, 2015) a rapporté 540 058 914 $ durant les 10 premiers jours de son exploitation américaine. Ces résultats exceptionnels équivalent à des recettes quotidiennes moyennes de 54 005 891 $. Ce nouveau volet de la saga a donc volé la vedette à *Jurassic World* (USA, 2015), qui a mis 17 jours pour atteindre 500 millions $ de recettes.

Star Wars VII est aussi le **film à générer le plus rapidement 100 millions $ de recettes et 200 millions $ de recettes au box-office américain**.

Le 1ᵉʳ survol de l'Everest
Le chef d'escadrille Douglas Douglas-Hamilton (GBR) dirige le survol de l'Everest par 2 biplans à habitacle ouvert. Bravant manque d'oxygène et vents violents, les pilotes passent à 30 m au-dessus du sommet.

1933 ➤

CHRONOLOGIE

SHAKESPEARE

La pièce de Shakespeare la plus pérenne du West End

Étonnamment, William Shakespeare n'a jamais vraiment attiré les foules dans les théâtres du West End. Toutefois, la Reduced Shakespeare Company a monté une production originale des *Œuvres complètes de William Shakespeare (abrégées)* qui a fait l'objet de 3 744 représentations, du 7 mars 1996 au 3 avril 2005.

Le dramaturge le plus rentable
Les pièces et poèmes de William Shakespeare (GBR, 1564-1616) se seraient vendus à plus de 4 milliards d'exemplaires au cours des 4 siècles qui ont suivi son décès.

La pièce de Shakespeare la plus pérenne de Broadway
Mise en scène par Margaret Webster, une production d'*Othello* inaugurée à Broadway en octobre 1943 a totalisé 296 représentations. Paul Robeson tenait le rôle-titre. Il est devenu le 1er acteur afro-américain à jouer Othello à Broadway.

Le plus jeune acteur professionnel à jouer le roi Lear

Le roi Lear imaginé par Shakespeare est un vieil homme qui lègue son royaume à 2 de ses 3 filles et déshérite l'autre. Pour la plupart des acteurs, ce rôle est le couronnement d'une longue carrière, mais l'acteur Nonso Anozie (GBR, né le 28 mai 1979) a tenu le rôle dans une production de la Royal Shakespeare Company en 2002 alors qu'il avait 23 ans.

Le plus long monologue dans une pièce de Shakespeare
Dans *Roméo et Juliette*, Mercutio, l'ami de Roméo, doit déclamer 43 vers au sujet des rêves dans l'acte I, scène 4 (vers 57-99).

Juliette a 13 ans quand elle rencontre Roméo. Son rôle est généralement tenu par une actrice jeune, mais de plus de 13 ans. En 2010, c'est une comédienne de 76 ans, Siân Phillips (GBR), qui a été choisie par le Bristol Old Vic (GBR), devenant ainsi l'**actrice professionnelle la plus âgée à jouer Juliette**.

L'enchère la plus élevée pour un ouvrage de Shakespeare

La plus ancienne édition du recueil des pièces de Shakespeare a été baptisée « First Folio » et imprimée par Isaac Jaggard et Edward Blount en 1623. Un des 5 exemplaires existants a été vendu chez Christie's, à New York (USA), le 8 octobre 2001, pour 6 166 000 $, le prix le plus élevé jamais payé pour un ouvrage du XVIIe siècle.

LE MONOLOGUE D'HAMLET LE PLUS RAPIDE
Sean Shannon (CAN) a déclamé les 260 mots du monologue de Hamlet « To be or not to be » en 23,8 s, à Édimbourg (GBR), le 30 août 1995, soit 655 mots par minute. Tiré de l'acte III, scène 1, le monologue est une réflexion sur la mort. Hamlet se demande s'il est préférable d'endurer les vicissitudes de la vie stoïquement ou d'y mettre fin en se supprimant – même s'il craint le « pays inconnu » de l'au-delà, source potentielle de dangers surnaturels.

CHRONOLOGIE

1938
La locomotive à vapeur la plus rapide
Mallard, la « Class A4 » n° 4468 du London and North Eastern Railway atteint 201 km/h, à Stoke Bank, près d'Essendine (Rutland, GBR), le 3 juillet.

EN BREF

Personne ne connaît la véritable date de naissance de Shakespeare, même si on la situe au 23 avril 1564, jour de la Saint-George • Le nom de Shakespeare s'épelle différemment dans chacune des 6 versions de sa signature originale.

Le film shakespearien le plus rentable

Roméo + Juliette (USA, 1996), de Baz Luhrmann (AUS), a rapporté 147 542 381 $ entre le 1er novembre 1996 et le 14 février 1997. Dans cette adaptation explosive et à gros budget, Leonardo DiCaprio et Claire Danes incarnent les amants au destin tragique.

En février 2016, Shakespeare totalisait 1 121 crédits dans les productions de cinéma et de télévision, ce qui en fait **l'auteur le plus adapté à l'écran**. Citons 106 versions d'*Hamlet*, 98 versions de *Macbeth* et 64 versions de *Roméo et Juliette*. Parmi les adaptations récentes figurent *Macbeth* (GBR/FRA/USA, 2015), avec Michael Fassbender et Marion Cotillard, et *Romeo and Juliet in Harlem* (USA, 2015), ainsi que la série de pièces historiques de la BBC *The Hollow Crown* (2012).

Le plus de vers déclamés par un personnage shakespearien

Hamlet doit réciter 1 495 vers sur la mortalité et la condition humaine. David Tennant (GBR, *ci-dessus*) a tenu le rôle dans une production de 2008-2009. Avec 4 042 vers et 29 551 mots, *Hamlet* est la **pièce de Shakespeare la plus longue**.

Le visionnage le plus rapide des pièces de Shakespeare

Dan Wilson (GBR) a mis 328 jours, du 27 novembre 2014 au 21 octobre 2015, pour assister aux représentations des 37 pièces du dramaturge.

Le plus de trophées Laurence Olivier remportés par un individu

Au 3 avril 2016, Dame Judi Dench (GBR) comptait 8 Olivier à son actif. Elle a remporté le plus récent (trophée de la meilleure actrice dans un second rôle) pour le rôle de Paulina dans *Le Conte d'hiver* (2015, *ci-dessus*) de Shakespeare. Elle avait déjà été récompensée pour ses rôles dans *Macbeth* (1977) et *Antoine et Cléopâtre* (1987).

Le plus de morts dans une pièce de Shakespeare

Les pièces du dramaturge comptent 74 scènes de mort. La plus sanglante de ses œuvres reste *Titus Andronicus*, qui comporte 14 décès – décapitations et suicides inclus –, ainsi que des scènes de cannibalisme.

INFO

En 1890, le fan de Shakespeare Eugene Schieffelin a souhaité introduire en Amérique du Nord toutes les espèces d'oiseaux citées dans les pièces du dramaturge. Les étourneaux rapportés ont eu des effets dévastateurs sur les oiseaux locaux et constituent une menace pour l'écosystème.

La 1re référence officielle à une pièce de Shakespeare

Aucun registre ne mentionne la date exacte des 1res représentations des œuvres de Shakespeare, mais son triptyque *Henry VI* a probablement été la 1re pièce sur laquelle on a écrit. Le 3 mars 1592, « harej the vi » a été présenté à The Rose, le théâtre de Southwark (Londres, GBR). La même année, le dramaturge Robert Greene a cité un vers de l'un des *Henry VI* dans un pamphlet et Thomas Nashe a écrit sur une pièce mettant en scène un soldat nommé John Talbot, personnage principal du 1er volet de la trilogie *Henry VI*.

L'authenticité des portraits de Shakespeare est sujette à de nombreux débats. D'un avis général, le « portrait Chandos » *(ci-dessous)*, datant de 1600-1610, aurait bien été peint de son vivant.

LE SAVIEZ-VOUS ?

Construit en 1587, The Rose *(ci-dessous)* a été le 5e théâtre de Londres. Il proposait les œuvres des dramaturges élisabéthains les plus populaires, comme Christopher Marlowe et Shakespeare. En 1605, l'édifice ne servait déjà plus de théâtre.

Le 1er objet fabriqué par l'homme envoyé dans l'espace
Le 3 octobre, l'Allemagne lance une roquette V-2 à partir de Peenemünde sur la côte baltique. Troisième essai le plus réussi, la V-2 atteint une altitude de 80,4 km au-dessus de la Terre.

1942 CHRONOLOGIE

guinnessworldrecords.com **177**

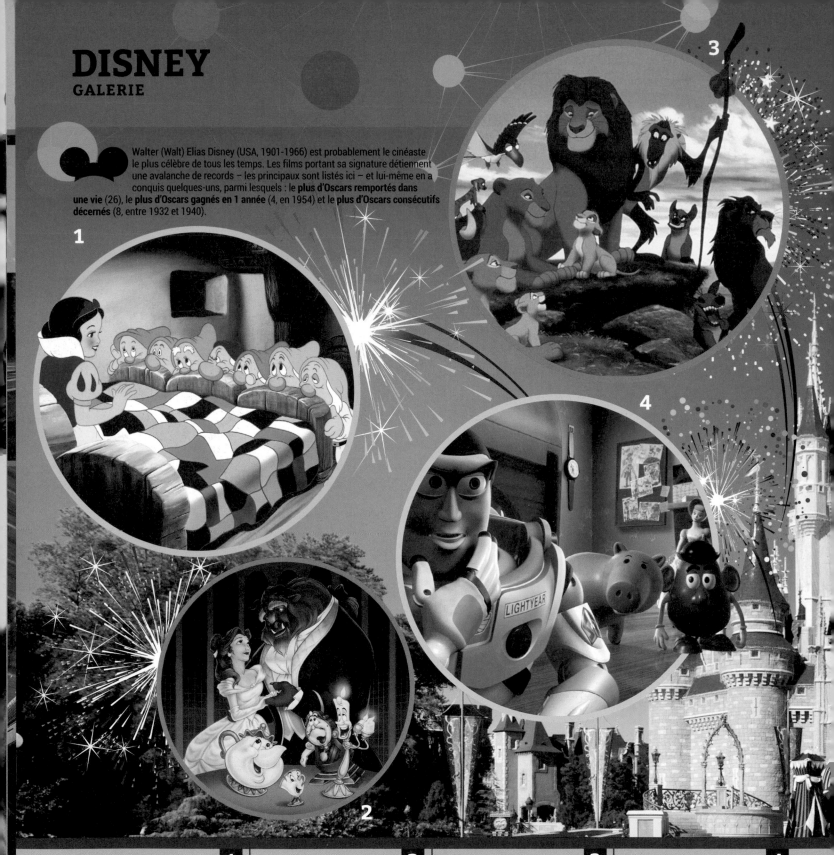

DISNEY
GALERIE

Walter (Walt) Elias Disney (USA, 1901-1966) est probablement le cinéaste le plus célèbre de tous les temps. Les films portant sa signature détiennent une avalanche de records – les principaux sont listés ici – et lui-même en a conquis quelques-uns, parmi lesquels : le **plus d'Oscars remportés dans une vie** (26), le **plus d'Oscars gagnés en 1 année** (4, en 1954) et le **plus d'Oscars consécutifs décernés** (8, entre 1932 et 1940).

1 LES RECETTES LES PLUS ÉLEVÉES AU BOX-OFFICE POUR UN FILM D'ANIMATION (AJUSTÉES AVEC L'INFLATION)
Le 1er long-métrage d'animation de Disney, *Blanche-Neige et les Sept Nains* (1937), a totalisé 184,9 millions $ de recettes au box-office mondial, soit l'équivalent de 1,6 milliard $ d'aujourd'hui. Le 10 mars 1938, le film a reçu un Oscar « exceptionnel » – une statuette de taille classique, ainsi que sept versions miniatures ! *Blanche-Neige* est également le **1er film ayant une bande originale officielle**.

2 LE 1er FILM D'ANIMATION NOMINÉ POUR L'OSCAR DU MEILLEUR FILM
En 1992, *La Belle et la Bête* a réussi l'exploit d'être en compétition pour l'Oscar du meilleur film. Le film d'animation s'est incliné devant *Le Silence des agneaux* à la cérémonie du 30 mars 1992, mais la chanson *Beauty and the Beast* a obtenu le trophée de la meilleure chanson originale, et la musique d'Alan Menken a remporté l'Oscar de la meilleure bande-son originale. En avril 1994, le film est devenu la **1re œuvre Disney adaptée en comédie musicale**.

3 LA BANDE ORIGINALE DE FILM D'ANIMATION LA PLUS RENTABLE
La bande originale du *Roi Lion* (1994) a totalisé 7,7 millions de ventes confirmées aux États-Unis et 10 millions d'exemplaires estimés à travers le monde. Le film détient le record du **plus de vidéos vendues**, avec plus de 55 millions d'exemplaires dans le monde. Son adaptation en comédie musicale est par ailleurs le **show de Broadway le plus rentable**. Depuis sa première en octobre 1997, le spectacle a rapporté 1,12 milliard $ – à janvier 2015 – pour 12 091 055 billets vendus.

4 LES MEILLEURES CRITIQUES POUR UN FILM
En janvier 2016, environ 410 films détenaient une note de 100 % sur le site Internet de critiques Rotten Tomatoes. Le plus acclamé reste *Toy Story 2* (1999), avec 163 critiques publiées, toutes positives. Le 18 juin 2010, *Toy Story 3* a remporté le record du **1er week-end d'exploitation le plus rentable pour un film d'animation en 3D**, avec 110 307 189 $. Fort de 1,063 milliard $ de recettes globales au 2 décembre 2010, c'est le **1er film d'animation en 3D à atteindre 1 milliard de $.**

CHRONOLOGIE

1956

Le 1er câble téléphonique transatlantique
Le 25 septembre, le câble téléphonique Transatlantic Number One (TAT-1) entre l'Écosse (GBR) et Clarenville (Newfoundland, CAN) devient opérationnel. Il achemine 588 appels GBR-USA et 119 appels GBR-CAN dans les premières 24 h.

5

6

7

LE SAVIEZ-VOUS?
Le Magic Kingdom Disney de Floride (USA) accueille le **château le plus haut de tous les parcs à thème**. Connue sous le nom de « Château de Cendrillon », la bâtisse mesure 57,6 m et a été inspirée par divers châteaux, châteaux forts et palais d'Europe. Il a été ouvert au public en 1971 et son effigie se retrouve sur le logo de Disney.

8

LE FILM DE MARIONNETTES LE PLUS RENTABLE **5**

Arrivés sur le petit écran dans les années 1950, Kermit la grenouille, Miss Piggy et toute la troupe des Muppets ont connu une carrière longue et prospère. Huit longs-métrages et deux téléfilms leur ont été consacrés. *Les Muppets – Le Retour*, opus 2011 des studios Disney, reste le plus rentable à ce jour au box-office. Au 30 mars 2012, le film avait généré 160 971 922 $ de recettes, selon le site The-Numbers.com.

LE FILM D'ANIMATION PAR ORDINATEUR LE PLUS RENTABLE **6**

D'après The-Numbers.com, *La Reine des neiges* (2013) et sa ressortie en 2014 en version karaoké totalisaient 1 274 234 980 $ de recettes globales au 5 juin 2015. Il s'agit du **film Disney le plus rentable**. Plus officieusement, *La Reine des neiges* a compté 29 919 millions de téléchargements illégaux en 2014, d'après la société de surveillance du piratage Excipio (DEU), devenant ainsi le **film d'animation le plus piraté** cette année-là.

LE PLUS DE TROPHÉES VES REMPORTÉS PAR UN FILM D'ANIMATION **7**

Les Nouveaux Héros (2014), avec le robot gonflable Baymax et son compagnon humain Hiro, a reçu 5 trophées à la cérémonie des Visual Effects Society Awards, le 4 février 2015. Afin de créer l'univers numérique avant-gardiste du film, les studios Disney ont rassemblé 4 600 ordinateurs, répartis sur quatre lieux et capables de fournir 400 000 animations en 24 h, soit la **plus grosse puissance informatique sollicitée pour la réalisation d'un film**.

LES RECETTES LES PLUS ÉLEVÉES POUR UN FILM ORIGINAL LORS DU 1ER WEEK-END D'EXPLOITATION **8**

Vice-Versa, un film au concept « inédit » des studios Pixar (appartenant à Disney), a généré 90 440 272 $ lorsqu'il est sorti sur les écrans de 3 946 cinémas américains le week-end des 19-21 juin 2015. Le record précédent, détenu par *Avatar* (2009), n'avait pas été égalé pendant près de 6 ans. *Vice-Versa* a également été un succès critique, remportant l'Oscar du meilleur film d'animation à la cérémonie de 2016.

Le 1er satellite artificiel sur orbite
Le 4 octobre, *Spoutnik 1* est lancé dans l'espace par un missile balistique intercontinental depuis le cosmodrome de Baïkonour, à Tyuratam, dans le Kazakhstan (URSS). Il aurait « vécu » 92 jours.

1957

DATELINE

SCIENCE-FICTION *vs* SCIENCE

La science-fiction anticipe des faits scientifiques. Le voyage dans l'espace est le thème principal du roman de Jules Verne, *De la Terre à la Lune* (1865), *2001, l'Odyssée de l'espace* (USA/GBR, 1968) évoque un ordinateur à commande vocale – HAL 9000 – et des portes automatiques figurent dans le roman de H. G. Wells, *Quand le dormeur s'éveillera* (1910). Découvrez d'autres exemples de concepts et technologies futuristes issus de la science-fiction devenus réalité ou presque.

FAIRE REVIVRE DES ESPÈCES DISPARUES

- **FICTION :** Dans *Jurassic Park* (USA, 1993, *ci-contre*), basé sur le roman de Michael Crichton, des scientifiques clonent des dinosaures à partir d'ADN préhistorique.
- **RÉALITÉ :** Le bouquetin des Pyrénées (*Capra pyrenaica pyrenaica*) a disparu en 2000. Des scientifiques ont conservé des cellules de la dernière espèce connue et les ont injectées en juillet 2003 dans des œufs de chèvres, dont on avait extrait l'ADN. Ils les implantèrent ensuite à l'intérieur de mères porteuses (*photographie de droite*). Sept des chèvres tombèrent enceintes et une finit par mettre bas. Le chevreau de 2 kg mourut malheureusement peu de temps après.

SEUL DANS L'ESPACE

- **FICTION :** Dans *Seul sur Mars* (USA, 2015), Matt Damon est Mark Watney (*ci-dessus à gauche*), un astronaute séparé de son équipage sur Mars lors d'une tempête. Laissé pour mort, comment Watney peut-il faire savoir qu'il est vivant et survivre jusqu'à ce qu'on le trouve ?
- **RÉALITÉ :** Pendant la mission *Apollo 15* (26 juillet-7 août 1971), Alfred M. Worden (USA, *ci-dessus à droite*) était en orbite autour de la Lune dans le module de commande *Endeavour* alors que les astronautes David Scott et James Irwin (tous deux USA) se trouvaient dans la base Hadley, sur la Lune. De l'autre côté de la Lune, Worden était à 3 596,4 km de la personne vivante la plus proche, soit **l'humain le plus isolé de l'histoire.** Il ne semblait pas déstabilisé pour autant. « Je leur ai souhaité bonne chance : "J'espère que vous avez réussi à atterrir, raconta-t-il à la BBC en 2014. Puis je me suis dit : "Je suis bien content qu'ils soient partis, comme ça j'ai l'endroit pour moi tout seul". »

ROBOTS TUEURS

- **FICTION :** *The Terminator* (USA, 1984) introduisit un terrifiant cyborg tueur joué par Arnold Schwarzenegger (*en haut à gauche*), chargé de tuer une femme avant qu'elle donne naissance à un légendaire combattant de la liberté.
- **RÉALITÉ :** Le 25 janvier 1979, Robert Williams (USA) est le 1er **humain tué par un robot**, touché à la tête par le bras d'un robot de chaîne de production à l'usine Ford de Flat Rock (Michigan, USA). Le robot appartenait à un système qui déplaçait des éléments autour de l'usine. Alors qu'il commençait à ralentir, Williams grimpa à l'intérieur pour récupérer des pièces. Touché à la tête, il mourut sur le coup.

VOYAGE DANS LE TEMPS

- **FICTION :** Dans *Doctor Who*, le docteur (joué dans sa dernière version par Peter Capaldi, GBR, *ci-dessus*) voyage dans l'espace, et du passé vers le futur, grâce à sa machine à remonter le temps, le *TARDIS* (*Time And Relative Dimension In Space*).
- **RÉALITÉ :** Le cosmonaute Gennady Padalka (RUS, *ci-dessus à droite*) a atterri le 12 septembre 2015 après une mission de 168 jours dans l'espace. Si l'on ajoute ses 4 missions précédentes, Padalka a passé le **plus de temps dans l'espace**, avec 879 jours cumulés. Selon la théorie de la relativité d'Albert Einstein, Padalka a aussi réellement voyagé dans le temps, son horloge interne ayant très peu ralenti comparé aux horloges sur Terre, et est ainsi allé 22 millisecondes dans le futur.

COMMUNICATEURS PORTABLES

- **FICTION :** En 1966, dans la série *Star Trek*, les communicateurs mobiles permettaient de contacter l'*Enterprise* depuis des planètes étrangères.
- **RÉALITÉ :** Martin Cooper (USA) de Motorola s'inspira de BD de science-fiction pour inventer le 1er téléphone portable. Il appela tout d'abord son rival Joel Engel (directeur de recherche aux Bell Labs) le 3 avril 1973. Aujourd'hui, les téléphones portables, tels que l'iPhone 6s (*ci-dessus à droite*), ont banalisé les communications longue distance, l'accès en ligne, le téléchargement d'applications et les photos ultra-précises.

LE SAVIEZ-VOUS ?

Dans *Prometheus*, l'androïde David 8 regarde très souvent le film *Lawrence d'Arabie* (GBR, 1962) lorsque l'équipage est en hypersommeil. Il en cite des dialogues et adopte la coupe de cheveux de l'acteur principal Peter O'Toole.

LE SAVIEZ-VOUS ?

L'illustrateur Ralph McQuarrie joua un rôle clé dans la conception de l'univers visuel de *Star Wars*. L'un de ses 1ers portraits de C-3PO s'inspire du *Maschinenmensch*, robot gynoïde emblématique de la science-fiction (robot femelle) du classique de *Fritz Lang Metropolis* (1927).

ANDROÏDES AGILES

FICTION : Le droïde de protocole C-3PO *(à gauche)*, très loquace, a fait ses débuts dans *Star Wars* (USA, 1977) – plus tard réintitulé *Épisode IV : Un nouvel espoir*.

RÉALITÉ : Depuis 1992, la société américaine Boston Dynamics développe des robots dernier cri, largement financés par l'armée américaine. Si elle est plus connue pour son robot quadrupède BigDog, elle a également produit le robot humanoïde bipède Atlas *(à droite)*. La dernière version, électrique, est équipée de caméras stéréo qui assurent son équilibre et ses déplacements – à l'extérieur et à l'intérieur du laboratoire –, ce qui en fait le **robot humanoïde le plus agile**. Grâce à ses mains articulées, il peut aussi manipuler des outils. Comparé au robot maladroit C-3PO, Atlas a des mouvements fluides et humains.

ROBOTS HUMANOÏDES HYPER RÉALISTES

Vs

• **FICTION** : Dans *Prometheus* (USA, 2012, *ci-dessus*), l'androïde David 8 est un robot humanoïde (ou « synthétique ») très évolué. Il est officier scientifique dans l'équipage de l'USCSS *Prometheus*.

• **RÉALITÉ** : En mars 2011, des scientifiques de l'université d'Osaka et de l'entreprise de robotique Kokoro (JPN) ont dévoilé le **robot androïde le plus réaliste** *(à gauche)*. Le Geminoid DK s'inspire du professeur de technologie Henrik Schärfe *(ci-contre)*, de l'université d'Aalborg (DNK). Son développement a coûté 200 000 $. Il est constitué d'un composé de caoutchouc imitant la peau. Des vérins pneumatiques minutieusement réglés garantissent des mouvements, des gestes et des expressions faciales très réalistes.

TAXIS SANS CONDUCTEUR

Vs

• **FICTION** : Dans certaines scènes de *Total Recall* (USA, 1990) – qui se passe en 2084 –, Arnold Schwarzenegger se trouve dans le taxi « Johnny Cab », conduit par un robot *(ci-dessus)*.

• **RÉALITÉ** : La technologie sans conducteur existe déjà. Le 7 mai 2012, le Nevada a délivré le 1er permis de conduite autonome. Ce véhicule révolutionnaire était une Toyota Prius équipée du logiciel « Google Chauffeur ». Pour se déplacer, elle utilise la géolocalisation, des cartes détaillées des environs, la détection laser (LIDAR), pour générer une carte 3D précise, et d'autres détecteurs, comme un capteur de stationnement. Si Google Chauffeur n'est pas encore commercialisé, le 3 juin 2015, Google a annoncé avoir dépassé le chiffre repère de 1,6 million de kilomètres parcourue par des voitures sans conducteur – la plus longue distance cumulée parcourue par des voitures sans conducteur.

LE SAVIEZ-VOUS ?

Le logiciel « Google Chauffeur » peut conduire en toute autonomie. Google autorise toutefois le conducteur à reprendre la main sur le trajet. La société espère commercialiser ses voitures sans conducteur d'ici 2020.

IMPRESSION 3D

Le 1er village à imprimer en 3D tous ses résidents

La société Grupo Sicnova (ESP) a numérisé les 318 résidents du village de Torrequebradilla, dans le sud du pays. Pour réaliser des scans couleur de 15 s de chaque habitant, elle s'est servie du Clonescan 3D, un scanner de 2,1 m de haut. Ces scans 3D ont ensuite été téléchargés dans les principaux formats de fichier d'impression 3D, dans une zone de stockage accessible via le cloud. Les résidents scannés ont reçu leur clone miniature la semaine suivante (voir encadré).

L'imprimante 3D la plus imprimée en 3D

On peut imprimer de multiples objets en 3D, des pièces de voiture au matériel médical. On peut aussi imprimer en 3D une imprimante 3D. Ce sont 2,4 kg de filaments en plastique qui ont permis d'imprimer 86 des 110 pièces de l'imprimante open-source RepRap Snappy 1.1c. Elle a été imaginée par Garth Minette (USA), qui – avec Adrian Bowyer (GBR), à l'origine de la première RepRap – encourage les individus à modifier librement le modèle de manière à imprimer leur propre imprimante 3D.

Le plus grand bateau imprimé en 3D

Le festival Seafair de Seattle organise un concours annuel du meilleur pédalo fabriqué avec des briques de lait recyclées. En juin 2012, une équipe du groupe des Washington Open Object Fabricators (WOOF) a participé à la compétition avec un bateau imprimé en 3D de 2 m de long et 18 kg. Le plastique utilisé provenait de briques de lait compactées.

Le robot imprimé en 3D le plus rapide

En mai 2015, des ingénieurs de l'université de Berkeley (USA) ont construit un robot avec des éléments imprimés en 3D. Ces derniers se pliant et s'étirant sans se casser, le X2-VelociRoACH peut atteindre 4,9 m/s, soit une vitesse à mi-chemin entre celle du footing et de la course pour un adulte moyen.

Également constitué de pièces imprimées en 3D, le robot Ollie d'Orbotix (maintenant Sphero) atteint 4,26 m/s.

L'instrument médical le plus imprimé en 3D

Plus de 10 des 16 millions d'appareils auditifs fabriqués au monde le sont à l'aide de l'impression 3D. Cette technologie permet de les tailler sur mesure sans dépense supplémentaire. Ces appareils sont donc moins chers et mieux adaptés aux porteurs que les modèles produits en série. L'impression 3D a séduit l'ensemble des fabricants d'appareils auditifs américains.

Les chercheurs médicaux s'intéressent toujours aux alternatives indolores pour administrer les médicaments. La micro-aiguille imprimée en 3D en est un exemple ; avec ses aiguilles de 1 mm, elle est le **plus petit instrument médical imprimé en 3D**. Chacune de ses 25 aiguilles mesure 20 micromètres de large, soit 1/5e du diamètre d'un cheveu humain.

Les 1ers comprimés imprimés en 3D

En juillet 2015, le Spritam, fabriqué par Aprecia (New Jersey, USA), a été imprimé pour la 1re fois en 3D pour le traitement de l'épilepsie. L'impression 3D permet d'adapter les comprimés aux besoins

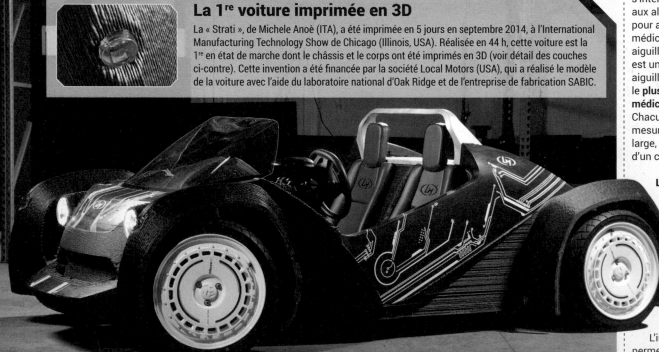

La 1re voiture imprimée en 3D

La « Strati », de Michele Anoè (ITA), a été imprimée en 5 jours en septembre 2014, à l'International Manufacturing Technology Show de Chicago (Illinois, USA). Réalisée en 44 h, cette voiture est la 1re en état de marche dont le châssis et le corps ont été imprimés en 3D (voir détail des couches ci-contre). Cette invention a été financée par la société Local Motors (USA), qui a réalisé le modèle de la voiture avec l'aide du laboratoire national d'Oak Ridge et de l'entreprise de fabrication SABIC.

CHRONOLOGIE

1966

La plus longue survie sans nourriture
Le 12 juillet, Angus Barbieri (GBR) avale son premier repas en 382 jours, après avoir perdu 132,9 kg en buvant uniquement du thé et de l'eau. Cet ancien obèse participait à une expérience sur les effets de la privation sur la santé.

194   Science & technologie

EN BREF

Chuck Hull (USA) a inventé la « stéréolithographie » (construction d'objets 3D en fines couches) en 1983 • Trois exemplaires imprimés en 3D d'une Aston Martin DB5 ont été réalisés par Voxeljet (DEU) pour le film *Skyfall*, en 2012.

d'hydrogène cryogénique par minute en tournant à plus de 90 000 tours/min. Pendant le test, la fusée a délivré une force de près de 90 kilonewtons.

La 1re robe fabriquée dans un matériau imprimé en 3D
En juin 2000, l'ingénieur industriel Jiri Evenhuis (NDL) a produit la « Drape Dress » à partir d'un tissu imprimé en 3D. Cette robe en maille, à base de particules de nylon, était constituée d'anneaux entrelacés.

La 1re condamnation liée à l'impression 3D
Yoshitomo Imura (JPN) a été incarcéré le 21 octobre 2014 pour avoir imprimé des armes en 3D. Il avait également posté des vidéos où il testait ces armes sur le site YouTube.

Le 1er ordinateur portable imprimé en 3D

Créé en décembre 2014 par Jesse Lozano et Ryan Dunwoody (tous 2 GBR), le « Pi-Top » est un ordinateur portable imprimé en 3D, basé sur le Raspberry Pi 2. Il est disponible en kit (écran, batterie et carte contrôleur) et avec des fichiers permettant à tous les propriétaires d'une imprimante 3D d'imprimer leur propre ordinateur portable.

La plus grande pièce en métal imprimée en 3D

En 2015, Rolls-Royce a commencé à tester des réacteurs formés de pièces imprimées en 3D. Le réacteur Trent XWB-97 comprend la plus grande pièce en métal imprimée en 3D, contenant les roulements d'une turbine composée de 48 pales. Cette pièce en nickel de 1,5 m sur 0,5 m d'épaisseur se base sur un procédé de fusion par faisceau d'électrons développé par la société Arcam (SWE).

de chacun. Grâce à leur structure poreuse, ils se dissolvent en 4 s, soit beaucoup plus rapidement que la plupart des médicaments classiques en vente libre.

En juillet 2015, le Spritam a été reconnu par la Food and Drug Administration (FDA) américaine. C'est le **1er médicament imprimé en 3D autorisé à la vente.**

La fusée la plus puissante avec des pièces imprimées en 3D
En août 2013, la NASA a testé un injecteur de moteur-fusée conçu avec une imprimante 3D à partir d'une poudre d'alliage nickel-chrome. L'injecteur fournit de l'hydrogène liquide à brûler à la fusée, ainsi que quelque 5 500 l

LE SAVIEZ-VOUS?
Bien que ce soit un succès mondial, cette réplique de Harley Davidson a toutefois ses limites – dont une vitesse maximale de 24 km/h. Il y a peu de chances que l'on prenne la route avec une de ces motos imprimées en 3D...

LA 1re MOTO IMPRIMÉE EN 3D

Après les voitures imprimées en 3D, les passionnés de moto ont imprimé une merveille à deux roues. Au RAPID show de 2015, à Long Beach (Californie, USA), TE Connectivity (USA) a dévoilé la 1re moto imprimée en 3D. Ce sont 6,95 km de filaments plastique ABS, ainsi que des éléments en bronze et en acier qui ont servi à l'impression de 76 de ses 100 pièces orange et bleues. Elle a nécessité plusieurs imprimantes et 1 700 h de travail. Le moteur électrique, les pneus et les rétroviseurs n'ont toutefois pu être imprimés, cette technologie n'existant pas encore.

La 1re transplantation cardiaque
Le 3 décembre, le chirurgien Christiaan Barnard (ZAF) réussit la 1re transplantation cardiaque. Le patient meurt peu après d'une pneumonie, mais son cœur a fonctionné sans aide pendant 18 jours.

1967

CHRONOLOGIE

INFINIMENT PETIT

100 %

Le plus petit outil électrique fonctionnel

En 2015, Lance Abernethy (NZL) a présenté une perceuse sans fil fonctionnelle imprimée en 3D de 17 mm de haut, avec un foret hélicoïdal de 11,75 mm et une batterie pour prothèse auditive. Il a aussi construit une scie électrique de 18,9 mm de long.

La machine nano de diagnostic génétique la plus rapide

Le 7 octobre 2015, une équipe internationale de scientifiques a présenté une machine d'analyse génétique à l'échelle nanométrique qui utilise de l'ADN synthétique pour identifier des maladies comme l'arthrite et le sida en 5 min.

La machine à IRM la plus puissante

L'imagerie à résonance magnétique (IRM) identifie les maladies en « scannant » le corps humain. Le projet franco-allemand INUMAC (Imaging of Neuro disease Using high-field MR and Contrastophores) a un champ magnétique d'une force de 11,7 tesla (contre 3 ou 7 généralement). Il réalise des images de 0,1 mm³, 10 fois plus petites que la taille actuelle, et peut prendre une image toutes les 0,1 s, 10 fois plus vite que la moyenne. Il devrait être installé en France en 2016 dans le centre NeuroSpin et permettra d'étudier et de diagnostiquer les maladies du cerveau.

LES PLUS PETITS...

Thermomètre

Le 9 août 2007, des chercheurs de la McMaster University (Hamilton, Ontario, CAN) ont publié un article sur un thermomètre en protéine fluorescente verte, la substance qui fait briller les méduses. Il émet des « flashs » de lumière en fonction de sa température. La protéine fait env. 4,2 nanomètres (0,0000042 mm) de long, la taille

7 300 %

La plus petite sculpture humaine

Trust de Jonty Hurwitz (GBR, né ZAF) est une sculpture de femme imprimée en 3D de 80 x 100 x 30 microns (diamètre d'un cheveu). Inspirée par le 1er amour de l'artiste, elle a été attestée le 13 février 2015, à la Karlsruhe Nano Micro Facility (DEU).

La plus petite structure en treillis

Julia Greer (USA), professeur de science et mécanique des matériaux, a inventé un nanotreillis fractal d'une épaisseur de paroi de 5 nanomètres (0,000005 mm). Il forme des nanostructures en grille, comme dans la tour Eiffel. Il peut prendre différentes formes et se composer d'air à 99 %, tout en étant aussi solide que l'acier. Une fois agrandi, il pourrait être utilisé pour créer des véhicules et des bâtiments légers et résistants.

MICROBOOK

Le plus petit livre imprimé

Shiki no Kusabana (Fleurs des quatre saisons) a été imprimé à 250 exemplaires par Toppan Printing Co., à Bunkyō (Tokyo, JAP), en 2012. Il mesure 0,74 x 0,75 mm une fois fermé. Chacune des 22 pages peut tenir dans le chas d'une aiguille et comporte des dessins de fleurs japonaises, avec leurs noms en *hiragana* et *katakana*, les 2 principales écritures japonaises, ainsi qu'une transcription en anglais. Imprimé à l'aide d'une technologie réservée aux éléments anti-falsification des billets de banque, il a été vendu en kit, avec une version agrandie et une loupe, à 29 400 ¥ (307 $).

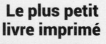

100%

d'une cellule, et peut être utilisée chez l'homme. Elle pourrait être employée pour la surveillance en microchirurgie.

Batterie

En 2011, des chercheurs de la Rice University de Houston (Texas, USA) ont présenté une batterie de 0,5 micron (0,0005 mm) de haut et 150 nanomètres d'épaisseur (0,00015 mm), 60 000 fois moins qu'une AAA. Elle est composée de nanofils, pour moitié dans la cathode et pour moitié dans l'anode.

Le 1er téléphone portable
Le 3 avril, l'ingénieur Martin Cooper (USA) passe le 1er appel depuis son prototype de téléphone portable Motorola DynaTAC. Utilisant une station sur le toit de son bureau, il appelle son concurrent, Joel Engel d'AT&T, en se tenant dans la rue.

Les plus petits ciseaux

Créés par Chen Yu Pei (CHN) en 2003, ces ciseaux opérationnels en acier inoxydable mesurent 1,75 mm de long et 1,38 mm de large.

Chen détient aussi le record de la **plus petite théière en céramique**, qui mesure 6,8 mm de large, bec et poignée compris.

540 %

Vaisseau *Enterprise*

Le *Nano Trek*, modèle au millionième de l'USS *Enterprise* (NCC-1701-D), a été créé par Takayuki Hoshino et Shinji Matsui (tous deux JAP), du Himeji Institute of Technology de Hyōgo (JAP). Ils ont utilisé un faisceau d'ions concentré de 30 kV pour créer cette sculpture de 8,8 microns (0,0088 mm) de long du célèbre vaisseau *Star Trek*, 1 000 fois plus petite que 1 cm. Elle a gagné le prix Best Ion Micrograph lors de la conférence 2003 sur la technologie à faisceau d'électrons, d'ions et de photons et la nanofabrication de Tampa (Floride, USA).

Sculpture d'animal

En 2015, Jonty Hurwitz (*voir page opposée*) a créé *Fragile Giant*, un éléphant très ressemblant de 0,157 mm de haut. Il a créé un modèle informatisé à partir de photos d'éléphant, puis l'a créé en 3D grâce à la lithographie multiphoton, technique similaire à l'impression 3D qui « donne forme » au plastique à l'échelle macro. La sculpture, avec ses détails de quelques millièmes de millimètres, peut tenir sur le bord d'un ongle humain.

14 200 %

Voiture miniature à moteur

En 2003, des ingénieurs de Denso Corporation (JAP) ont créé un modèle miniature d'une berline Toyota AA 1936 de 4,785 mm de long, avec un petit moteur électrique qui la propulsait à 0,018 km/h.

La **plus petite voiture miniature** a été construite en 2005 par des scientifiques de la Rice University (USA) dans une grappe d'atomes de carbone de moins de 4 nanomètres (0,000004 mm) de large. Cette nanovoiture avait un châssis, 2 axes indépendants et 4 roues en buckminsterfullerène, molécule de carbone sphérique.

Carte 3D de la Terre

En 2010, des scientifiques d'IBM ont réalisé une carte détaillée de la Terre si petite qu'un grain de sel en contiendrait 1 000. La forme des continents a été tracée par une pointe coupante en silicone 100 000 fois plus petite qu'un crayon bien taillé, laquelle a dessiné des détails d'à peine 15 nanomètres de haut (0,000015 mm).

Le plus petit canon opérationnel

Cette minuscule arme lourde fabriquée à la main par Marcus Hull (AUS) mesure 6,88 mm de long, 4,34 mm de large et 2,8 mm de haut. Elle a fait feu à Melbourne (AUS) le 4 juillet 2015. Elle tire une balle en acier de 0,25 mm de diamètre et utilise du phosphore rouge comme propulseur.

LA PLUS PETITE STATUE DE LA LIBERTÉ

Il existe plusieurs statues de la Liberté dans le monde en plus de celle située à Liberty Island à New York (USA), qui mesure 93,1 m de haut. La plus petite, créée par l'artiste William Wigan (GBR), tient dans le chas d'une aiguille. Haute de 0,5 mm, elle est la plus petite statue de la Liberté respectant les proportions de l'originale. Elle a été réalisée dans un tout petit fragment d'or, sculpté à la main avec des outils créés par Wigan lui-même. Il les utilise entre 2 battements de cœur pour limiter les tremblements de la main.

LE SAVIEZ-VOUS ?
Les sculptures de Wigan tiennent dans le chas d'une aiguille ou sur la tête d'une épingle et ne sont visibles qu'au microscope. Il a commencé à s'intéresser aux microsculptures à 5 ans, en créant des maisons des chaussures et des chapeaux pour fourmis.

Le 1er avion à énergie solaire
L'avion électrique sans pilote *AstroFlight Sunrise* décolle le matin du 4 novembre grâce aux panneaux solaires de ses ailes. Il effectuera 27 autres vols avant d'être détruit par de fortes turbulences.

1974 ›

CHRONOLOGIE

LASERS

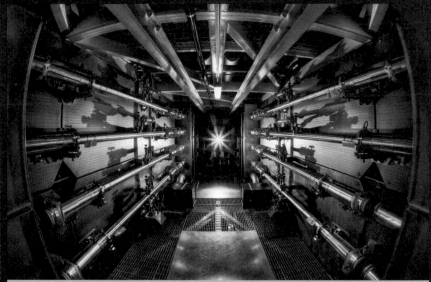

Le débit Terre-Lune le plus élevé

En octobre 2013, des ingénieurs de la NASA et du Massachusetts Institute of Technology ont envoyé des signaux à la sonde *Lunar Atmosphere and Dust Environment Explorer* (*LADEE*) en orbite autour de la Lune. Ils ont atteint une vitesse de téléchargement de 622 mégabits par seconde et ont téléchargé 1 Go de données scientifiques en moins de 5 min. Cela aurait pris 3 jours avec des ondes radio.

La plus forte énergie laser concentrée sur une cible

En juin 2009, des scientifiques du National Ignition Facility du Lawrence Livermore National Laboratory de Californie (USA) ont commencé à utiliser une série de 192 lasers puissants, conçus pour étudier la fusion nucléaire. Ils les ont dirigés vers un petit conteneur de la taille d'un ongle appelé « *hohlraum* » et contenant une pastille d'hydrogène pour des expériences de fusion. Le 27 janvier 2010, ils ont allumé les lasers pendant quelques milliardièmes de seconde et ont libéré un mégajoule d'énergie contre la cible, l'équivalent de l'explosion de 0,2 kg de TNT.

Le plus long vol par transmission d'énergie laser
En juillet 2012, LaserMotive et Lockheed Martin (tous 2 USA) ont fait voler un drone Stalker plus de 48 h grâce à un laser au sol et un récepteur convertissant sa lumière en électricité.

L'altitude la plus élevée atteinte par la puissance laser
Le 2 octobre 2000, Lightcraft Technologies (USA) a fait voler un vaisseau de 12,2 cm à une altitude de 71 m grâce à la lumière. Un laser pulsé au dioxyde de carbone de 10 kW de l'armée américaine était posé au sol et dirigé vers le vaisseau de 51 g, qui reflétait la lumière vers un point juste en dessous. L'expansion de l'air ainsi réchauffé a fourni la propulsion. Ces vols d'essai ont eu lieu au White Sands Missile Range (Nouveau-Mexique, USA).

La plus longue communication laser
En mai 2005, la sonde *Messenger* (NASA) a communiqué avec la Terre grâce à un rayon laser sur 24 millions de km. Cette communication spatiale à longue distance expérimentale est conçue pour obtenir un plus haut débit de données depuis l'espace interplanétaire que les méthodes actuelles à micro-ondes.

La plus courte longueur d'onde laser
La longueur d'onde des lasers est comprise entre 200 et 700 nanomètres. En 2009, le Linac Coherent Light Source du Stanford Linear Accelerator (Californie, USA) a atteint une longueur d'onde de 0,15 nanomètre, le 1er laser sans électron à émettre des rayons X durs.

Le 26 août 2015, des scientifiques de l'université d'électro-communications de Tokyo (JPN) ont révélé avoir créé un laser atomique à rayons X de seulement 0,15 nanomètre de longueur

LE PLUS DE BALLONS ÉCLATÉS AU LASER EN 1 MIN

Le 22 septembre 2014, Daniel Black (GBR) a éclaté 55 ballons en 60 s avec un laser d'une longueur d'onde de 445 nanomètres, qu'il avait construit à l'Institute of Making de UCL, à Londres (GBR). Les ballons étaient noirs pour absorber le plus d'énergie incidente (touchant la surface) possible.

1976

Le 1er jeu vidéo électronique portable
Mattel (USA) publie *Auto Race*, le 1er jeu sans pièces mobiles. Les joueurs conduisent leur voiture, représentée par un gros point rouge sur un petit écran à LED, et dépassent les autres joueurs, représentés par de plus petits points, pour gagner la course.

EN BREF

Le mot « laser » signifie amplificateur de lumière par émission stimulée de rayonnement • En 1969, les astronautes d'*Apollo 11* ont mesuré au laser la distance entre la Lune et la Terre et obtenu un résultat exact à une longueur de doigt près.

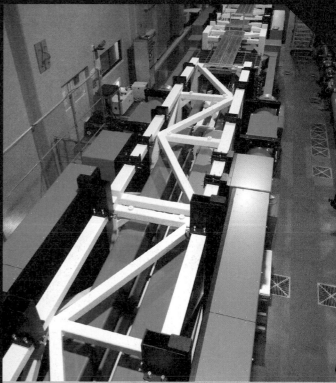

La 1ʳᵉ étoile repère artificielle

Le 1ᵉʳ juin 1992, des scientifiques du Lick Observatory et du Lawrence Livermore National Labs (tous 2 Californie, USA) ont projeté un rayon laser vers le ciel et créé une étoile artificielle d'ions de sodium atmosphériques brillants. Les astronomes ont ainsi pu mesurer la distorsion que l'atmosphère de la Terre provoque dans les images des télescopes afin d'obtenir des images plus précises lors de l'étude d'autres objets spatiaux.

en silicone emprisonne l'énergie lumineuse et la dissipe sous forme de chaleur. Ce prototype peut absorber 99,4 % de la lumière du laser pour une fréquence donnée. Il pourrait être utilisé en informatique optique et en imagerie médicale.

Laser vivant

En juin 2011, des scientifiques du Wellman Center for Photomedicine du Massachusetts General Hospital (USA) ont annoncé avoir créé la 1ʳᵉ lumière laser émise par une cellule vivante. De l'ADN de méduse phosphorescente a été injecté dans une cellule de foie humain, qui brillait ainsi d'une lueur verte sous un éclairage bleu. Avec des miroirs, les scientifiques ont pu lui faire produire de la lumière laser verte.

d'onde. Ils essaient de rendre ces lasers plus stables et cohérents en vue d'une application en médecine et en physique des particules.

LES 1ᴱᴿˢ...

Maser

Le maser (amplificateur de micro-ondes par émission stimulée de rayonnement électromagnétique) est le précurseur du laser. Charles Hard Townes (USA) l'a conçu en 1951 et mis en pratique en 1954. Il a partagé le prix Nobel de physique pour cette invention et ses travaux ultérieurs sur le développement des premiers lasers.

Antilaser

En février 2011, des scientifiques de Yale (USA) ont révélé leur antilaser, 1ᵉʳ appareil capable d'effacer un rayon laser. Une cavité optique

Liquide refroidi au laser

Le 26 novembre 2015, des scientifiques de l'université de Washington (USA) ont indiqué avoir utilisé un laser pour refroidir de l'eau liquide d'environ 20 °C.

Le laser le plus puissant

Le 27 juillet 2015, des chercheurs de l'université d'Osaka (JPN) ont effectué un tir avec le Laser for Fast Ignition Experiment (LFEX) pendant 1 millième de milliardième de seconde, à une puissance de 2 pétawatts, soit 2 000 000 000 000 000 watts.

LE SAVIEZ-VOUS ?

Le laser Nd : YAG qui a éclaté 200 ballons (voir à droite) doit son nom au grenat d'yttrium-aluminium dopé au néodyme qu'il contient. Il a été utilisé pour la 1ʳᵉ fois dans les Bell Laboratories (New Jersey, USA), en 1964.

La plus longue ligne de ballons éclatés au laser

Les trois présentateurs de l'émission scientifique et technologique d'ITV *It's Not Rocket Science* (GBR) ont éclaté une ligne de 200 ballons avec un laser Nd :YAG, à Borehamwood (GBR), le 23 janvier 2016. De gauche à droite sur la photo, Rachel Riley, Romesh Ranganathan et Ben Miller (tous GBR) avec le juge GWR Sam Mason, qui a contrôlé le record.

Le plus gros succès d'un film de science-fiction au box-office
La Guerre des étoiles (USA), renommée depuis *La Guerre des étoiles IV : Un nouvel espoir*, sort au cinéma. C'est le 1ᵉʳ film d'une franchise à atteindre 6 452 324 357 $ de recettes dans le monde à février 2016.

1977 ▶ CHRONOLOGIE

SPORTS

CHRONOLOGIE

1981

La 1ʳᵉ voiture vendue à 20 millions d'unités
Le 15 mai, la vingt millionième Coccinelle de Volkswagen sort de la chaîne de montage de l'usine de Puebla (MEX). Trois ans auparavant, la dernière usine allemande avait fermé ses portes.

SOMMAIRE

Les plus hauts revenus annuels pour un sportif

En matière de performances financières, s'il y a un champion indiscutable, c'est bien Floyd Mayweather Jr (USA, à gauche). Il a amassé 300 millions $ entre juin 2014 et juin 2015, selon Forbes. Dans l'encadré en haut à gauche, il brandit fièrement son certificat GWR confirmant son record.

Mayweather affiche aussi les **plus hauts revenus issus de la télévision à la demande pour un boxeur**, avec près de 1,311 milliard $ générés par 19,53 millions de vues pour ses 15 matchs disputés entre le 25 juin 2005 et le 12 septembre 2015. La lutte pour le titre mi-moyen contre Manny Pacquiao (PHL, ci-contre), au MGM Grand de Las Vegas (USA), le 2 mai 2015, a rapporté 425 millions $ grâce aux 4,4 millions de téléspectateurs payants, soit le **match de boxe à la télévision à la demande le plus rentable**.

Le plus jeune joueur en coupe du monde FIFA
Le 17 juin, Norman Whiteside, 17 ans et 41 jours, est titularisé avec l'Irlande du Nord pour affronter la Yougoslavie (0-0), au stade de La Romareda, à Saragosse (ESP).

1982

CHRONOLOGIE

LES NABABS DU SPORT

Il ne fait aucun doute que le sport est une industrie florissante. Outre leurs salaires et leurs primes de victoires, les athlètes gagnent aussi énormément d'argent grâce aux sponsors et à la publicité. **Découvrez qui sont les sportifs les mieux payés au monde.**
Tous les montants sont en dollars US (1 $ = 0,86 € au 12 mai 2016).

LES ATHLÈTES LES MIEUX PAYÉS EN 2015

En matière de revenus, les stars du sport évoluent à un autre niveau. Pour certains, comme Roger Federer, les contrats annexes sont bien plus rentables que les gains sportifs, contrairement à d'autres, comme Floyd Mayweather Jr. Le code couleur montre la répartition des gains (voir à droite).

NOM (NATIONALITÉ)	SPORT	Revenus	Salaires/primes	Sponsors
1 Floyd Mayweather Jr (USA)	Boxe	300 M$	285 M$	15 M$
2 Manny Pacquiao (PHL)	Boxe	160 M$	148 M$	12 M$
3 Cristiano Ronaldo (PRT)	Football	79,6 M$	52,6 M$	27 M$
4 Lionel Messi (ARG)	Football	73,8 M$	51,8 M$	22 M$
5 Roger Federer (CHE)	Tennis	67 M$	9 M$	58 M$
6 LeBron James (USA)	Basketball	64,8 M$	20,8 M$	44 M$
7 Kevin Durant (USA)	Basketball	54,2 M$	19,1 M$	35 M$
8 Phil Mickelson (USA)	Golf	50,8 M$	2,8 M$	48 M$
9 Tiger Woods (USA)	Golf	50,6 M$	0,6 M$	50 M$
10 Kobe Bryant (USA)	Basketball	49,5 M$	23,5 M$	26 M$

Source : Forbes

LÉGENDE

= 7 000 000 $

Sponsors/publicité | Salaires/primes

LE SAVIEZ-VOUS ?

En février 2004, Lionel Messi signe un contrat jeune avec Barcelone pour 1 800 $ par semaine. En 2016, le quintuple Ballon d'Or empoche chaque semaine plus de 362 500 $.

FLOYD MAYWEATHER JR : 300 M$

En 2015, Mayweather Jr a gagné presque le double de son plus proche poursuivant. C'est aussi près de 4 fois plus que les 69 M$ que la légende du ring Mohamed Ali aurait gagné dans l'ensemble de sa carrière.

LIONEL MESSI : 73,8 M$

En mars 2016, la marque de smartphone Huawei annonce avoir signé un contrat de 2 ans avec Messi, d'une valeur de plus de 13 M$.

MANNY PACQUIAO : 160 M$

Le combat contre Floyd Mayweather Jr en mai 2015 lui a rapporté 125 M$, 4 fois plus que le plus haut revenu qu'il avait touché auparavant... et tout ça en perdant !

CRISTIANO RONALDO : 79,6 M$

Pour débaucher Ronaldo du Real Madrid, les équipes intéressées devraient débourser 1 Md€ pour racheter son contrat et une part de ses droits à l'image.

ROGER FEDERER : 67 M$

Federer compte de nombreux records à son actif, dont celui des gains annuels les plus élevés pour un joueur de tennis : 71,5 M$ de juin 2012 à juin 2013.

KOBE BRYANT : 49,5 M$

Joueur indéfectible des Lakers, Bryant a touché un salaire d'environ 25 M$ pour sa dernière saison en NBA. Début 2016, sa fortune avoisinait 366 M$.

PHIL MICKELSON : 50,8 M$

Près de 80 % des revenus de Mickelson en 2015 proviennent de la publicité et des sponsors, avec des partenaires tels que ExxonMobil, Rolex et Barclays.

TIGER WOODS : 50,6 M$

Forbes estime la fortune de Woods à 700 M$ en 2015. Son sponsor de toujours, Nike, le rémunère 20 M$ par an.

KEVIN DURANT : 54,2 M$

Le salaire de Durant en 2015 n'était « que » de 19 M$, qu'il a presque triplé avec les 35 M$ de sponsoring.

LEBRON JAMES : 64,8 M$

En 2015, James a signé un contrat de sponsoring avec Nike estimé à 1 Md$. Le joueur est lié à la marque jusqu'à la fin de sa vie.

JEU, SET ET VACHE

Avec une fortune estimée à 320 M$, la légende du tennis Roger Federer fait partie des sportifs les plus riches au monde. Parmi les nombreux prix qu'il a gagnés, le plus étonnant est sans doute Juliette, une vache qui lui a été offerte à l'issue de son 1er titre à Wimbledon en 2003.

LA VALEUR DE LA NBA

En janvier 2015, la valeur moyenne d'une équipe de NBA dépassait le milliard de dollars pour la 1re fois. La valeur des Lakers était 2,5 fois supérieure à cette moyenne. Ci-dessus, la légende des Lakers Kobe Bryant lors de son dernier match, le 13 avril 2016.

Lakers : 2,6 Md$

Moyenne 1,25 Md$

REVENUS EN NBA

À chaque match, les joueurs de National Basketball Association (NBA) touchent en moyenne 600 fois le salaire d'une cheerleader de NBA.

Cheerleader : 100 $

Joueur : 59 756 $

LES RETRAITÉS LES MIEUX PAYÉS EN 2015

Pour les sportifs, il n'est pas nécessaire d'être au cœur de l'action pour gagner. Quelques retraités tirent leur épingle du jeu grâce aux contrats de sponsors, aux licences et à la publicité.

NOM (NATIONALITÉ)	SPORT	REVENUS
Michael Jordan (USA, à droite)	Basketball	110 M$
David Beckham (GBR)	Football	65 M$
Arnold Palmer (USA)	Golf	40 M$
Junior Bridgeman (USA)	Basketball	32 M$
Jerry Richardson (USA)	Football américain	30 M$
Jack Nicklaus (USA)	Golf	26 M$
Shaquille O'Neal (USA)	Basketball	22 M$
Roger Penske (USA)	Sport mécanique	20 M$
Gary Player (ZAF)	Golf	19 M$
10 Ervin « Magic » Johnson (USA)	Basketball	18 M$

Source : Forbes

TIGER WOODS ET LA PUB

Dans le golf, la source principale de revenus ne se trouve pas sur les greens. En 20 ans de carrière professionnelle, Woods a empoché 156 M$ de primes. Pas mal, mais ce n'est rien comparé au milliard de dollars qu'il a touché de la part de ses sponsors sur la même période.

Primes

Sponsors

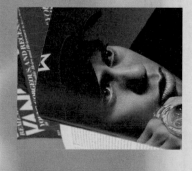

TOP 10 DES ÉQUIPES LES PLUS RICHES

Chaque année, Forbes dresse la liste des 50 clubs les plus riches. Voici les 10 premiers du classement publié en juillet 2015.

Le Real Madrid a généré 608 M$ de recettes de billetterie en 2015, mais surtout 1,091 Md$ de droits télé.

1. Real Madrid (ESP)
Football
3,26 Md$

=2. Dallas Cowboys (USA)
Football américain
3,2 Md$

=2. New York Yankees (USA)
Baseball
3,2 Md$

4. FC Barcelona (ESP)
Football
3,16 Md$

5. Manchester United (GBR)
Football
3,1 Md$

=6. Los Angeles Lakers (USA)
Basketball
2,6 Md$

=6. New England Patriots (USA)
Football américain
2,6 Md$

8. New York Knicks (USA)
Basketball
2,5 Md$

=9. Los Angeles Dodgers (USA)
Baseball
2,4 Md$

=9. Washington Redskins (USA)
Football américain
2,4 Md$

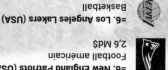

Source : Forbes

FOOTBALL AMÉRICAIN

Le plus de passes consécutives réussies

Le quarterback des Miami Dolphins, Ryan Tannehill, a réussi 25 passes de suite en 2 matchs de NFL : 7 contre les Tennessee Titans, le 18 octobre 2015, et 18 contre les Houston Texans, le 25 octobre.

Équipes et joueurs (USA).

Le 1er quarterback à gagner le Super Bowl avec deux équipes

Peyton Manning a conduit les Indianapolis Colts à la victoire 29-17 contre les Chicago Bears au Super Bowl XLI, le 4 février 2007. Neuf ans plus tard, le 7 février 2016, c'est avec les Denver Broncos qu'il s'est imposé 24-10 face aux Carolina Panthers, au Super Bowl 50. Alors âgé de 39 ans, Manning est devenu le **quarterback le plus âgé à remporter un Super Bowl**.

Le plus jeune joueur de NFL à atteindre 1 000 réceptions
À 32 ans et 97 jours, Larry Fitzgerald (né le 31 août 1983), des Arizona Cardinals, a réceptionné sa 1 000e passe le 6 décembre 2015.

Le plus de yards à la passe en carrière NFL
Le 15 novembre 2015, Peyton Manning, des Denver Broncos, a gagné 35 yards à la passe contre les Miami Dolphins pour atteindre 71 871 yards, record historique de NFL.

Manning est aussi le **1er joueur à gagner 200 matchs de NFL comme quarterback titulaire (playoffs inclus)**, dont 186 victoires en saison régulière et 14 en playoffs, avec les Indianapolis Colts et les Denver Broncos entre 1998 et 2015.

Le plus de matchs à gagner 200 yards à la course en carrière NFL
Adrian Peterson a couru 203 yards lors de la victoire 30-14 des Minnesota Vikings contre les Oakland Raiders, le 15 novembre 2015. C'était son 6e match à plus de 200 yards, soit autant qu'O. J. Simpson.

La prolongation la plus courte en saison régulière
Le 4 octobre 2015, après 13 s de jeu, Drew Brees (ci-dessous), des New Orleans Saints, a donné une passe de touchdown à C. J. Spiller pour gagner 26-20 contre les Dallas Cowboys.

LE PLUS DE TOUCHDOWNS PAR UN QUARTERBACK DE NFL

Depuis 2011, Cam Newton a réussi 43 touchdowns en 78 rencontres avec les Carolina Panthers. Steve Young avait eu besoin de 169 matchs en 15 saisons pour en faire autant avec les Tampa Bay Buccaneers et les San Francisco 49ers, de 1985 à 1999.

Newton a aussi délivré 2 passes décisives et réussi 2 touchdowns lors de la victoire 38-10 contre les Tampa Bay Buccaneers, le 3 janvier 2016, soit le **plus de matchs à réussir passes décisives et touchdowns en un même match de NFL (31).**

Le plus de passes de touchdown dans un match de NFL

Au total, 13 passes de touchdowns ont été distribuées entre les New Orleans Saints et les New York Giants (52-49), le 1er novembre 2015, dont 7 par Drew Brees (ci-dessus) des Saints et 6 par Eli Manning des Giants. Le record de 12 passes tenait depuis 46 ans.

CHRONOLOGIE

1983 { L'exploration de la croûte terrestre la plus profonde
L'excavation près de Zapoliarny, dans la péninsule de Kola, en Russie arctique, atteint 12 261 m de profondeur, lorsque le forage doit être interrompu par manque de fonds.

210 Sports

BASEBALL

Le plus long match de World Series de MLB (manches)

Le 27 octobre 2015, les Kansas City Royals ont battu les New York Mets 5-4 en 14 manches, égalant le record des Chicago White Sox face aux Houston Astros en octobre 2005 et des Boston Red Sox face aux Brooklyn Dodgers en octobre 1916.

Équipes et joueurs (USA), sauf mention contraire.

Le plus de points pour un lanceur lors de son 1er match

Le 28 juin 2015, Steven Matz, lanceur des New York Mets contre les Cincinnati Reds, a marqué 4 points.

Le plus de matchs à la batte sans frapper en début de carrière

Avec les Boston Red Sox, Oakland Athletics et Chicago Cubs, du 16 juin 2006 au 6 juillet 2015, Jon Lester n'a pas frappé une seule balle en 66 matchs de saison régulière.

Le plus de grands chelems en carrière MLB

Un grand chelem est un home run frappé avec un batteur sur chaque base. Avec les Seattle Mariners,

Le plus de matchs de playoffs consécutifs à frapper un home run

Avec les New York Mets, Daniel Murphy a frappé un home run dans 6 rencontres de playoffs de suite en 2015. En janvier 2016, Murphy s'est engagé avec les Washington Nationals.

Le plus de home runs en un match de playoff par une équipe

Le 12 octobre 2015, lors du match 3 des National League Division Series, les Chicago Cubs ont frappé 6 home runs pour une victoire 8-6 contre les St Louis Cardinals.

Ce jour-là, les Cardinals en ont réussi 2, soit 8 sur le match : **le plus de home runs frappés en un match de playoffs par les deux équipes**. Les batteurs des Cubs étaient Starlin Castro (DOM), Anthony Rizzo, Dexter Fowler, Kris Bryant, Jorge Soler (CUB) et Kyle Schwarber. Pour les Cardinals : Jason Heyward et Stephen Piscotty.

Texas Rangers et New York Yankees, Alex Rodriguez en a réussi 25 depuis 1994.

Le plus de matchs de MLB consécutifs sans erreur dans le champ extérieur

Le joueur de champ extérieur Nick Markakis a enchaîné 398 matchs sans partir à la faute, avec les Baltimore Orioles et les Atlanta Braves, du 10 août 2012 au 25 juin 2015. Il a remporté 2 fois le Gant d'Or de la ligue américaine, en 2011 et 2014.

Le meilleur score pour le Hall of Fame

Ken Griffey Jr a fait son entrée au National Baseball Hall of Fame en 2016, avec le meilleur pourcentage de votes. Son nom est sorti sur 437 des 440 bulletins (soit 99,3 %). Le joueur des Seattle Mariners n'en revenait pas lui-même.

LE PLUS DE CYCLES

Un cycle est un exploit rare où le batteur frappe un simple, un double, un triple et un home run (dans n'importe quel ordre) lors d'un même match. Aucun joueur n'y est parvenu plus de 3 fois : John Reilly de 1883 à 1890 (dont 2 en 7 jours) ; Bob Meusel de 1921 à 1928 ; « Babe » Herman de 1931 à 1933 et Adrián Beltré (DOM ; photo) de 2008 au 3 août 2015. Beltré, des Texas Rangers, a réussi son 3e cycle lors de la victoire 12-9 contre les Houston Astros.

Le plus de matchs à frapper un home run de chaque main

Deux joueurs ont réussi des homes runs du gauche et du droit dans un même match à 14 occasions : Mark Teixeira (depuis 2003, avec les Texas Rangers, Atlanta Braves, Los Angeles Angels et New York Yankees) et Nick Swisher (depuis 2004, avec les Oakland Athletics, Chicago White Sox, New York Yankees, Cleveland Indians et Atlanta Braves).

BOXE

Le plus de médailles d'or au championnat du monde AIBA (mi-lourds)

Julio César La Cruz (CUB) a été sacré 3 fois consécutives, en 2011, 2013 et 2015. La Cruz (ci-dessus en bleu) est venu à bout de Joe Ward (IRL) en finale 2015 à Doha (QAT).

LE PLUS DE REVENUS GÉNÉRÉS PAR LES ENTRÉES À UN COMBAT DE BOXE

Le combat pour le titre mi-moyen entre Floyd Mayweather Jr (USA) et Manny Pacquiao (PHL) a rapporté 72 198 500 $ avec la vente de 16 219 billets. Le match s'est déroulé au MGM Grand de Las Vegas (Nevada, USA), le 2 mai 2015. Mayweather l'a emporté aux points.

La ceinture de boxe la plus chère

La ceinture d'émeraude de la Fédération de boxe (WBC) coûte 1 million $ à produire. Elle a été décernée à Floyd Mayweather Jr (USA) le 2 mai 2015 après sa victoire contre Manny Pacquiao (PHL) (voir ci-dessous).

Le plus de combats sans défaite pour un champion du monde

Le légendaire champion poids lourd Rocky Marciano, Rocco Francis Marchegiano (USA) de son vrai nom, a gagné tous ses combats professionnels, soit 49 victoires entre le 17 mars 1947 et le 21 septembre 1955 (il a annoncé sa retraite le 27 avril 1956). Il s'est imposé 43 fois par K.-O. ou K.-O. technique. Floyd Mayweather Jr, (USA) a égalé son exploit, sur 5 catégories de poids, avec 49 victoires et aucune défaite, entre le 11 octobre 1996 et le 12 septembre 2015, dont 26 succès par K.-O.

La championne du monde la plus âgée

À 48 ans et 67 jours, Alicia Ashley (née le 23 août 1967, JAM/USA)

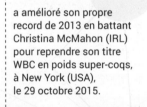

Le plus de combats pour le titre mondial en lourds

Wladimir Klitschko (UKR, ci-dessus) a été sacré champion WBO le 14 octobre 2000. Le 28 novembre 2015, il a établi le nouveau record de 28 combats pour le titre mondial en poids lourds. Avant lui, Joe Louis (USA), devenu champion le 22 juin 1937, avait disputé son 27e et dernier combat pour le sacre le 27 septembre 1950.

a amélioré son propre record de 2013 en battant Christina McMahon (IRL) pour reprendre son titre WBC en poids super-coqs, à New York (USA), le 29 octobre 2015.

LE SAVIEZ-VOUS ?

La victoire de Mayweather contre Pacquiao a connu un épilogue inattendu. Son titre lui a été retiré 2 mois plus tard par la World Boxing Organization (WBO) pour n'avoir pas payé 200 000 $ de frais obligatoires pour le vainqueur.

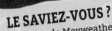

L'image la plus lointaine de la Terre
Le 14 février, la sonde *Voyager 1* de la NASA a pris une photo de la Terre à quelque 6,5 milliards de km.
(Pour plus d'informations sur l'épopée de *Voyager*, qui se poursuit à ce jour, rendez-vous p. 24-25.)

ARTS MARTIAUX

Le 1er à remporter les titres mondiaux de boxe et MMA

Le premier sportif, homme ou femme, à avoir été sacré à la fois champion du monde de boxe et de MMA (free-fight) est Holly Holm (USA, à droite), championne mi-moyen WBA (World Boxing Association) en 2006 et 2013. Elle s'est ensuite imposée en poids coqs UFC (Ultimate Fighting Championship) après sa victoire contre Ronda Rousey (USA, à gauche) sur K.-O. au 2e round, à Melbourne (AUS), le 14 novembre 2015. Rousey n'est pas en reste, puisqu'elle était devenue cette même année la **plus rapide à remporter un titre UFC par soumission**, en 14 s, face à Cat Zingano, à l'UFC 184, organisé au Staples Center de Los Angeles (USA), le 28 février.

Le plus de titres en championnat d'élite de sumo

Au 26 juillet 2015, Hakuhō Shō, alias Mönkhbatyn Davaajargal (MNG), avait remporté 35 championnats d'élite de sumo. En 2009, puis en 2010, il a gagné 86 combats sur

Le plus de combats de sumo dans l'élite

Kyokutenhō Masaru (MNG) a disputé 1 470 combats de sumo dans la meilleure division *(makuuchi)*, entre 1998 et le 27 juillet 2015. Il a surpassé Kaiō Hiroyuki, le 14 mai 2015, lors de son 1 445e combat. Seul Ōshio, alias Kenji Hatano (JPN), le devance au **nombre total de combats de sumo**. Ōshio en compte 1 891 contre 1 870 pour Kyokutenhō.

LE PLUS DE TEMPS PASSÉ DANS LA CAGE EN CARRIÈRE UFC

Le temps total le plus long passé dans la cage (l'enceinte de combat octogonale en UFC) pour un combattant est de 5 h, 37 min et 51 s, par Frankie Edgar (USA), entre le 3 février 2003 et le 11 décembre 2015. Il a accompli cette performance en 18 combats. Il bat le record de Georges St-Pierre (CAN), qui a passé 5 h, 28 min et 12 s dans la cage en 21 rencontres en 2013.

Champion UFC des poids légers en 2010, Edgar a défendu son titre à 3 reprises avant de plier face à Benson Henderson en 2012. À gauche, Edgar s'incline contre son compatriote Urijah Faber le 16 mai 2015, à Manille (PHL).

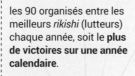

les 90 organisés entre les meilleurs *rikishi* (lutteurs) chaque année, soit le **plus de victoires sur une année calendaire.**

Le plus de victoires aux mondiaux de judo par équipe (femmes)

Le Japon est monté sur la plus haute marche du podium des championnats du monde de judo 5 fois : en 2002, 2008, 2012, 2013 et 2015.

Le plus de titres aux mondiaux de judo (hommes)

Teddy Riner (FRA) a décroché 8 titres aux championnats du monde de judo : 7 chez les plus de 100 kg (poids lourds, 2007, 2009-2011, 2013-2015) et 1 avec l'équipe de France masculine en 2011.

Le plus de médailles en Karate 1 Premier League

Alisa Buchinger et Bettina Plank (toutes 2 AUT) ont obtenu chacune 14 médailles entre 2013 et 2015.

Le plus jeune à participer à la Karate 1 Premier League

Cengizhan Koca (TUR, né le 7 octobre 1998) avait 16 ans et 333 jours sur le tatami au Karate 1 Istanbul, le 5 septembre 2015.

CRICKET

Renegades contre les Adelaide Strikers, en Australie, le 18 janvier 2016. Il a égalé la performance de 2007 de Yuvraj Singh (IND), contre l'Angleterre, au tournoi mondial de T20 de l'ICC.

Le plus de points en une série d'ODI

L'Angleterre (1 617) et la Nouvelle-Zélande (1 534) ont totalisé 3 151 points lors de leurs 5 matchs de One-Day International (ODI), en Angleterre, en juin 2015, avec des centuries des Anglais Jos Buttler, Joe Root (2) et Eoin Morgan, et des Néo-Zélandais Ross Taylor (2) et Kane Williamson. Signant le **plus de points pour une équipe en une série d'ODI**, l'Angleterre s'est imposée 3-2.

Le plus d'éliminations pour un gardien en carrière en un T20

Mohammad Shahzad (AFG) compte 5 éliminations contre Oman, au stade Sheikh Zayed d'Abu Dhabi (ARE), le 29 novembre 2015. Il a réussi 3 prises et 2 stumpings, aidant son équipe à gagner de 27 points.

Le meilleur partenariat en Twenty20 international

Le 17 janvier 2016, Martin Guptill (*à gauche*) et Kane Williamson (tous deux NZL) ont inscrit 171 points en T20 international contre le Pakistan, à Seddon Park (NZL). Guptill (87 non éliminé en 58 balles) et Williamson (72 non éliminé en 48 balles) ont permis aux locaux de gagner en 17,4 manches avec 14 balles restantes.

Le 1er test-match de nuit
Du 27 au 29 novembre 2015, l'Australie et la Nouvelle-Zélande se sont affrontées jour et nuit avec une balle rose, à l'Adelaide Oval (AUS). En programmant le match plus tard, le Conseil international de cricket (ICC) espérait permettre à un plus grand nombre de personnes de suivre le match.

Le century le plus rapide en test-match
Le 20 février 2016, face à l'Australie pour son dernier

test-match, le capitaine Brendon McCullum (NZL) a inscrit 100 points en 54 balles (16 quatre-points, 4 six-points) en 79 min, à l'Hagley Oval de Christchurch (NZL). McCullum compte aussi le **plus de six-points en carrière en test-matchs** : 107 en 176 manches.

Le demi-century le plus rapide en T20
Chris Gayle (JAM) a marqué 50 points en 12 balles pour les Melbourne

Le plus rapide à prendre 5 guichets en test-match

Le 6 août 2015, Stuart Broad (GBR, *ci-dessus à droite*) n'a eu besoin que de 19 balles et 40 min pour éliminer 5 Australiens au 4e test-match des Ashes, à Trent Bridge (GBR). Il a égalé le record d'Ernie Toshack (AUS), qui avait pris 5 guichets pour 2 points en 2,3 manches contre l'Inde au Brisbane Cricket Ground (AUS), le 4 décembre 1947.

LE LANCER LE PLUS RAPIDE EN TEST-MATCH

160,4 km/h

Mitchell Starc (AUS) a lancé une balle à 160,4 km/h lors d'un test-match contre la Nouvelle-Zélande, au WACA de Perth (AUS), le 15 novembre 2015. Le gaucher était opposé au batteur Ross Taylor (NZL), qui lui a répondu en faisant un 290, soit le plus haut score en test pour un batteur visiteur en Australie. Starc est le 4e lanceur – après Shoaib Akhtar (PAK, 2003), Brett Lee (AUS, 2005) et Shaun Tait (AUS, 2010) – à dépasser la barre des 160 km/h dans l'histoire du cricket international.

La 1re série d'ODI gagnée par un membre associé contre un membre régulier de l'ICC
L'Afghanistan a remporté sa 1re série contre une nation de Test en battant le Zimbabwe 3-2 en octobre 2015.

Le score le plus élevé dans un match à manches limitées
Le 3 novembre 2014, à Ooty (IND), le joueur de 15 ans Sankruth Sriram (IND) a inscrit un 486 non éliminé pour la JSS International School contre la Hebron School.

Le plus de points en test entre des éliminations
Du 10 décembre 2015 au 14 février 2016, Adam Voges (AUS) a marqué 614 points.

LE SAVIEZ-VOUS ?
L'ICC compte 10 membres réguliers (nations de test). Les membres associés participant aux ODI sont l'Afghanistan, Hong Kong, l'Irlande, la Papouasie-Nouvelle-Guinée, l'Écosse et les ARE. Au 24 octobre 2015, l'Afghanistan avait gagné 6 de ses 20 1ers ODI contre des nations de test.

GOLF

Le plus de victoires en Presidents Cup (équipe)

Les États-Unis ont remporté le tournoi bisannuel 9 fois : 1994, 1996, 2000, 2005, 2007, 2009, 2011, 2013 et 2015. La Presidents Cup oppose les États-Unis à une équipe internationale composée de joueurs inéligibles en Ryder Cup, c'est-à-dire du monde entier hors Europe. En 2015, le tournoi s'est tenu à Incheon (KOR). Les Américains se sont imposés 15½ points à 14½ points.

Le score le plus bas sous le par dans un Majeur masculin

Du 13 au 16 août 2015, Jason Day (AUS) a terminé à 20 sous le par, au 97e championnat de l'Association de golf professionnel (PGA), au Whistling Straits, près de Kohler (Wisconsin, USA). C'était aussi le **score le plus bas sous le par au championnat PGA**.

Le plus grand retour en Solheim Cup

Le 20 septembre 2015, en ouverture du 3e et dernier jour de compétition au Golf Club St Leon-Rot (Bade-Wurtemberg, DEU), les États-Unis étaient menés 6-10 par l'Europe. Grâce à un retour spectaculaire, ils se sont finalement imposés 14½ à 13½ – la **marge de victoire la plus faible en Solheim Cup**.

Le score le plus bas sous le par dans un majeur féminin

Cinq golfeuses dans 3 majeurs ont fini à 19 sous le par : Dottie Pepper (USA), lors du championnat Kraft Nabisco 1999, Karen Stupples (GBR), au British Open 2004, et Cristie Kerr (USA) et Yani Tseng (TPE), aux championnats LPGA 2010 et 2011. La dernière en date à avoir réussi l'exploit est Inbee Park (KOR, *à droite*), au championnat LPGA de Harrison (New York, USA), du 11 au 14 juin 2015. Pour Kerr, Tseng et Park, ce record constitue aussi le **score le plus bas sous le par en championnat LPGA**.

La plus jeune golfeuse à remporter un tournoi majeur

Lydia Ko (NZL, née KOR le 24 avril 1997) avait 18 ans et 142 jours quand elle a remporté l'Évian Championship 2015, à Évian-les-Bains (FRA), le 13 septembre 2015.

LE SAVIEZ-VOUS ?

Mickey Wright (USA) a été la 1re golfeuse à remporter 2 championnats LPGA consécutifs (1960-1961) et compte le **plus de titres en championnat LPGA** (4). Elle partage aussi le record du **plus de titres en US Open féminin** (4) avec Betsy Rawls (GBR).

Le plus de victoires consécutives en championnat LPGA

En 2013-2015, Inbee Park (KOR) a remporté le championnat de l'Association professionnelle de golf féminin à 3 reprises, 2 fois en play-offs et 1 fois par 5 coups. Elle a égalé le record d'Annika Sörenstam (SWE) décroché en 2003-2005. Retrouvez d'autres records de Park à gauche.

À ce moment, Ko était déjà la **plus jeune n° 1 mondiale** (à 17 ans et 283 jours le 1er février 2015). Elle est aussi la **plus jeune championne d'une épreuve du LPGA Tour**, depuis sa victoire au CN Canadian Women's Open de Vancouver (CAN), le 26 août 2012, à l'âge de 15 ans et 124 jours.

Les gains les plus élevés pour un golfeur sur 12 mois

De juin 2014 à juin 2015, Phil Mickelson (USA) aurait empoché 51 millions $, dépassant Tiger Woods d'une place au classement Forbes.

LES PLUS HAUTS REVENUS EN UNE SAISON DE PGA

Jordan Spieth (USA, né le 27 juillet 1993) a dominé le PGA Tour 2015 et totalisé 12 030 465 $ de gains. Avant lui, personne n'avait gagné plus de 11 millions $ en une saison. Outre les primes standard du circuit PGA, il a également empoché près de 10 millions $ de bonus en remportant la FedEx Cup. Ce faisant, il est devenu le **plus jeune golfeur à remporter la FedEx Cup**, à l'âge de 22 ans et 62 jours. Cette victoire, couplée à son titre en championnat, a permis à Spieth de reprendre sa place de n° 1 mondial.

Le record de vitesse au sol
Le 15 octobre, Andy Green (GBR) pilote le véhicule *Thrust SSC*, propulsé par des turboréacteurs, et atteint 1 227,985 km/h, soit Mach 1,020, dans le désert du Nevada (USA). C'est le 1er véhicule roulant à franchir le mur du son.

1997

CHRONOLOGIE

SPORTS EXTRÊMES

Les records d'aviation présentés sur cette page ont été fournis par la Fédération aéronautique internationale (FAI) ou établis lors de meetings accrédités.

Le vol en parapente le plus long (hommes)

Trois pilotes de parapente ont couvert 514 km en un même vol. Frank Brown, Marcelo Prieto et Donizete Lemos (tous BRA) ont volé de Tacima à Monsenhor Tabosa, à Paraíba (BRA), le 9 octobre 2015.

Seiko Fukuoka-Naville (FRA, née JPN) a accompli le **vol en parapente le plus long (femmes)** avec 402 km au départ de Deniliquin (AUS), le 9 décembre 2015.

Le vol aller-retour en deltaplane le plus long (femmes)

Kathleen Rigg (GBR) a fait un trajet aller-retour de 229,8 km en deltaplane, à Bischling (AUT), le 5 juillet 2015.

Le record du **vol aller-retour en deltaplane le plus long (hommes)** est codétenu par Carlos Puñet Pellisé (ESP) et Ralf Miederhoff (DEU) avec 410 km. Ils se sont envolés de Bugsdorf (NAM), le 18 décembre 2015.

Le plus de victoires à la Red Bull Air Race

Paul Bonhomme (GBR) a remporté le championnat du monde Red Bull de course aérienne 3 fois, en 2009, 2010 et 2015. Bonhomme a participé à 66 épreuves entre 2003, année de création du tournoi, et 2015. Il a annoncé sa retraite après son 3e titre.

Le plus de victoires au Red Bull Cliff Diving World Series (femmes)

Rachelle Simpson (USA) compte 2 titres au Red Bull Cliff Diving World (2014 et 2015). Gary Hunt (GBR) en a glané 5, en 2010-2012 et 2014-2015, soit le **plus de victoires au Red Bull Cliff Diving World Series (hommes)**. La compétition a été créée en 2009.

Le 1 000 m dans la glace le plus rapide (hommes)

Le 20 mars 2015, Christof Wandratsch (DEU) a nagé 1 km dans de l'eau glacée en 13 min, lors du championnat du monde de l'Association internationale de natation en eau glacée (IISA), dans le lac Semionovskoïe de Mourmansk (RUS). Le même jour, sur la même épreuve, Renata Nováková (CZE) a réussi le **1 000 m dans la glace le plus rapide (femmes)**, en 14 min et 21 s.

Le 5 km le plus rapide pieds nus sur la glace ou la neige

Edgars Rencis (LET) a mis 21 min et 28,48 s pour parcourir 5 km dans la poudreuse au cœur de l'hiver. Son record, qui fait froid dans le dos, a été accompli sur la piste de course du stade Daugava de Riga (LET), le 24 janvier 2015.

Le saut le plus haut depuis une falaise

Le 4 août 2015, le sauteur de l'extrême Laso Schaller (CHE, né BRA) s'est jeté d'une falaise de 58,8 m de haut, à Cascata del Salto, à Maggia (CHE). Cette chute à couper le souffle dépasse de plusieurs mètres la hauteur de la tour de Pise (ITA). Comme le montrent les photos ci-dessus, Schaller a atterri dans un bassin d'environ 8 m de profondeur.

LE PLUS RAPIDE À ESCALADER 15 M

Danylo Boldyrev (UKR, *à droite*) a mis 5,6 s pour grimper 15 m, lors du championnat du monde de la Fédération internationale d'escalade (IFSC), à Gijón (ESP), le 12 septembre 2004. Il a devancé Stanislav Kokorin (RUS) et remporté le titre, améliorant le record de Libor Hroza (CZE) établi quelques semaines plus tôt, qui était de 5,73 s.

La plus rapide à escalader 15 m est Iuliia Kaplina (RUS, *ci-dessus*), en 7,53 s, lors de la coupe du monde IFSC, à Chamonix (FRA), le 11 juillet 2015. Kaplina avait aussi établi le record du monde 2 mois plus tôt en 7,74 s, améliorant son propre record de 0,11 s.

CHRONOLOGIE

▶ 2000

L'évolution boursière la plus importante (en 24 h)
Le 27 mars, après des mois de spéculations optimistes et d'investissements exubérants, l'action de Yahoo! Japon fait une chute spectaculaire de 54 % en 24 h. Bien d'autres entreprises connaîtront le même sort lors de l'explosion de la bulle Internet.

SPORTS DE RUE

LE SAVIEZ-VOUS ?

La World Cup Skateboarding (WCS) est la seule organisation à tenir un classement des riders professionnels. Créée en 1994, la fédération supervise les plus grandes compétitions internationales de skateboard, street et rampe.

Le plus de victoires au classement WCS de street skateboard

Entre 2010 et 2014, Kelvin Hoefler (BRA) a terminé en tête du classement mondial WCS de street à 5 reprises, un record absolu.

Le plus de time machines à une main en BMX en 30 s
Takahiro Ikeda (JPN) a exécuté 45 time machines à une main, à l'Oasis Park de Kakamiqahara (Gifu, JAP), le 10 octobre 2015.

Le plus de backflips à vélo (en un saut)
Jed Mildon (NZL) a réussi 4 backflips au Pastranaland de Davidsonville (Maryland, USA), le 12 juillet 2015.

Le plus de victoires au French City Pro Tour
Eric Malavergne (FRA) a remporté 2 fois le French City Pro Tour, une compétition annuelle de street-golf. Il jouait pour l'équipe Los Golfos en 2012 et 2015.

X Games

Le plus de médailles au X Games d'été
Entre 1997 et le 5 juin 2015, le skater Bob Burnquist (BRA) a décroché 29 médailles.
   Le **plus de médailles d'or en street skateboarding aux X Games d'été** est de 6, par Nyjah Huston (USA) de 2011 à 2015.

Le plus de victoires au classement WCS de street skateboard (femmes)

Leticia Bufoni (BRA) a trusté le classement mondial de la World Cup Skateboarding en street à 4 reprises, entre 2010 et 2013. Elle est aussi triple championne des X Games.

Le plus jeune participant aux X Games dans un sport motorisé
À 14 ans et 292 jours, Gavin Harlien (USA, né le 20 août 1999) a pris part à la course de camions off-road à Austin (Texas, USA), le 8 juin 2014. Il a terminé 9e.

Le saut à skate le plus haut (quarter)

Après plusieurs échecs terrifiants, Danny Way (USA) a réussi un saut de 7,772 m sur une rampe quarter, à Alpine (Californie, USA), le 18 juillet 2015.

LE PLUS DE TITRES CONSÉCUTIFS AUX X GAMES D'ÉTÉ

Jamie Bestwick (GBR) a remporté 9 médailles d'or consécutives aux X Games d'été, de 2007 à 2014. Il les a toutes obtenues en BMX (rampe), où il détient aussi, de fait, le **plus de médailles d'or consécutives en BMX (rampe) aux X Games d'été**. Deux X Games ont eu lieu en 2013, ce qui explique pourquoi Bestwick totalise 9 médailles en 8 ans. Son incroyable série a pris fin en juin 2015, quand il a finalement été devancé par Vince Byron (AUS) d'un tout petit point.

Le plus de victimes lors d'un attentat terroriste
Le 11 septembre, deux avions s'écrasent volontairement sur les tours jumelles du World Trade Center à New York (USA). Le bilan officiel fait état de 2 753 victimes, incluant les décès liés aux complications de santé qui en ont découlé.

 2001

CHRONOLOGIE

RUGBY

Le plus d'essais pour un joueur en finale de Challenge Cup

Le 29 août 2015, Tom Briscoe (GBR, à gauche) a aplati 5 fois pour les Leeds Rhinos contre les Hull Kingston Rovers, à Wembley (Londres, GBR). Le record précédent de 4 essais, par Leroy Rivett, des Rhinos, tenait depuis 1999.

Le plus de titres en coupe du monde

La Nouvelle-Zélande a été sacrée 3 fois, en 1987, 2011 et 2015. La finale 2015 face à l'Australie, qui comptait aussi 2 titres à l'époque, s'est soldée sur le score de 34-17, soit la **finale comptant le plus de points.**

Le 1ᵉʳ duo père-fils à jouer ensemble en Pro12
Regan King et Jacob Cowley (tous 2 NZL) ont joué côte à côte pour les Scarlets contre

les Newport Gwent Dragons au Parc y Scarlets de Llanelli (pays de Galles, GBR), le 30 octobre 2015. Cowley, 18 ans, faisait ses débuts en Pro12.

La 1ʳᵉ finale de National Rugby League (NRL) décidée par mort subite
Le 4 octobre 2015, les North Queensland Cowboys ont battu les Brisbane Broncos 17-16, au stade ANZ de Sydney (AUS).

Le plus grand retour en coupe du monde
Le 6 octobre 2015, la Roumanie a inscrit 15 points en seconde période pour battre le Canada 17-15, en poules, à Leicester (GBR).

La victoire la plus large en finale de Challenge Cup
Les Leeds Rhinos ont battu les Hull Kingston Rovers 50-0, en finale à Wembley (Londres, GBR),

le 29 août 2015 (voir ci-dessus).

L'attente la plus longue entre deux victoires en coupe du monde
Après 24 ans et 340 jours d'attente, le Japon a battu l'Afrique du Sud à la dernière minute, au Brighton Community Stadium de Brighton (GBR), le 19 septembre 2015.

La plus grande affluence en coupe du monde à XV
89 267 spectateurs ont suivi Irlande-Roumanie, à Londres (GBR), le 27 septembre 2015.

Le 10 octobre, à Old Trafford (Manchester, GBR), 73 512 spectateurs ont assisté à la victoire des Rhinos contre les Wigan Warriors, la **plus grande affluence en finale de Super League.**

LE PLUS D'ESSAIS POUR UN JOUEUR EN COUPE DU MONDE

Julian Savea, le joueur des All Blacks, a inscrit 8 essais lors de la coupe du monde 2015 de rugby : 2 contre la Namibie, 3 contre la Géorgie et 3 contre la France. Il a égalé le record de 1999 de son compatriote Jonah Lomu (1975-2015), auteur de 8 essais en 5 matchs : contre les Tonga (2), l'Angleterre (1), l'Italie (2), l'Écosse (1) et la France (2). Bryan Habana (ZAF) partage aussi ce record, avec 4 essais contre les Samoa, 2 contre les États-Unis et 2 contre l'Argentine en 2007.

Le plus jeune joueur en coupe du monde

Le demi de mêlée Vasil Lobzhanidze (GEO, né le 14 octobre 1996) avait 18 ans et 340 jours contre les Tonga, à Kingsholm (Gloucester, GBR), le 19 septembre 2015. Le succès 17-10 de la Géorgie était la 3ᵉ victoire de son histoire en coupe du monde.

CHRONOLOGIE

2006

Le 1ᵉʳ tweet
Le fondateur de Twitter, Jack Dorsey (USA), publie le 1ᵉʳ tweet à 21 h 50 (heure du Pacifique), le 21 mars. Il disait : « Je configure juste mon twttr. » Son réseau social permet aux utilisateurs d'envoyer des messages de 140 caractères au plus.

222 Sports

TENNIS

Le plus d'années d'affilée à gagner un titre ATP

Roger Federer (CHE) a gagné au moins un titre par an sur le circuit de l'Association professionnelle de tennis (ATP) pendant 15 années consécutives (2001-2015). Vainqueur de 17 Grands Chelems, il a dépassé Ivan Lendl (USA, né CZE) et ses 14 saisons à remporter un titre ATP (1980-1993) en décrochant 6 victoires en 2015.

La joueuse la plus âgée à remporter son 1er Grand Chelem en simple

Pour sa 49e participation à un Grand Chelem, Flavia Pennetta (ITA, née le 25 février 1982), âgée de 33 ans et 199 jours, a remporté l'US Open à Flushing Meadows (New York, USA), le 12 septembre 2015. Elle a annoncé sa retraite juste après.

Le duel le plus fréquent en Grand Chelem (simple)

Après l'open d'Australie 2016, Novak Djokovic (SRB) et Roger Federer (CHE) ont croisé le fer à 15 reprises en Grands Chelems, pour 9 succès du Serbe

La 1re interview en plein match de Grand Chelem

Coco Vandeweghe (USA) a répondu à deux questions de Pam Shriver pour ESPN à la fin du 1er set contre Sloane Stephens (USA), au 1er tour de l'US Open (New York, USA), le 31 août 2015. Vandeweghe s'est imposée 6-4, 6-3. Au sujet de l'interview de 35 s, elle a déclaré : « Je ne me souviens pas du tout de ce que j'ai dit. Sérieusement. Je ne me souviens même plus des questions. »

L'écart le plus long entre 2 titres du Grand Chelem (ère open)

Serena Williams (USA) a remporté son tout premier titre en Grand Chelem à l'US Open le 11 septembre 1999 et son dernier (le 21e) à Wimbledon (Londres, GBR), le 11 juillet 2015, soit 15 ans et 303 jours plus tard. Alors âgée de 33 ans et 288 jours, Serena (née le 26 septembre 1981) est devenue la **championne de Grand Chelem la plus âgée en simple**.

Les gains annuels les plus élevés

Estimés par Forbes, les gains annuels (différents gains saisonniers, voir ci-dessous) regroupent les primes de matchs et les revenus des sponsors.
- **Hommes (record absolu)** : 71,5 millions $, Roger Federer, 2012-2013.
- **Hommes (record actuel)** : 67 millions $, Roger Federer, 2014-2015.
- **Femmes (records actuel et absolu)** : 29,5 millions $, Maria Sharapova (RUS), 2014-2015.

Le plus d'aces en un match WTA

Sabine Lisicki (DEU) a réussi 27 aces en 10 jeux de service au 2e tour de l'Aegon Classic, à Birmingham (GBR), face à Belinda Bencic, le 17 juin 2015.

Sans surprise, Lisicki détient aussi le record du **service le plus rapide (femmes)**, soit 210,8 km/h, le 29 juillet 2014.

Le plus de titres en simple à l'open d'Australie (ère open)

Le 31 janvier 2016, Novak Djokovic a remporté sa 6e couronne en Australie.

Le plus d'aces au cours d'une carrière ATP

Au 20 avril 2016, Ivo Karlović (HRV) a servi 10 519 aces en 567 matchs sur le circuit ATP.

LE SAVIEZ-VOUS?

Au 3 avril 2016, après son titre à Miami, Novak Djokovic totalisait 98 199 548 $ de primes (en simple et double), juste devant les 97 855 881 $ amassés par Roger Federer dans sa carrière.

LES GAINS SAISONNIERS LES PLUS ÉLEVÉS (HOMMES)

Le n° 1 mondial Novak Djokovic a amassé 21 646 145 $ lors de la saison 2015, où il a remporté 3 Grands Chelems (open d'Australie, Wimbledon, US Open), gagné le **plus de Masters 1000 en 1 saison** (6) et disputé le **plus de finales de Masters 1000 en 1 saison** (8).

Les **gains saisonniers les plus élevés pour une joueuse** s'élèvent à 12 385 572 $, pour Serena Williams en 2013.

La plus forte chute du Dow Jones
Le 29 septembre, alors que le Congrès américain vote une loi pour protéger les contribuables et les marchés financiers, l'indice boursier du Dow Jones enregistre une chute de 777,68 points.

2008 CHRONOLOGIE

FOOTBALL DE CLUB

Le plus de buts d'un remplaçant en un match de Bundesliga

Entré en cours de jeu, Robert Lewandowski (POL) a marqué 5 buts pour le Bayern Munich contre Wolfsburg, à l'Allianz Arena de Munich (DEU), le 22 septembre 2015. Il n'a mis que 8 min et 59 s, soit le **quintuplé le plus rapide en Bundesliga**. Ses 3 premiers ont été inscrits en 3 min et 22 s, le **triplé le plus rapide en Bundesliga**.

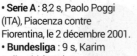

Le plus de matchs sans encaisser de but en Premier League

Petr Čech (CZE) a gardé ses cages inviolées durant 174 rencontres, entre le 15 août 2004 et le 7 février 2016, avec Chelsea (2004-2015) et Arsenal (depuis 2015).

Le plus de buts pour un joueur en un match de Premier League

Cinq joueurs ont inscrit 5 buts en un match : Andy Cole (GBR) pour Manchester United contre Ipswich, le 4 mars 1995 ; Alan Shearer (GBR) pour Newcastle United contre Sheffield Wednesday, le 19 septembre 1999 ; Jermain Defoe (GBR) pour Tottenham Hotspur contre Wigan Athletic, le 22 novembre 2009 ; Dimitar Berbatov (BGR) pour Manchester United contre Blackburn Rovers, le 27 novembre 2010 et Sergio Agüero (ARG) pour Manchester City contre Newcastle United, le 3 octobre 2015.

La victoire la plus large en Champions League

Deux équipes se sont imposées 8-0 : Liverpool (GBR) contre Beşiktaş (TUR), à Liverpool (GBR), le 6 novembre 2007, et le Real Madrid (ESP) contre Malmö (SWE), à Madrid (Espagne), le 8 décembre 2015

Le plus de victoires en Women's Champions League

Le FFC Frankfurt (DEU) compte 4 titres, en 2001-2002, 2005-2006, 2007-2008 et 2014-2015.

Le joueur le plus cher (transferts totaux)

Les sommes cumulées pour les 4 transferts d'Ángel Di María (ARG) entre juillet 2007 et août 2015 s'élèvent à 197,53 millions $.

LES BUTS LES PLUS RAPIDES

• **Premier League** : 9,7 s, Ledley King (GBR), Tottenham Hotspur contre Bradford City, le 9 décembre 2000.
• **Serie A** : 8,2 s, Paolo Poggi (ITA), Piacenza contre Fiorentina, le 2 décembre 2001.
• **Bundesliga** : 9 s, Karim Bellarabi (DEU), Bayer Leverkusen contre Borussia Dortmund, le 23 août 2014, et Kevin Volland (DEU), TSG 1899 Hoffenheim contre Bayern Munich, le 22 août 2015.
• **La Liga** : 7,8 s, Joseba Llorente (ESP), Real Valladolid contre Espanyol, le 20 janvier 2008.
• **Ligue 1** : 8 s, Michel Rio (FRA), Caen contre Cannes, le 15 février 1992.
• **Major League Soccer** : 7 s, Mike Grella (USA), New York Red Bulls contre Philadelphia Union, le 18 octobre 2015.
• **UEFA Europa League** : 13,21 s, Vitolo (ESP), Séville contre Villarreal, le 12 mars 2015.

Le plus de buts pour un même club de Premier League

Le 2 février 2016, Wayne Rooney (GBR) a marqué son 177e but pour Manchester United lors de la victoire 3-0 à domicile contre Stoke. Son 1er but pour les Reds remonte au 24 octobre 2004 face à Arsenal. Dans l'encadré ci-contre, Rooney reçoit son certificat GWR après le but du record, le 176e, le 17 janvier 2016.

LE PLUS DE MATCHS D'AFFILÉE À MARQUER EN PREMIER LEAGUE

Jamie Vardy (GBR) a gagné lors de 11 matchs de suite pour Leicester City, du 29 août au 28 novembre 2015. Sa série s'est achevée sur son 14e but de la saison face à Manchester United, au King Power Stadium de Leicester (GBR).

CHRONOLOGIE

2009

Le 100 m le plus rapide
Le 16 août, le Jamaïcain Usain Bolt franchit la ligne d'arrivée en 9,58 s à Berlin (Allemagne). Il bat ainsi son propre record de 9,69 s, qu'il avait établi exactement un an auparavant lors des jeux Olympiques de Pékin (Chine).

224 Sports

FOOTBALL INTERNATIONAL

Le plus de buts pour une joueuse en finale de coupe du monde

Carli Lloyd (née le 16 juillet 1982) a signé un triplé pour les États-Unis contre le Japon, lors de la finale 2015, à Vancouver (CAN), le 5 juillet 2015. Elle a ouvert le score après 3 min, le **but le plus rapide en finale de coupe du monde féminine**, devenant la **buteuse la plus âgée en finale de la compétition**, à 32 ans et 354 jours. Les États-Unis comptent aussi le **plus de titres** : 3, en 1991, 1999 et 2015.

Le plus de buts pour un joueur en un match de coupe du monde des clubs FIFA
Luis Suárez (URY) a frappé 3 fois pour Barcelone (ESP) contre Guangzhou Evergrande (CHN), en demi-finale 2015, à l'International Stadium de Yokohama (JPN), le 17 décembre 2015.

La buteuse la plus âgée en coupe du monde féminine
À 37 ans et 98 jours, Miraildes Maciel Mota (BRA, née le 3 mars 1978) a ouvert le score pour le Brésil contre la Corée du Sud, à 37 ans, le 9 juin 2015, à Montréal (Canada).

Le plus de titres en Gold Cup CONCACAF
Le Mexique a remporté la Gold Cup de la confédération d'Amérique du Nord, d'Amérique centrale et des Caraïbes (CONCACAF) à 7 reprises : 1993, 1996, 1998, 2003, 2009, 2011 et 2015.

Le plus de Copa América comme soulier d'or
Pedro Petrone (URY) a dominé le classement des buteurs des Copa América 1923 et 1924. Paolo Guerrero (PER) l'a fait en 2011 et 2015.

Le plus de matchs internationaux sans prendre de but
Du 7 juin 2000 au 13 novembre 2015, Iker Casillas (ESP) a réussi 100 matchs sans encaisser de but avec l'Espagne.

Le plus petit pays qualifié en championnat d'Europe de l'UEFA
Le 6 septembre 2015, l'Islande (331 918 habitants) a décroché le nul 0-0 contre le Kazakhstan, à Reykjavík (ISL) pour se qualifier à l'EURO 2016, en France.

Le plus de buts pour un joueur en coupe du monde FIFA de beach soccer
João Victor Saraiva, ou Madjer, (PRT) totalise 87 buts en coupe du monde de beach soccer, du 8 mai 2005 au 19 juillet 2015.

Le plus de buts en coupe du monde féminine de la FIFA

Marta Vieira da Silva (BRA) a marqué à 15 reprises en phases finales de coupe du monde, avec la sélection brésilienne, entre le 21 septembre 2003 et le 9 juin 2015.

Le plus de titres en coupe d'Afrique des nations avec différents pays

L'entraîneur Hervé Renard (FRA) a gagné la CAN avec deux pays. En 2012, il a guidé la Zambie au titre contre la Côte d'Ivoire aux tirs au but. Trois ans plus tard, il a récidivé avec la Côte d'Ivoire (ci-dessus) contre le Ghana, une nouvelle fois aux tirs au but.

LE PLUS DE BUTS EN ÉLIMINATOIRES DE L'EURO

Robbie Keane (IRL, à gauche) a inscrit 23 buts, du 14 octobre 1998 au 4 septembre 2015. Il a marqué dans tous les éliminatoires depuis l'EURO 2000, avec un record personnel de 7 buts pour l'EURO 2012. Le **plus de buts lors d'un même tournoi éliminatoire de l'EURO** est de 13. David Healy a été le 1er à y parvenir avec l'Irlande du Nord, du 6 septembre 2006 au 17 novembre 2007. Robert Lewandowski l'a imité entre le 7 septembre 2014 et le 11 octobre 2015.

LE SAVIEZ-VOUS ?
David Healy a marqué 13 des 17 buts de son équipe qui a manqué la qualification à l'EURO 2008. Lewandowski a ouvert son compteur avec un quadruplé avec la Pologne pour écraser Gibraltar 7-0, avant un triplé en 4 min contre la Géorgie en 2015.

L'immeuble le plus haut
La tour Burj Khalifa est inaugurée le 4 janvier à Dubaï (ARE). Elle a été conçue par Emaar Properties et les architectes Skidmore, Owings & Merrill LLP.

2010

CHRONOLOGIE

ATHLÉTISME

Le plus de médailles sur 400 m aux mondiaux IAAF (hommes)

LaShawn Merritt (USA) a décroché 5 médailles sur 400 m aux championnats du monde de la Fédération internationale d'athlétisme (IAAF), en 2007, 2009, 2011, 2013 et 2015. Il est double champion du monde grâce à ses titres en 2009 et 2013.

Le plus de titres sur 100 m aux mondiaux d'athlétisme IAAF (femmes)
Shelly-Ann Fraser-Pryce (JAM) a triomphé 3 fois sur 100 m aux championnats du monde d'athlétisme, en 2009, 2013 et 2015.

Le plus de titres mondiaux consécutifs au relais 4 x 400 m (hommes)
LaShawn Merritt (à gauche) a remporté 6 finales du 4 x 400 m des mondiaux IAAF (2005, 2007, 2009, 2011, 2013 et 2015).

Le plus de victoires aux mondiaux de Cross-Country par pays (femmes)
Le Kenya compte 5 titres dans la compétition, entre 2009 et 2015.

Le T44 le plus rapide sur 100 m (hommes)
Le championnat du monde d'athlétisme 2015 du Comité international paralympique à Doha (QAT), a été le théâtre de nombreux record. Le 100 m le plus rapide en catégorie T44 (amputation sous le genou) a été couru en 10,61 s par Richard Browne (USA), le 29 octobre 2015.
Six jours plus tôt, Omara Durand (CUB) avait parcouru le **400 m T12 le plus rapide (femmes)** en 53,05 s. T12 désigne un handicap visuel.
Au Grand Prix IPC à Canberra (AUS), le 7 février 2016, Isis Holt (AUS) a couru **le 200 m T35 le plus rapide (femmes)** en 28,38 s, une catégorie pour les athlètes souffrant d'infirmité motrice.

Le 20 km marche le plus rapide (femmes)

Liu Hong (CHN) a marché 20 km en 1 h, 24 min et 38 s, lors du Gran Premio Cantones de Marcha, à La Corogne (ESP), le 6 juin 2015.

Le plus de victoires au Challenge mondial de marche IAAF (femmes)
Liu Hong (CHN) s'est imposée 3 fois (2012, 2014 et 2015), au Challenge mondial de marche.

LE PLUS DE VICTOIRES SUR 100 M AUX MONDIAUX IAAF (HOMMES)

Trois sportifs comptent chacun 3 succès sur 100 m aux championnats du monde d'athlétisme IAAF : Carl Lewis (USA) en 1983, 1987 et 1991 ; Maurice Greene (USA) en 1997, 1999 et 2001 ; et Usain Bolt (JAM, à droite) en 2009, 2013 et 2015.
Bolt détient aussi le record du **plus de médailles d'or aux mondiaux IAAF (hommes)**, avec 11 titres entre 2009 et 2015. Ses 13 médailles (dont 2 en argent) accumulées entre 2007 et 2015 représentent le **plus de médailles décrochées aux mondiaux d'athlétisme IAAF (hommes)**.
Bolt est le 1er athlète à remporter les 100 m et 200 m sur 2 Olympiades consécutives, à Pékin (CHN) en 2008 et Londres (GBR) en 2012.

Le 200 m T42 le plus rapide (hommes)

La catégorie T42 s'adresse aux athlètes souffrant d'un handicap aux bras ou aux jambes (comme une amputation). Le 200 m le plus rapide de la catégorie a été couru en 24,10 s par Richard Whitehead (GBR), en demi-finale et en finale des mondiaux IPC, les 27 et 28 octobre 2015.

2011

La catastrophe naturelle la plus coûteuse
Le tremblement de terre qui s'est déclaré dans le Pacifique au large de Tōhoku (Japon), le 11 mars, aurait coûté 210 milliards de dollars, selon *The Economist*. Seuls 35 milliards étaient assurés.

AUTRES ÉPREUVES

Le lancer de marteau le plus lointain (femmes)

Anita Włodarczyk (POL) a lancé son marteau à 81,08 m, lors du Kamila Skolimowska Memorial Throws Festival, à Cetniewo (POL), le 1er août 2015. Elle a battu son propre record de 79,58 m établi à Berlin (DEU), le 31 août précédent.

Le lancer de marteau le plus lointain

Si la performance d'Anita Włodarczyk est récente (voir ci-dessus), le record masculin est bien plus ancien. Yuriy Sedykh (URSS/RUS) avait réussi un lancer à 86,74 m, le 30 août 1986, à Stuttgart (DEU).

Le plus de titres en Ligue de diamant (hommes)

La Ligue de diamant a été créée en 2010 pour succéder à la Golden League en tant que principale compétition

Le plus de victoires au Challenge IAAF du lancer de marteau (femmes)

Betty Heidler (DEU) a gagné 3 fois cette compétition entre 2010 et 2012. Elle a ensuite été égalée par Anita Włodarczyk entre 2013 et 2015.

annuelle d'athlétisme. Elle se tient sur 14 sites entre mai et septembre et regroupe 32 disciplines (16 masculines et 16 féminines). Renaud Lavillenie (FRA) a décroché 6 titres au saut à la perche entre 2010 et 2015.

Lavillenie partage son record du **plus de victoires d'épreuves en Ligue de diamant** avec Sandra Perković (HRV, à droite). Les deux athlètes ont remporté 27 victoires entre 2010 et le 11 septembre 2015.

Lavillenie a également inscrit le **plus de points en Ligue de diamant (hommes)** avec 135 unités à fin 2015.

Le **plus de points en Ligue de diamant** reste toutefois la propriété de Perković, avec 138 points au disque (2010-2015).

Le **plus jeune à avoir marqué des points en meeting de Ligue de diamant** est Lázaro Martínez (CUB, né le 3 novembre 1997), arrivé 2e au triple saut, à 16 ans et 196 jours, à Shanghai (CHN), le 18 mai 2014.

L'**athlète le plus brillant en Golden League IAAF** est le coureur Hicham El Guerrouj (MAR). Il a touché le jackpot (ou une part du jackpot) le plus de fois, soit 4 fois : en 1998, 2000, 2001 et 2002, une fois de plus que Marion Jones et Sanya Richards (tous deux USA). La Golden League a été remplacée par la Diamond League en 2010.

Le plus de titres en Ligue de diamant (femmes)

Aucune sportive n'a remporté plus de 4 titres en Ligue de diamant. Milcah Chemos Cheywa (KEN) a été la 1re sur 3 000 m steeple, entre 2010 et 2013. Elle a été imitée en 2014 par Valerie Adams (NZL), au lancer de poids, et Kaliese Spencer (JAM), au 400 m haies. En 2015, 5 athlètes ont remporté leur 4e titre : Dawn Harper-Nelson (USA), Shelly-Ann Fraser-Pryce (JAM), Allyson Felix (USA), Barbora Špotáková (CZE) et Sandra Perković (ci-dessus).

LE PLUS DE POINTS EN DÉCATHLON (HOMMES)

Depuis son titre olympique en 2012, Ashton Eaton (USA) n'a cessé de progresser. Lors des 15e championnats du monde IAAF de Pékin (CHN), le 29 août 2015, Eaton a inscrit 9 045 points en 10 disciplines (ici, javelot et saut en longueur). Ce faisant, il a battu de 6 points son propre record, établi en 2012, pour remporter le titre mondial une 2e fois.

La chute libre la plus rapide
Felix Baumgartner (AUT) a atteint 1 357,6 km/h lors de sa chute de 39 km, le **plus haut saut en parachute** de l'époque. Sa descente stratosphérique a fait de lui le **1er homme à franchir la barrière du son en chute libre.**

2012

CHRONOLOGIE

NATATION

Le 50 m brasse le plus rapide en grand bassin (hommes)

Adam Peaty (GBR) a couvert 50 m en brasse en 26,42 s, aux 16e championnats du monde de natation FINA, à Kazan (RUS), le 4 août 2015. Peaty ne démérite pas non plus sur 100 m : le 17 avril 2015, lors du championnat britannique de natation à Londres (GBR), il a réalisé le **100 m brasse le plus rapide en grand bassin (hommes)**, avec un chrono de 57,92 s.

La plus jeune nageuse au championnat du monde de la FINA

Alzain Tareq (BHR, née le 14 avril 2005) a participé au 50 m papillon à l'âge de 10 ans et 115 jours lors des 16e championnats du monde FINA, à Kazan (RUS), le 7 août 2015. Si elle a pu participer à la compétition senior, elle n'était paradoxalement pas admissible au mondial junior, dont l'âge minimum est de 14 ans.

Le plus de titres gagnés en coupe du monde FINA (femmes)
Katinka Hosszú (HUN) a totalisé 152 médailles d'or entre 2012 et 2015.

Hosszú a aussi couru le **200 m 4 nages le plus rapide en grand bassin (femmes)**, en 2 min et 6,12 s, lors des 16e mondiaux de la FINA, à Kazan (RUS), le 3 août 2015.

Le **plus de médailles d'or en coupe du monde FINA (hommes)** est de 85, par Chad le Clos (ZAF), de 2009 à 2015.

Le relais 4 x 100 m nage libre le plus rapide (mixte)
Composée de Ryan Lochte, Nathan Adrian, Simone Manuel et Missy Franklin, l'équipe américaine a survolé le 4 x 100 m nage libre en 3 min et 23,05 s, aux 16e championnats du monde FINA, le 8 août 2015.

Le 100 m papillon le plus rapide (femmes)
Sarah Sjöström (SWE) s'est imposée sur l'épreuve de 100 m papillon en grand bassin en 55,64 s, aux 16e championnats du monde FINA, le 3 août 2015.

En 2014, elle avait réussi le **50 m papillon le plus rapide en grand bassin (femmes)** en 24,43 s, à Borås (SWE).

LE 800 M NAGE LIBRE LE PLUS RAPIDE (FEMMES)

Katie Ledecky (USA) a parcouru le 800 m nage libre en 8 min et 6,68 s, aux Arena Pro Swim Series d'Austin (Texas, USA), le 17 janv. 2016. Aux mondiaux FINA de Kazan (Russie), le 8 août 2015, elle avait réussi le **1 500 m nage libre le plus rapide en grand bassin (femmes)**, en 15 min et 25,48 s.

Le 3 août 2012, aux jeux Olympiques de Londres, Ledecky (née le 17 mars 1997) est devenue la **plus jeune championne olympique en 800 m nage libre**, à 15 ans et 139 jours. Elle s'est imposée en 8 min et 14,63 s.

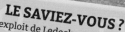

LE SAVIEZ-VOUS ?
L'exploit de Ledecky aux JO de Londres 2012 (à gauche) constituait aussi le 2e 800 m nage libre féminin le plus rapide de l'histoire. Auparavant, seule Rebecca Adlington (GBR) avait été plus rapide, avec un temps de 8 min et 14,10 s, aux JO de

CHRONOLOGIE

2013

La 1re preuve d'existence du boson de Higgs
Le 14 mars, deux expériences menées à Genève (CHE) au Grand Collisionneur de Hadron de l'Organisation européenne pour la recherche nucléaire (CERN) ont confirmé l'existence (jusque-là seulement supposée) de la particule appelée boson de Higgs.

228 Sports

SPORTS NAUTIQUES

Le plus de médailles d'or en plongeon 10 m des mondiaux FINA (hommes)

Greg Louganis (USA) a été le 1er à remporter 3 titres aux championnats du monde FINA sur l'épreuve du tremplin à 10 m, en 1978, 1982 et 1986. Il a été égalé par Qiu Bo (CHN) (ci-dessus), vainqueur en 2011, 2013 et 2015.

Le plus de médailles d'or sur une même épreuve de plongeon aux mondiaux FINA (hommes)

Qin Kai (CHN) totalise 5 titres en plongeon synchronisé de 3 m (2007, 2009, 2011, 2013 et 2015). Il était associé à Wang Feng (2007, 2009), Luo Yutong (2011), He Chong (2013) et Cao Yuan en 2015.

Le plus de victoires en Ligue mondiale de water-polo (hommes)

L'équipe de Serbie a remporté la compétition 9 fois : en 2005-2008, 2010-2011 et 2013-2015. Lors de la finale de la Ligue mondiale 2015, les Serbes se sont imposés 9-6 contre la Croatie pour décrocher leur 3e succès mondial consécutif. Depuis 2005, la Serbie, le Monténégro et la Croatie se sont partagé tous les titres.

Le plus jeune gagnant d'un World Qualifying Series de surf

Le 12 juillet 2009, Gabriel Medina (BRA, né le 22 déc. 1993) a remporté le Maresia Surf International 2009, à l'âge de 15 ans et 202 jours, à Florianópolis (BRA). En 2014, il est devenu le deuxième champion du monde le plus jeune, à 20 ans et 362 jours.

Le deux de couple léger le plus rapide (femmes)

Le 20 juin 2015, la Grande-Bretagne (Charlotte Taylor et Katherine Copeland) a terminé sa course en 6 min et 48,38 s, à Varèse (ITA). Le duo a établi son record lors des demi-finales de la coupe du monde d'aviron.

Le plus de titres en championnat du monde FIC de slalom sur une même épreuve (hommes)

Les mondiaux de slalom de la Fédération internationale de canoë (FIC) ont lieu tous les ans hors JO. Michal Martikán (SVK) a remporté 8 médailles d'or sur l'épreuve de C1 par équipe, en 1997, 2003, 2009-2011 et 2013-2015.

Le plus de médailles en K1 5 000 m aux mondiaux FIC de canoë-kayak en ligne (femmes)

Après le bronze (2010) et l'argent (2011, 2014), Maryna Litvinchuk (BLR) a enfin décroché l'or en 2015.

Le plus de points inscrits en une saison des mondiaux WSL de surf (femmes)

En 2015, Carissa Moore (Hawaï, USA) (ci-dessus) a décroché son 3e titre mondial avec 66 200 points, loin devant les 64 200 points de Stephanie Gilmore (AUS) en 2014.

LE PLUS DE TITRES CONSÉCUTIFS AUX MONDIAUX DE NATATION SYNCHRONISÉE

La Russie a vampirisé les championnats du monde FINA de natation synchronisée avec 19 médailles d'or consécutives, du 23 juillet 2009 au 26 juillet 2015. Natalia Ishchenko (RUS), ci-contre lors des mondiaux de Kazan (RUS) en 2015, totalise le **plus de médailles d'or individuelles aux mondiaux FINA de natation synchronisée**, avec 19 podiums, de 2005 à 2015.

La plus grande épidémie d'Ebola
La maladie à virus Ebola se propage dans les pays africains de Guinée, du Liberia et de Sierra Leone. Il fera plus de 11 300 victimes jusqu'en janvier 2016.

2014

CHRONOLOGIE

guinnessworldrecords.com 229

AUTRES SPORTS

Le meilleur score en dressage libre

Sur son cheval Valegro, Charlotte Dujardin (GBR) a obtenu un score de 93,4 %, lors de la coupe du monde de la Fédération équestre internationale (FEI), à Londres (GBR), le 17 décembre 2014. La veille, elle avait obtenu le meilleur score en Grand Prix : 87,46 %.

Le plus de victoires en Super G en coupe du monde de ski alpin

Du 3 mars 2006 au 24 janvier 2016, Lindsey Vonn (USA) a remporté 27 épreuves de Super G en coupe du monde de la Fédération internationale de ski (FIS). Elle compte aussi le **plus d'épreuves gagnées en coupe du monde**, avec 71 victoires, du 3 décembre 2004 au 12 décembre 2015, et le **plus de victoires en descente féminine**, depuis son 38e succès, le 6 février, à Cortina d'Ampezzo (ITA).

Le trophée sportif le plus ancien

L'Antient Scorton Silver Arrow est convoitée depuis 342 ans. Elle récompense l'Antient Silver Arrow Competition, un tournoi de tir à l'arc qui s'est déroulé dans le village de Scorton (GBR) à 307 reprises, entre le 14 mai 1673 et le 16 mai 2015.

La plus longue manche en snooker professionnel

La 6e manche du match opposant Barry Pinches à Alan McManus (tous 2 GBR), à la Ruhr Open de Mülheim (DEU), le 10 octobre 2015, a duré 100 min et 24 s.

Le plus de points cumulés en Major League Lacrosse

Casey Powell (USA) a inscrit 504 points du 7 juin 2001 au 25 juillet 2015.

LE PLUS DE VICTOIRES EN…

All-Ireland Hurling

Kilkenny (IRL) a remporté le championnat d'Irlande de Hurling à 36 reprises : 1904-1905, 1907, 1909, 1911-1913, 1922, 1932-1933, 1935, 1939, 1947, 1957, 1963, 1967, 1969, 1972, 1974-1975, 1979, 1982-1983, 1992-1993, 2000, 2002-2003, 2006-2009, 2011-2012 et 2014-2015.

Championnat ANZ de netball

Trois équipes ont remporté le championnat de netball d'Australie et de Nouvelle-Zélande 2 fois : Adelaide Thunderbirds en 2010 et 2013 ; Melbourne Vixens en 2009 et 2014 ; et Queensland Firebirds (tous AUS) en 2011 et 2015.

Open britannique de croquet

Le British Open Croquet Championships a été créé à Evesham (GBR), en 1867. Robert Fulford (GBR) s'est imposé 11 fois, en 1991-1992, 1996, 1998, 2003-2004, 2006-2008 et 2014-2015.

LE PLUS DE 180 PAR UN JOUEUR EN CHAMPIONNAT DE FLÉCHETTES PDC

Le plus de scores maximums inscrits par un joueur en championnat du monde de la Corporation professionnelle de fléchettes (PDC) est de 64, par Gary Anderson (GBR). Lors du dernier tournoi, à l'Alexandra Palace de Londres (GBR), du 18 décembre 2014 au 4 janvier 2015, Anderson a réussi 19 lancers parfaits pour surpasser le record précédent (60), établi par Adrian Lewis en 2011. En finale, il a battu le multiple champion en titre Phil Taylor 7-6.

Ligue des champions EHF de handball

Le FC Barcelona Handbol (ESP) a gagné la Ligue des champions de la Fédération européenne de handball (EHF) 9 fois, en 1991, 1996–2000, 2005, 2011 et 2015.

DATELINE ▶ 2015

L'année la plus chaude enregistrée
Selon l'organisation météorologique mondiale (OMM), la température moyenne globale en 2015 a été de 0,76°C au dessus de celle des années 1961-1990, et de 1% supérieur à la moyenne mondiale de la période pré-industrielle.

230 Sports

EN BREF
La vitesse moyenne d'une fléchette est de 64 km/h • Les patineurs artistiques peuvent faire plus de 300 tours par minute • Le croquet était une discipline olympique remportée par la France, lors des JO de 1900, à Paris.

Le score total le plus élevé en patinage artistique (hommes)

Yuzuru Hanyu (JPN) a cumulé 330,43 points pour ses programmes court et long au Grand Prix 2015-2016 de l'International Skating Union (ISU), à Barcelone (ESP), le 12 décembre 2015. Hanyu a battu le record dans les deux catégories, obtenant le **meilleur score en programme court masculin** (110,95 points) **et en programme long masculin** (219,48 points).

Hockey Champions Trophy masculin (équipe)
L'Australie compte 13 titres : 1983-1985, 1989-1990, 1993, 1999, 2005, 2008-2012. Vient ensuite l'Allemagne avec 10 titres.

Hockey Champions Trophy féminin (joueuse)
Luciana Aymar (ARG, en haut à gauche) a soulevé le trophée lors des 6 victoires de sa sélection.

Le plus de titres au Hockey Champions Trophy féminin

Trois équipes se partagent le record de 6 victoires : l'Australie, championne en 1991, 1993, 1995, 1997, 1999 et 2003, a été égalée par les Pays-Bas, victorieux en 1987, 2000, 2004-2005, 2007 et 2011, puis par l'Argentine (ci-dessus), sacrée en 2001, 2008-2010, 2012 et 2014.

Le plus de buts pour une joueuse en un match de championnat ANZ

Jhaniele Fowler-Reid (JAM, ci-dessous, à gauche) a inscrit 65 buts en un même match de netball, du championnat ANZ, à deux reprises pour les Southern Steel contre Canterbury Tactix (tous 2 NZL) : la 1re fois à Christchurch (NZL), le 30 mars 2013, la seconde, à Dunedin (NZL), le 9 juin 2013.

Le plus de médailles d'or sur le circuit mondial FIVB de beach-volley

• **Femmes** : Larissa França (BRA) totalise 57 médailles d'or sur le circuit mondial de beach-volley de la Fédération internationale de volley (FIVB), du 10 juillet 2004 au 4 octobre 2015.
• **Hommes** : Emanuel Rego (BRA) en compte 77, glanées du 25 juin 1995 au 14 juillet 2012.

Les 1res ondes gravitationnelles détectées
Venant avérer une prédiction formulée par Albert Einstein il y a près de 100 ans, les collaborations scientifiques LIGO et Virgo confirment avoir enregistré des ondes gravitationnelles à deux endroits aux États-Unis.

2016

DATELINE

ATHLÉTISME : COURSE À PIED

Le 100 m le plus rapide

Usain Bolt (JAM) a établi un nouveau record du monde à Berlin (DEU) le 16 août 2009, avec un temps de 9,58 s. Il a amélioré son propre record, 9,69 s, établi aux jeux Olympiques de Pékin (Chine) un an auparavant jour pour jour. Le 20 août 2009, Bolt a réussi le doublé en réalisant le **200 m le plus rapide**, en 19,19 s, améliorant une fois encore son record (de 19,30 s), décroché un an plus tôt à Pékin.

Le relais 4 x 1 500 m le plus rapide (femmes)

Mercy Cherono, Irene Jelagat, Faith Kipyegon et Hellen Oribi (toutes KEN) étaient trop rapides pour leurs adversaires au relais 4 x 1 500 m, dans le stade T. Robinson de Nassau (BHS), le 24 mai 2014. Avec un temps de 16'33"58, elles ont battu le record précédent – déjà détenu par le Kenya depuis avril 2014 – de 32 s.

Records en attente d'homologation par l'autorité sportive compétente au moment de la mise sous presse

ATHLÉTISME – COURSE SUR PISTE (EXTÉRIEUR)

HOMMES	TEMPS/DISTANCE	NOM (NATIONALITÉ)	LIEU	DATE
100 m	9"58	Usain Bolt (JAM)	Berlin (DEU)	16 août 2009
200 m	19"19	Usain Bolt (JAM)	Berlin (DEU)	20 août 2009
400 m	43"18	Michael Johnson (USA)	Séville (ESP)	26 août 1999
800 m	1'40"91	David Lekuta Rudisha (KEN)	Londres (GBR)	9 août 2012
1 000 m	2'11"96	Noah Ngeny (KEN)	Rieti (ITA)	5 sept. 1999
1 500 m	3'26"00	Hicham El Guerrouj (MAR)	Rome (ITA)	14 juill. 1998
1 mile	3'43"13	Hicham El Guerrouj (MAR)	Rome (ITA)	7 juill. 1999
2 000 m	4'44"79	Hicham El Guerrouj (MAR)	Berlin (DEU)	7 sept. 1999
3 000 m	7'20"67	Daniel Komen (KEN)	Rieti (ITA)	1er sept. 1996
5 000 m	12'37"35	Kenenisa Bekele (ETH)	Hengelo (NLD)	31 mai 2004
10 000 m	26'17"53	Kenenisa Bekele (ETH)	Bruxelles (BEL)	26 août 2005
20 000 m	56'26"00	Haile Gebrselassie (ETH)	Ostrava (CZE)	27 juin 2007
1 h	21 285 m	Haile Gebrselassie (ETH)	Ostrava (CZE)	27 juin 2007
25 000 m	1 h 12'25"40	Moses Cheruiyot Mosop (KEN)	Eugene (USA)	3 juin 2011
30 000 m	1 h 26'47"40	Moses Cheruiyot Mosop (KEN)	Eugene (USA)	3 juin 2011
3 000 m steeplechase	7'53"63	Saif Saaeed Shaheen (QAT)	Bruxelles (BEL)	3 sept. 2004
110 m haies	12"80	Aries Merritt (USA)	Bruxelles (BEL)	7 sept. 2012
400 m haies	46"78	Kevin Young (USA)	Barcelone (ESP)	6 août 1992
Relais 4 x 100 m	36"84	Jamaïque (Yohan Blake, Usain Bolt, Michael Frater, Nesta Carter)	Londres (GBR)	11 août 2012
Relais 4 x 200 m	1'18"63	Jamaïque (Yohan Blake, Nickel Ashmeade, Warren Weir, Jermaine Brown)	Nassau (BHS)	24 mai 2014
Relais 4 x 400 m	2'54"29	USA (Andrew Valmon, Quincy Watts, Harry Reynolds, Michael Johnson)	Stuttgart (DEU)	22 août 1993
Relais 4 x 800 m	7'02"43	Kenya (Joseph Mutua, William Yiampoy, Ismael Kombich, Wilfred Bungei)	Bruxelles (BEL)	25 août 2006
Relais 4 x 1 500 m	14'22"22	Kenya (Collins Cheboi, Silas Kiplagat, James Kiplagat Magut, Asbel Kiprop)	Nassau (BHS)	25 mai 2014

FEMMES	TEMPS/DISTANCE	NOM (NATIONALITÉ)	LIEU	DATE
100 m	10"49	Florence Griffith-Joyner (USA)	Indianapolis (USA)	16 juill. 1988
200 m	21"34	Florence Griffith-Joyner (USA)	Séoul (KOR)	29 sept. 1988
400 m	47"60	Marita Koch (GDR)	Canberra (AUS)	6 oct. 1985
800 m	1'53"28	Jarmila Kratochvílová (CZE)	Munich (DEU)	26 juill. 1983
1 000 m	2'28"98	Svetlana Masterkova (RUS)	Bruxelles (BEL)	23 août 1996
1 500 m	3'50"07	Genzebe Dibaba (ETH)	Fontvieille (MCO)	17 juill. 2015
1 mile	4'12"56	Svetlana Masterkova (RUS)	Zurich (CHE)	14 août 1996
2 000 m	5'25"36	Sonia O'Sullivan (IRL)	Édimbourg (GBR)	8 juill. 1994
3 000 m	8'06"11	Wang Junxia (CHN)	Pékin (CHN)	13 sept. 1993
5 000 m	14'11"15	Tirunesh Dibaba (ETH)	Oslo (NOR)	6 juin 2008
10 000 m	29'31"78	Wang Junxia (CHN)	Pékin (CHN)	8 sept. 1993
20 000 m	1 h 05'26"60	Tegla Loroupe (KEN)	Borgholzhausen (DEU)	3 sept. 2000
1 heure	18 517 m	Dire Tune (ETH)	Ostrava (CZE)	12 juin 2008
25 000 m	1 h 27'05"90	Tegla Loroupe (KEN)	Mengerskirchen (DEU)	21 sept. 2002
30 000 m	1 h 45'50"00	Tegla Loroupe (KEN)	Warstein (DEU)	6 juin 2003
3 000 m steeplechase	8'58"81	Gulnara Samitova-Galkina (RUS)	Pékin (CHN)	17 août 2008
100 m haies	12"21	Yordanka Donkova (BGR)	Stara Zagora (BGR)	20 août 1988
400 m haies	52"34	Yuliya Pechonkina (RUS)	Tula (RUS)	8 août 2003
Relais 4 x 100 m	40"82	États-Unis (Tianna Madison, Allyson Felix, Bianca Knight, Carmelita Jeter)	Londres (GBR)	10 août 2012
Relais 4 x 200 m	1'27"46	États-Unis « Blue » (LaTasha Jenkins, LaTasha Colander-Richardson, Nanceen Perry, Marion Jones)	Philadelphie (USA)	29 avril 2000
Relais 4 x 400 m	3'15"17	Ex-URSS (Tatyana Ledovskaya, Olga Nazarova, Maria Pinigina, Olga Bryzgina)	Séoul (KOR)	1er oct. 1988
Relais 4 x 800 m	7'50"17	Ex-URSS (Nadezhda Olizarenko, Lyubov Gurina, Lyudmila Borisova, Irina Podyalovskaya)	Moscou (RUS)	5 août 1984
Relais 4 x 1 500 m	16'33"58	Kenya (Mercy Cherono, Irene Jelagat, Faith Kipyegon, Hellen Oribi)	Nassau (BHS)	24 mai 2014

ATHLÉTISME – COURSE SUR PISTE (EN SALLE)

HOMMES	TEMPS	NOM (NATIONALITÉ)	LIEU	DATE
50 m	5"56	Donovan Bailey (CAN)	Reno (USA)	9 févr. 1996
60 m	6"39	Maurice Greene (USA)	Madrid (ESP)	3 févr. 1998
			Atlanta (USA)	3 mars 2001
200 m	19"92	Frankie Fredericks (NAM)	Liévin (FRA)	18 févr. 1996
400 m	44"57	Kerron Clement (USA)	Fayetteville (USA)	12 mars 2005
800 m	1'42"67	Wilson Kipketer (DNK)	Paris (FRA)	9 mars 1997
1 000 m	2'14"20	Ayanleh Souleiman (DJI)	Stockholm (SWE)	17 févr. 2016
1 500 m	3'31"18	Hicham El Guerrouj (MAR)	Stuttgart (DEU)	2 févr. 1997
1 mile	3'48"45	Hicham El Guerrouj (MAR)	Gand (BEL)	12 févr. 1997
3 000 m	7'24"90	Daniel Komen (KEN)	Budapest (HUN)	6 févr. 1998
5 000 m	12'49"60	Kenenisa Bekele (ETH)	Birmingham (GBR)	20 févr. 2004
50 m haies	6"25	Mark McKoy (CAN)	Kobe (JAP)	5 mars 1986
60 m haies	7"30	Colin Jackson (GBR †)	Sindelfingen (DEU)	6 mars 1994
Relais 4 x 200 m	1'22"11	Grande-Bretagne et Irlande du Nord (Linford Christie, Darren Braithwaite, Ade Mafe, John Regis)	Glasgow (GBR)	3 mars 1991
Relais 4 x 400 m	3'02"13	États-Unis (Kyle Clemons, David Verburg, Kind Butler III, Calvin Smith)	Sopot (POL)	9 mars 2014
Relais 4 x 800 m	7'13"11	États-Unis All Stars (Richard Jones, David Torrence, Duane Solomon, Erik Sowinski)	Boston (USA)	8 févr. 2014
5 000 m marche	18'07"08	Mikhail Shchennikov (RUS)	Moscou (RUS)	14 févr. 1995

†GBR = Grande-Bretagne, aux termes de l'IAAF

FEMMES	TEMPS	NOM (NATIONALITÉ)	LIEU	DATE
50 m	5"96	Irina Privalova (RUS)	Madrid (ESP)	9 févr. 1995
60 m	6"92	Irina Privalova (RUS)	Madrid (ESP)	11 févr. 1993
				9 févr. 1995
200 m	21"87	Merlene Ottey (JAM)	Liévin (FRA)	13 févr. 1993
400 m	49"59	Jarmila Kratochvílová (CZE)	Milan (ITA)	7 mars 1982
800 m	1'55"82	Jolanda Batagelj (SVN)	Vienne (AUT)	3 mars 2002
1 000 m	2'30"94	Maria de Lurdes Mutola (MOZ)	Stockholm (SWE)	25 févr. 1999
1 500 m	3'55"17	Genzebe Dibaba (ETH)	Karlsruhe (DEU)	1er févr. 2014
1 mile	4'13"31	Genzebe Dibaba (ETH)	Stockholm (SWE)	17 févr. 2016
3 000 m	8'16"60	Genzebe Dibaba (ETH)	Stockholm (SWE)	6 févr. 2014
5 000 m	14'18"86	Genzebe Dibaba (ETH)	Stockholm (SWE)	19 févr. 2015
50 m haies	6"58	Cornelia Oschkenat (GDR)	Berlin (DEU)	20 févr. 1988
60 m haies	7"68	Susanna Kallur (SWE)	Karlsruhe (DEU)	10 févr. 2008
Relais 4 x 200 m	1'32"41	Russie (Yekaterina Kondratyeva, Irina Khabarova, Yuliya Pechonkina, Yulia Gushchina)	Glasgow (GBR)	29 janv. 2005
Relais 4 x 400 m	3'23"37	Russie (Yulia Gushchina, Olga Kotlyarova, Olga Zaytseva, Olesya Krasnomovets)	Glasgow (GBR)	28 janv. 2006
Relais 4 x 800 m	8'06"24	Team Moscow (Aleksandra Bulanova, Yekaterina Martynova, Elena Kofanova, Anna Balakshina)	Moscou (RUS)	18 févr. 2011
3 000 m marche	11'40"33	Claudia Stef (ROM)	Bucarest (ROM)	30 janv. 1999

Le mile le plus rapide en salle (femmes)

Genzebe Dibaba (ETH) a parcouru 1 mile en salle en 4'13"31, au Globe Arena de Stockholm (SWE), le 17 février 2016.

COURSE DE FOND

HOMMES	TEMPS/DISTANCE	NOM (NATIONALITÉ)	LIEU	DATE
50 km	2 h 48'06	Jeff Norman (GBR)	Timperley (GBR)	7 juin 1980
100 km	6 h 10'20	Donald Ritchie (GBR)	Londres (GBR)	28 oct. 1978
100 miles	11 h 28'03	Oleg Kharitonov (RUS)	Londres (GBR)	20 oct. 2002
1 000 km	5 jrs 16 h 17'00	Yiannis Kouros (GRC)	Colac (AUS)	26 nov.–1 déc. 1984
1 000 miles	11 jrs 13 h 54'58	Peter Silkinas (LTU)	Nanango (AUS)	11–23 mars 1998
6 h	97,2 km	Donald Ritchie (GBR)	Londres (GBR)	28 oct. 1978
12 h	163,785 km	Zach Bitter (USA)	Phoenix (USA)	14 déc. 2013
24 h	303,506 km	Yiannis Kouros (GRC)	Adelaïde (AUS)	4–5 oct. 1997
48 h	473,495 km	Yiannis Kouros (GRC)	Surgères (FRA)	3–5 mai 1996
6 jours	1 038,851 km	Yiannis Kouros (GRC)	Colac (AUS)	20–26 nov. 2005

FEMMES	TEMPS/DISTANCE	NOM (NATIONALITÉ)	LIEU	DATE
50 km	3 h 18'52	Carolyn Hunter-Rowe (GBR)	Barry (GBR)	3 mars 1996
100 km	7 h 14'06	Norimi Sakurai (JPN)	Vérone (ITA)	27 sept. 2003
100 miles	13 h 52'07	Mami Kudo (JPN)	Chinese Taipei	10 déc. 2011
1 000 km	7 jrs 1 h 28'29	Eleanor Robinson (GBR)	Nanango (AUS)	11-18 mars 1998
1 000 miles	13 jrs 1 h 54'02	Eleanor Robinson (GBR)	Nanango (AUS)	11-23 mars 1998
6 h	83,2 km	Norimi Sakurai (JPN)	Vérone (ITA)	27 sept. 2003
12 h	147,6 km	Ann Trason (USA)	Hayward (USA)	3-4 août 1991
24 h	255,303 km	Mami Kudo (JPN)	Taïwan	10-11 déc. 2011
48 h	397,103 km	Inagiki Sumie (JPN)	Surgères (FRA)	21-23 mai 2010
6 jours	883,631 km	Sandra Barwick (NZL)	Campbelltown (AUS)	18-24 nov. 1990

Le 30 km sur route le plus rapide

Lors du marathon de Dubaï, le 22 janvier 2016, Amos Choge Kipruto, Edwin Kibet Koech (tous 2 KEN) et Sisay Lemma (ETH, ci-dessus) ont franchi la borne des 30 km en 1 h, 27 min et 20 s.

Le saut à la perche le plus haut (femmes, en salle)

Jennifer Suhr (USA) est la 2e femme de l'histoire, après Yelena Isinbayeva (RUS), à passer la barre des 5 m. Elle l'a réussi en 2013, avec un saut à 5,02 m, avant d'améliorer son record de 1 cm 3 ans plus tard, au Golden Eagle Multi and Invitational, à Brockport (New York, USA). En avril 2016, Suhr était la championne olympique en titre après sa médaille d'or à Londres en 2012. Elle avait décroché l'argent aux J.O. 2008, à Pékin (CHN).

ATHLÉTISME – COURSE SUR ROUTE

HOMMES	TEMPS	NOM (NATIONALITÉ)	LIEU	DATE
10 km	26'44	Leonard Patrick Komon (KEN)	Utrecht (NDL)	26 sept. 2010
15 km	41'13	Leonard Patrick Komon (KEN)	Nijmegen (NDL)	21 nov. 2010
20 km	55'21	Zersenay Tadese (ERI)	Lisbonne (POR)	21 mars 2010
Semi-marathon	58'23	Zersenay Tadese (ERI)	Lisbonne (POR)	21 mars 2010
25 km	1 h 11'18	Dennis Kipruto Kimetto (KEN)	Berlin (DEU)	6 mai 2012
30 km*	1 h 27'20	Amos Choge Kipruto (KEN) Edwin Kibet Koech (KEN) Sisay Lemma (ETH)	Dubaï (ARE)	22 janv. 2016
Marathon	2 h 2'57	Dennis Kipruto Kimetto (KEN)	Berlin (DEU)	28 sept. 2014
100 km	6 h 13'33	Takahiro Sunada (JPN)	Tokoro (JPN)	21 juin 1998
Relais sur route	1 h 57'06	Kenya (Josephat Ndambiri, Martin Mathathi, Daniel Mwangi, Mekubo Mogusu, Onesmus Nyerere, John Kariuki)	Chiba (JPN)	23 nov. 2005
FEMMES	TEMPS	NOM (NATIONALITÉ)	LIEU	DATE
10 km	30'21	Paula Radcliffe (GBR)	San Juan (PRI)	23 févr. 2003
15 km	46'14	Florence Jebet Kiplagat (KEN)	Barcelone (ESP)	15 févr. 2015
20 km	1 h 1'54	Florence Jebet Kiplagat (KEN)	Barcelone (ESP)	15 févr. 2015
Semi-marathon	1 h 5'09	Florence Jebet Kiplagat (KEN)	Barcelone (ESP)	15 févr. 2015
25 km	1 h 19'53	Mary Jepkosgei Keitany (KEN)	Berlin (DEU)	9 mai 2010
30 km	1 h 38'49	Mizuki Noguchi (JPN)	Berlin (DEU)	25 sept. 2005
Marathon	2 h 15'25	Paula Radcliffe (GBR)	Londres (GBR)	13 avr. 2003
100 km	6 h 33'11	Tomoe Abe (JPN)	Tokoro (JPN)	25 juin 2000
Relais sur route	2 h 11'41	Chine (Jiang Bo, Dong Yanmei, Zhao Fengting, Ma Zaijie, Lan Lixin, Li Na)	Pékin (CHN)	28 févr. 1998

En attente d'homologation au moment de la mise sous presse

ATHLÉTISME – MARCHE

HOMMES	TEMPS	NOM (NATIONALITÉ)	LIEU	DATE
20 000 m	1 h 17'25"60	Bernardo Segura (MEX)	Bergen (NOR)	7 mai 1994
20 km (route)	1 h 16'36"00	Yusuke Suzuki (JPN)	Nomi (JPN)	15 mars 2015
30 000 m	2 h 1'44"10	Maurizio Damilano (ITA)	Cuneo (ITA)	3 oct. 1992
50 000 m	3 h 35'27"20	Yohann Diniz (FRA)	Reims (FRA)	12 mars 2011
50 km (route)	3 h 32'33"00	Yohann Diniz (FRA)	Zurich (CHE)	15 août 2014
FEMMES	TEMPS	NOM (NATIONALITÉ)	LIEU	DATE
10 000 m	41'56"23	Nadezhda Ryashkina (ex-URSS)	Seattle (USA)	24 juil. 1990
20 000 m	1 h 26'52"30	Olimpiada Ivanova (RUS)	Brisbane (AUS)	6 sept. 2001
20 km (route)	1 h 24'38"00	Liu Hong (CHN)	La Corogne (ESP)	6 juin 2015

ATHLÉTISME – AUTRES ÉPREUVES EN SALLE

HOMMES	DISTANCE/POINTS	NOM (NATIONALITÉ)	LIEU	DATE	
Saut en hauteur	2,43 m	Javier Sotomayor (CUB)	Budapest (HUN)	4 mars 1989	60 m 6,79 s ; saut en longueur 8,16 m ; poids 14,56 m ; saut en hauteur 2,03 m ; 60 m haies 7,68 s ; saut à la perche 5,20 m ; 1 000 m 2 min et 32,78 s
Saut à la perche	6,16 m	Renaud Lavillenie (FRA)	Donetsk (UKR)	15 févr. 2014	
Saut en longueur	8,79 m	Carl Lewis (USA)	New York (USA)	27 janv. 1984	
Triple saut	17,92 m	Teddy Tamgho (FRA)	Paris (FRA)	6 mars 2011	
Poids	22,66 m	Randy Barnes (USA)	Los Angeles (USA)	20 janv. 1989	
Heptathlon †	6 645 points	Ashton Eaton (USA)	Istanbul (TUR)	10 mars 2012	
FEMMES	DISTANCE/POINTS	NOM (NATIONALITÉ)	LIEU	DATE	
Saut en hauteur	2,08 m	Kajsa Bergqvist (SWE)	Arnstadt (DEU)	4 févr. 2006	†† 660 m haies 8,38 s ; saut hauteur 1,84 m ; poids 16,51 m ; saut en longueur 6,57 m ; 800 m 2 min et 11,15 s
Saut à la perche*	5,03 m	Jennifer Suhr (USA)	Brockport (USA)	30 janv. 2016	
Saut en longueur	7,37 m	Heike Drechsler (GDR)	Vienne (AUT)	13 févr. 1988	
Triple saut	15,36 m	Tatyana Lebedeva (RUS)	Budapest (HUN)	6 mars 2004	
Poids	22,50 m	Helena Fibingerová (CZE)	Jablonec (CZE)	19 févr. 1977	
Pentathlon ††	5 013 points	Natalia Dobrynska (GBR)	Istanbul (TUR)	9 mars 2012	

En attente d'homologation au moment de la mise sous presse

ATHLÉTISME – AUTRES ÉPREUVES EN EXTÉRIEUR

HOMMES	DISTANCE/POINTS	NOM (NATIONALITÉ)	LIEU	DATE	
Saut en hauteur	2,45 m	Javier Sotomayor (CUB)	Salamanque (ESP)	27 juill. 1993	† 100 m 10,23 s ; saut en longueur 7,88 m ; poids 14,52 m ; saut en hauteur 2,01 m ; 400 m 45,00 s ; 110 m haies 13,69 s ; disque 43,34 m ; saut à la perche 5,20 m ; javelot 63,63 m ; 1 500 m 4 min 17,52 s
Saut à la perche	6,14 m	Sergei Bubka (UKR)	Sestrières (ITA)	31 juill. 1994	
Saut en longueur	8,95 m	Mike Powell (USA)	Tokyo (JPN)	30 août 1991	
Triple saut	18,29 m	Jonathan Edwards (GBR)	Göteborg (SWE)	7 août 1995	
Poids	23,12 m	Randy Barnes (USA)	Los Angeles (USA)	20 mai 1990	
Disque	74,08 m	Jürgen Schult (ex-GDR)	Neubrandenburg (DEU)	6 juin 1986	
Marteau	86,74 m	Yuriy Sedykh (ex-URSS)	Stuttgart (DEU)	30 août 1986	
Javelot	98,48 m	Jan Železný (CZE)	Jena (DEU)	25 mai 1996	
Décathlon †	9 045 points	Ashton Eaton (USA)	Pékin (CHN)	29 août 2015	
FEMMES	**DISTANCE/POINTS**	**NOM (NATIONALITÉ)**	**LIEU**	**DATE**	
Saut en hauteur	2,09 m	Stefka Kostadinova (BGR)	Rome (ITA)	30 août 1987	†† 100 m haies 12,69 s ; saut en hauteur 1,86 m ; poids 15,80 m ; 200 m 22,56 s ; saut en longueur 7,27 m ; javelot 45,66 m ; 800 m 2 min et 8,51 s
Saut à la perche	5,06 m	Yelena Isinbayeva (RUS)	Zurich (CHE)	28 août 2009	
Saut en longueur	7,52 m	Galina Chistyakova (ex-URSS)	Leningrad (RUS)	11 juin 1988	
Triple saut	15,50 m	Inessa Kravets (UKR)	Göteborg (SWE)	10 août 1995	
Poids	22,63 m	Natalya Lisovskaya (ex-URSS)	Moscou (RUS)	7 juin 1987	
Disque	76,80 m	Gabriele Reinsch (GDR)	Neubrandenburg (DEU)	9 juill. 1988	††† 100 m 12,49 s ; saut en longueur 6,12 m ; poids 16,42 m ; saut en hauteur 1,78 m ; 400 m 57,19 s ; 100 m haies 14,22 s ; disque 46,19 m ; saut à la perche 3,10 m ; javelot 48,78 m ; 1 500 m 5 min et 15,86 s
Marteau	81,08 m	Anita Włodarczyk (POL)	Cetniewo (POL)	1er août 2015	
Javelot	72,28 m	Barbora Špotáková (CZE)	Stuttgart (DEU)	13 sept. 2008	
Heptathlon † †	7 291 points	Jacqueline Joyner-Kersee (USA)	Séoul (KOR)	24 sept. 1988	
Décathlon † † †	8 358 points	Austra Skujytė (LTU)	Columbia (USA)	15 avr. 2005	

CYCLISME SUR PISTE

HOMMES	DISTANCE/POINTS	NOM (NATIONALITÉ)	LIEU	DATE
200 m (départ lancé)	9"347	François Pervis (FRA)	Aguascalientes (MEX)	6 déc. 2013
500 m (départ lancé)	24"750	Chris Hoy (GBR)	La Paz (BOL)	13 mai 2007
750 m par équipe (départ arrêté)	41"871	Allemagne (Joachim Eilers, René Enders, Robert Förstemann)	Aguascalientes (MEX)	5 déc. 2013
1 km (départ arrêté)	56"303	François Pervis (FRA)	Aguascalientes (MEX)	7 déc. 2013
4 km (départ arrêté)	4'10"534	Jack Bobridge (AUS)	Sydney (AUS)	2 févr. 2011
4 km par équipe (départ arrêté)	3'51"659	Grande-Bretagne (Edward Clancy, Peter Kennaugh, Geraint Thomas, Steven Burke)	Londres (GBR)	3 août 2012
1 h	54,526 km	Bradley Wiggins (GBR)	Londres (GBR)	7 juin 2015
FEMMES	**DISTANCE/POINTS**	**NOM (NATIONALITÉ)**	**LIEU**	**DATE**
200 m (départ lancé)	10"384	Kristina Vogel (DEU)	Aguascalientes (MEX)	7 déc. 2013
500 m (départ lancé)	29"234	Olga Streltsova (RUS)	Moscou (RUS)	30 mai 2014
500 m (départ arrêté)	32"836	Anna Meares (AUS)	Aguascalientes (MEX)	6 déc. 2013
500 m par équipe (départ arrêté)	32"034	Chine (Jinjie Gong, Tianshi Zhong)	Saint-Quentin-en-Yvelines (FRA)	18 févr. 2015
3 km (départ arrêté)	3'22"269	Sarah Hammer (USA)	Aguascalientes (MEX)	11 mai 2010
4 km par équipe (départ arrêté)	4'13"683	Australie (Amy Cure, Annette Edmondson, Ashlee Ankudinoff, Melissa Hoskins)	Saint-Quentin-en-Yvelines (FRA)	19 févr. 2015
1 h	47,980 km	Evelyn Stevens (USA)	Colorado Springs (USA)	27 févr. 2016

Le plus de points en décathlon

En 2015, Ashton Eaton (USA) a totalisé 9 045 points pour s'emparer une nouvelle fois de l'or aux Mondiaux de l'IAAF. Il améliorait son record de 6 points au terme d'une performance éblouissante.

La poursuite par équipe la plus rapide sur 4 km (femmes)

Amy Cure, Annette Edmondson, Ashlee Ankudinoff et Melissa Hoskins (toutes AUS) ont couvert les 4 km de la poursuite par équipe en 4 min et 13,683 s, lors de l'étape de la coupe du monde UCI de cyclisme sur piste, à Saint-Quentin-en-Yvelines (FRA), le 19 février 2015.

La plus longue distance en 1 h départ arrêté

Sir Bradley Wiggins (GBR) a parcouru 54,526 km, dans le vélodrome olympique de Londres (GBR), le 7 juin 2015. Il démontre ainsi les grands progrès technologiques et physiques accomplis depuis le 1er record établi le 11 mai 1893 par Henri Desgrange (FRA). À l'époque, Desgrange n'avait parcouru « que » 35,325 km.

Le 4 x 100 m nage libre le plus rapide (grand bassin, femme)

Le 24 juillet 2014, l'Australie (Bronte Campbell, Cate Campbell, Emma McKeon et Melanie Schlanger) a remporté le 4 x 100 m nage libre en grand bassin en 3 min et 30,98 s. Le record a eu lieu aux Jeux du Commonwealth 2014, à Glasgow (GBR). Ci-dessus, Bronte Campbell félicite sa sœur Cate sous les yeux de leurs coéquipières.

NATATION – GRAND BASSIN (50 M)

HOMME	TEMPS	NOM (NATIONALITÉ)	LIEU	DATE
50 m nage libre	20'91	César Cielo Filho (BRA)	São Paulo (BRA)	18 déc. 2009
100 m nage libre	46'91	César Cielo Filho (BRA)	Rome (ITA)	30 juill. 2009
200 m nage libre	1"42'00	Paul Biedermann (DEU)	Rome (ITA)	28 juill. 2009
400 m nage libre	3"40'07	Paul Biedermann (DEU)	Rome (ITA)	26 juill. 2009
800 m nage libre	7"32'12	Zhang Lin (CHN)	Rome (ITA)	29 juill. 2009
1 500 m nage libre	14'31'02	Sun Yang (CHN)	Londres (GBR)	4 août 2012
Relais 4 x 100 m nage libre	3"08'24	USA (Michael Phelps, Garrett Weber-Gale, Cullen Jones, Jason Lezak)	Pékin (CHN)	11 août 2008
Relais 4 x 200 m nage libre	6"58'55	USA (Michael Phelps, Ricky Berens, David Walters, Ryan Lochte)	Rome (ITA)	31 juill. 2009
50 m papillon	22'43	Rafael Muñoz (ESP)	Malaga (ESP)	5 avril 2009
100 m papillon	49'82	Michael Phelps (USA)	Rome (ITA)	1er août 2009
200 m papillon	1"51'51	Michael Phelps (USA)	Rome (ITA)	29 juill. 2009
50 m dos	24'04	Liam Tancock (GBR)	Rome (ITA)	2 août 2009
100 m dos	51'94	Aaron Peirsol (USA)	Indianapolis (USA)	8 juill. 2009
200 m dos	1"51'92	Aaron Peirsol (USA)	Rome (ITA)	31 juill. 2009
50 m brasse	26'42	Adam Peaty (GBR)	Kazan (RUS)	4 août 2015
100 m brasse	57'92	Adam Peaty (GBR)	Londres (GBR)	17 avril 2015
200 m brasse	2'07'01	Akihiro Yamaguchi (JPN)	Gifu (JPN)	15 sept. 2012
200 m 4 nages	1"54'00	Ryan Lochte (USA)	Shanghai (CHN)	28 juill. 2011
400 m 4 nages	4"03'84	Michael Phelps (USA)	Pékin (CHN)	10 août 2008
Relais 4 x 100 m 4 nages	3"27'28	USA (Aaron Peirsol, Eric Shanteau, Michael Phelps, David Walters)	Rome (ITA)	2 août 2009

FEMME	TEMPS	NOM (NATIONALITÉ)	LIEU	DATE
50 m nage libre	23'73	Britta Steffen (DEU)	Rome (ITA)	2 août 2009
100 m nage libre	52'07	Britta Steffen (DEU)	Rome (ITA)	31 juill. 2009
200 m nage libre	1"52'98	Federica Pellegrini (ITA)	Rome (ITA)	29 juill. 2009
400 m nage libre	3"58'37	Katie Ledecky (USA)	Gold Coast (AUS)	23 août 2014
800 m nage libre	8"06'68	Katie Ledecky (USA)	Austin (USA)	17 janv. 2016
1 500 m nage libre	15"25'48	Katie Ledecky (USA)	Kazan (RUS)	4 août 2015
Relais 4 x 100 m nage libre	3"30'98	Australie (Bronte Campbell, Melanie Schlanger, Emma McKeon, Cate Campbell)	Glasgow (GBR)	24 juill. 2014
Relais 4 x 200 m nage libre	7"42'08	Chine (Yang Yu, Zhu Qian Wei, Liu Jing, Pang Jiaying)	Rome (ITA)	30 juill. 2009
50 m papillon	24'43	Sarah Sjöström (SWE)	Borås (SWE)	5 juill. 2014
100 m papillon	55'64	Sarah Sjöström (SWE)	Kazan (RUS)	3 août 2015
200 m papillon	2'01'81	Liu Zige (CHN)	Jinan (CHN)	21 oct. 2009
50 m dos	27'06	Zhao Jing (CHN)	Rome (ITA)	30 juill. 2009
100 m dos	58'12	Gemma Spofforth (GBR)	Rome (ITA)	28 juill. 2009
200 m dos	2'04'06	Missy Franklin (USA)	Londres (GBR)	3 août 2012
50 m brasse	29'48	Rūta Meilutytė (LTU)	Barcelone (ESP)	3 août 2013
100 m brasse	1'04'35	Rūta Meilutytė (LTU)	Barcelone (ESP)	29 juill. 2013
200 m brasse	2'19'11	Rikke Møller Pedersen (DNK)	Barcelone (ESP)	1 août 2013
200 m 4 nages	2'06'12	Katinka Hosszú (HUN)	Kazan (RUS)	3 août 2015
400 m 4 nages	4'28'43	Ye Shiwen (CHN)	Londres (GBR)	28 juill. 2012
Relais 4 x 100 m 4 nages	3'52'05	USA (Missy Franklin, Rebecca Soni, Dana Vollmer, Allison Schmitt)	Londres (GBR)	4 août 2012

Le 100 m nage libre le plus rapide (grand bassin, femme)

Britta Steffen (DEU) a réussi un chrono de 52,07 s aux championnats du monde de natation de Rome (ITA), le 31 juillet 2009. Elle a ainsi battu son propre record de 52,22 s établi 4 jours plus tôt.

Le 200 m 4 nages le plus rapide (grand bassin, femme)

Katinka Hosszú (HUN) a survolé le 200 m 4 nages en grand bassin en 2 min et 6,12 s aux 16e championnats du monde de natation FINA à Kazan (RUS), le 3 août 2015. Elle améliorait de 0,03 s le record établi aux Mondiaux 2009.

NATATION – PETIT BASSIN (25 M)

HOMME	TEMPS	NOM (NATIONALITÉ)	LIEU	DATE
50 m nage libre	20'26	Florent Manaudou (FRA)	Doha (QAT)	5 déc. 2014
100 m nage libre	44'94	Amaury Leveaux (FRA)	Rijeka (HRV)	13 déc. 2008
200 m nage libre	1"39'37	Paul Biedermann (DEU)	Berlin (DEU)	15 nov. 2009
400 m nage libre	3"32'25	Yannick Agnel (FRA)	Angers (FRA)	15 nov. 2012
800 m nage libre	7"23'42	Grant Hackett (AUS)	Melbourne (AUS)	20 juill. 2008
1 500 m nage libre	14"10'10	Grant Hackett (AUS)	Perth (AUS)	7 août 2001
Relais 4 x 100 m nage libre	3"03'30	USA (Nathan Adrian, Matt Grevers, Garrett Weber-Gale, Michael Phelps)	Manchester (GBR)	19 déc. 2009
Relais 4 x 200 m nage libre	6"49'04	Russie (Nikita Lobintsev, Danila Izotov, Evgeny Lagunov, Alexander Sukhorukov)	Dubaï (ARE)	16 déc. 2010
50 m papillon	21'80	Steffen Deibler (DEU)	Berlin (DEU)	14 nov. 2009
100 m papillon	48'44	Chad le Clos (ZAF)	Doha (QAT)	4 déc. 2014
200 m papillon	1"48'56	Chad le Clos (ZAF)	Singapour (SGP)	5 nov. 2013
50 m dos	22'22	Florent Manaudou (FRA)	Doha (QAT)	6 déc. 2014
100 m dos	48'92	Matt Grevers (USA)	Indianapolis (USA)	12 déc. 2015
200 m dos	1"45'63	Mitch Larkin (AUS)	Sydney (AUS)	27 nov. 2015
50 m brasse	25'25	Cameron van der Burgh (ZAF)	Berlin (DEU)	14 nov. 2009
100 m brasse	55'61	Cameron van der Burgh (ZAF)	Berlin (DEU)	15 nov. 2009
200 m brasse	2"00'48	Dániel Gyurta (HUN)	Dubaï (ARE)	31 août 2014
100 m 4 nages	50'66	Markus Deibler (DEU)	Doha (QAT)	7 déc. 2014
200 m 4 nages	1"49'63	Ryan Lochte (USA)	Istanbul (TUR)	14 déc. 2012
400 m 4 nages	3"55'50	Ryan Lochte (USA)	Dubaï (ARE)	16 déc. 2010
Relais 4 x 100 m 4 nages	3"19'16	Russie (Stanislav Donets, Sergey Geybel, Evgeny Korotyshkin, Danila Izotov)	Saint-Petersbourg (RUS)	20 déc. 2009

FEMME	TEMPS	NOM (NATIONALITÉ)	LIEU	DATE
50 m nage libre	23'24	Ranomi Kromowidjojo (NLD)	Eindhoven (NLD)	7 août 2013
			Indianapolis (USA)	12 déc. 2015
100 m nage libre	50'91	Cate Campbell (AUS)	Sydney (AUS)	28 nov. 2015
200 m nage libre	1"50'78	Sarah Sjöström (SWE)	Doha (QAT)	7 déc. 2014
400 m nage libre	3"54'52	Mireia Belmonte (ESP)	Berlin (DEU)	11 août 2013
800 m nage libre	7"59'34	Mireia Belmonte (ESP)	Berlin (DEU)	10 août 2013
1 500 m nage libre	15"19'71	Mireia Belmonte (ESP)	Sabadell (ESP)	12 déc. 2014
Relais 4 x 100 m nage libre	3"26'63	Pays-Bas (Femke Heemskerk, Inge Dekker, Ranomi Kromowidjojo, Maud van der Meer)	Doha (QAT)	5 déc. 2014
Relais 4 x 200 m nage libre	7"32'85	Pays-Bas (Femke Heemskerk, Inge Dekker, Ranomi Kromowidjojo, Sharon van Rouwendaal)	Doha (QAT)	3 déc. 2014
50 m papillon	24'38	Therese Alshammar (SWE)	Singapour (SGP)	22 nov. 2009
100 m papillon	54'61	Sarah Sjöström (SWE)	Doha (QAT)	7 déc. 2014
200 m papillon	1"59'61	Mireia Belmonte (ESP)	Doha (QAT)	3 déc. 2014
50 m dos	25'67	Etiene Medeiros (BRA)	Doha (QAT)	7 déc. 2014
100 m dos	55'03	Katinka Hosszú (HUN)	Doha (QAT)	4 déc. 2014
200 m dos	1"59'23	Katinka Hosszú (HUN)	Doha (QAT)	5 déc. 2014
50 m brasse	28'80	Jessica Hardy (USA)	Berlin (DEU)	15 nov. 2009
100 m brasse	1"02'36	Rūta Meilutytė (LTU)	Moscou (RUS)	12 oct. 2013
		Alia Atkinson (JAM)	Doha (QAT)	6 déc. 2014
200 m brasse	2"14'57	Rebecca Soni (USA)	Manchester (GBR)	18 déc. 2009
100 m 4 nages	56'70	Katinka Hosszú (HUN)	Doha (QAT)	5 déc. 2014
200 m 4 nages	2"01'86	Katinka Hosszú (HUN)	Doha (QAT)	6 déc. 2014
400 m 4 nages	4"19'86	Mireia Belmonte (ESP)	Doha (QAT)	3 déc. 2014
Relais 4 x 100 m 4 nages	3"45'20	USA (Courtney Bartholomew, Katie Meili, Kelsi Worrell, Simone Manuel)	Indianapolis (USA)	11 déc. 2015

Le 100 m dos le plus rapide (petit bassin)

Matt Grevers (USA) a nagé le 100 m dos en petit bassin en 48,92 s, à Indianapolis (USA), le 12 décembre 2015. Grevers a battu son record lors de la compétition Duel in the Pool entre les stars européennes et américaines.

Le 200 m dos le plus rapide (petit bassin)

Mitch Larkin (AUS) a traversé le petit bassin en 1 min et 45,63 s, à Sydney (Australie), le 27 novembre 2015, lors du championnat australien en petit bassin.

Le 100 m nage libre le plus rapide (petit bassin, femme)

Lors du championnat australien en petit bassin à Sydney, le 28 novembre 2015, Cate Campbell (AUS) a amélioré le record du 100 m nage libre lors de son 200 m. Son temps de passage à mi-parcours était de 50,91 s, soit 0,8 s de mieux que le record précédent.

HALTÉROPHILIE, MARATHONS SPORTIFS ET SKI NAUTIQUE

56 kg arraché

Le poids le plus lourd soulevé en arraché chez les hommes catégorie 56 kg est de 139 kg, par Wu Jingbiao (CHN), aux Mondiaux d'haltérophilie IWF, à Houston (Texas, USA), le 21 novembre 2015.

Le Chinois a battu un record de 14 ans appartenant à Halil Mutlu (TUR), avec 138 kg soulevés à Antalya (TUR), le 4 novembre 2001.

HALTÉROPHILIE

HOMME	CATÉGORIE	POIDS	NOM (NATIONALITÉ)	LIEU	DATE
56 kg	Arraché	139 kg	Wu Jingbiao (CHN)	Houston (USA)	21 nov. 2015
	Épaulé-jeté	171 kg	Om Yun-Chol (PRK)	Houston (USA)	21 nov. 2015
	Total	305 kg	Halil Mutlu (TUR)	Sydney (AUS)	16 sept. 2000
62 kg	Arraché	154 kg	Kim Un-Guk (PRK)	Incheon (KOR)	21 sept. 2014
	Épaulé-jeté	183 kg	Lijun Chen (CHN)	Houston (USA)	22 nov. 2015
	Total	333 kg	Lijun Chen (CHN)	Houston (USA)	22 nov. 2015
69 kg	Arraché	166 kg	Liao Hui (CHN)	Almaty (KAZ)	10 nov. 2014
	Épaulé-jeté	198 kg	Liao Hui (CHN)	Wrocław (POL)	23 oct. 2013
	Total	359 kg	Liao Hui (CHN)	Almaty (KAZ)	10 nov. 2014
77 kg	Arraché	176 kg	Lü Xiaojun (CHN)	Wrocław (POL)	24 oct. 2013
	Épaulé-jeté	210 kg	Oleg Perepetchenov (RUS)	Trenčín (SVK)	27 avril 2001
	Total	380 kg	Lü Xiaojun (CHN)	Wrocław (POL)	24 oct. 2013
85 kg	Arraché	187 kg	Andrei Rybakou (BLR)	Chiang Mai (THA)	22 sept. 2007
	Épaulé-jeté	218 kg	Zhang Yong (CHN)	Ramat Gan (ISR)	25 avril 1998
	Total	394 kg	Andrei Rybakou (BLR)	Pékin (CHN)	15 août 2008
94 kg	Arraché	188 kg	Akakios Kakiasvilis (GRC)	Athènes (GRC)	27 nov. 1999
	Épaulé-jeté	233 kg	Ilya Ilyin (KAZ)	Londres (GBR)	4 août 2012
	Total	418 kg	Ilya Ilyin (KAZ)	Londres (GBR)	4 août 2012
105 kg	Arraché	200 kg	Andrei Aramnau (BLR)	Pékin (CHN)	18 août 2008
	Épaulé-jeté	246 kg	Ilya Ilyin (KAZ)	Grozny (RUS)	12 déc. 2015
	Total	437 kg	Ilya Ilyin (KAZ)	Grozny (RUS)	12 déc. 2015
+ de 105 kg	Arraché	214 kg	Behdad Salimi Kordasiabi (IRN)	Paris (FRA)	13 nov. 2011
	Épaulé-jeté	264 kg	Aleksei Lovchev (RUS)	Houston (USA)	28 nov. 2015
	Total	475 kg	Aleksei Lovchev (RUS)	Houston (USA)	28 nov. 2015
FEMME	**CATÉGORIE**	**POIDS**	**NOM (NATIONALITÉ)**	**LIEU**	**DATE**
48 kg	Arraché	98 kg	Yang Lian (CHN)	Saint-Domingue (DOM)	1er oct. 2006
	Épaulé-jeté	121 kg	Nurcan Taylan (TUR)	Antalya (TUR)	17 sept. 2010
	Total	217 kg	Yang Lian (CHN)	Saint-Domingue (DOM)	1er oct. 2006
53 kg	Arraché	103 kg	Li Ping (CHN)	Guangzhou (CHN)	14 nov. 2010
	Épaulé-jeté	134 kg	Zulfiya Chinshanlo (KAZ)	Almaty (KAZ)	10 nov. 2014
	Total	233 kg	Hsu Shu-ching (TPE)	Incheon (KOR)	21 sept. 2014
58 kg	Arraché	112 kg	Boyanka Kostova (AZE)	Houston (USA)	23 nov. 2015
	Épaulé-jeté	141 kg	Qiu Hongmei (CHN)	Tai'an (CHN)	23 avril 2007
	Total	252 kg	Boyanka Kostova (AZE)	Houston (USA)	23 nov. 2015
63 kg	Arraché	117 kg	Svetlana Tsarukaeva (RUS)	Paris (FRA)	8 nov. 2011
	Épaulé-jeté	146 kg	Wei Deng (CHN)	Houston (USA)	25 nov. 2015
	Total	261 kg	Lin Tzu-chi (TPE)	Incheon (KOR)	23 sept. 2014
69 kg	Arraché	128 kg	Liu Chunhong (CHN)	Pékin (CHN)	13 août 2008
	Épaulé-jeté	158 kg	Liu Chunhong (CHN)	Pékin (CHN)	13 août 2008
	Total	286 kg	Liu Chunhong (CHN)	Pékin (CHN)	13 août 2008
75 kg	Arraché	135 kg	Natalya Zabolotnaya (RUS)	Belgorod (RUS)	17 déc. 2011
	Épaulé-jeté	164 kg	Kim Un-ju (PRK)	Incheon (KOR)	25 sept. 2014
	Total	296 kg	Natalya Zabolotnaya (RUS)	Belgorod (RUS)	17 déc. 2011
+ de 75 kg	Arraché	155 kg	Tatiana Kashirina (RUS)	Almaty (KAZ)	16 nov. 2014
	Épaulé-jeté	193 kg	Tatiana Kashirina (RUS)	Almaty (KAZ)	16 nov. 2014
	Total	348 kg	Tatiana Kashirina (RUS)	Almaty (KAZ)	16 nov. 2014

58 kg total

Boyanka Kostova (AZE) a soulevé 252 kg chez les 58 kg aux Mondiaux d'haltérophilie IWF, à Houston (Texas, USA), le 23 novembre 2015.

Le même jour, elle a aussi soulevé le **poids le plus lourd en arraché chez les femmes de 58 kg** : 112 kg. Au total, 9 records ont été battus lors des Mondiaux de cette année-là.

63 kg épaulé-jeté

Wei Deng (CHN) a soulevé 146 kg en catégorie 63 kg aux Mondiaux d'haltérophilie IWF, à Houston (Texas, USA), le 25 novembre 2015. Wei s'est emparée de l'or dans sa catégorie en arraché, en épaulé-jeté et en combiné lors de ce championnat.

LES MARATHONS SPORTIFS LES PLUS LONGS

SPORT	TEMPS	NOM (NATIONALITÉ)	LIEU	DATE
Aérobique	39 h 20 min	Esther Featherstone (GBR)	Haywards Heath (GBR)	15-17 sept. 2012
Baseball	70 h 9 min 24 s	56 joueurs amateurs de Tom Lange Company et Dinos Logistics (USA)	Sauget (USA)	21-24 mai 2015
Basketball	120 h 1 min 7 s	Walang Iwanan et Bounce Back (PHL)	Manille (PHL)	24-29 mars 2014
Basketball (fauteuil roulant)	27 h 32 min	South West Scorpions Wheelchair Basketball Club (GBR)	Bristol (GBR)	11-12 août 2012
Bowling	134 h 57 min	Stephen Shanabrook (USA)	Plano (USA)	14-19 juin 2010
Boulingrin (intérieur)	40 h	Lyn Atkinson, Rob Atkinson, Peter Harry, Lorraine Missingham, Laurie Munro et Liz Munro (AUS)	Roxburgh Park (AUS)	17-19 avril 2013
Boulingrin (extérieur)	172 h 7 min	Six membres du Cambridge Bowling Club (NZL)	Cambridge (NZL)	19-26 mars 2016
Cricket	150 h 14 min	Loughborough University Staff Cricket Club (GBR)	Loughborough (GBR)	24-30 juin 2012
Curling	79 h 15 min 3 s	Rocks Around the Clock – Coldwater & District Curling Club (CAN)	Coldwater (CAN)	17-20 oct. 2014
Fléchettes (double)	48 h	Kevin Bryan, Matthew Cook, Adam Roberts et Ben Roper (GBR)	Shepshed (GBR)	4-6 sept. 2013
Fléchettes (simple)	50 h 50 min 50 s	Mark Dye et Wayne Mitchell (GBR)	Bromley (GBR)	13-15 mars 2014
Dodgeball	41 h 3 min 17 s	Right to Play @ Castleton Club (USA)	Castleton (USA)	27-29 avril 2012
Floorball	26 h	Lappeenranta University of Technology et Urheilu Koskimies Team (FIN)	Lappeenranta (FIN)	12-13 juill. 2013
Hockey (glace)	247 h 59 min 30 s	The Oilympics (CAN)	Chestermere (CAN)	4-15 mai 2014
Hockey (salle)	60 h	Floor Hockey for Blake (CAN)	Calgary (CAN)	27-30 juin 2014
Hockey (inline/roller)	30 h	I H Samurai Iserlohn (DEU)	Iserlohn (DEU)	13-14 févr. 2016
Hockey (rue)	105 h 17 min	Molson Canadian et Canadian Tire teams (CAN)	Lethbridge (CAN)	20-24 août 2008
Hurling	24 h 14 min 2 s	Cloughbawn GAA Club (IRL)	Castleboro (IRL)	22-23 juin 2012
Korfball	30 h 2 min	Kingfisher Korfball Club (GBR)	Larkfield (GBR)	14-15 juin 2008
Netball	72 h 5 min	Generation Netball Club (AUS)	Launceston (AUS)	9-12 juill. 2015
Pétanque (boules)	52 h	Gilles de B'Heinsch (BEL)	Arlon (BEL)	18-20 sept. 2009
Billard (simple)	100 h	David Miles, Keith Pulley, Drew Rieck et Shawn Terrell (USA)	Colorado Springs (USA)	6-10 déc. 2013
Ski	202 h 1 min	Nick Willey (AUS)	Thredbo (AUS)	2-10 sept. 2005
Snowboard	180 h 34 min	Bernhard Mair (AUT)	Bad Kleinkirchheim (AUT)	9-16 janv. 2004
Football	105 h	Craig Gowans Memorial Fund (GBR)	Édimbourg (GBR)	4-8 juill. 2015
Football à 5	70 h 3 min	Lee Knight Foundation (GBR)	Wirral (GBR)	30 juill.-2 août 2015
Baby-foot	61 h 17 min	Alexander Kuen, Manuel Larcher, Bernd Neururer et Dietmar Neururer (AUT)	Innsbruck (AUT)	29 août-1er sept. 2012
Tennis de table (double)	101 h 1 min 11 s	Lance, Mark et Phil Warren, Bill Weir (USA)	Sacramento (USA)	9-13 avril 1979
Tennis de table (simple)	132 h 31 min	Handy Nunes et Danny Price (USA)	Cherry Hill (USA)	20-26 août 1978
Tennis (double)	57 h 32 min 27 s	Sipke de Hoop, Rob Hamersma, Wichard Heidekamp et Andre Poel (NLD)	Zuidlaren (NLD)	16-18 août 2013
Tennis (simple)	63 h 27 min 40 s	Dennis Groissl et Niklas Jahn (DEU)	Bargteheide (DEU)	7-9 juill. 2015
Volleyball (plage)	25 h 39 min	Mateusz Baca, Wojciech Kurczyński, Sebastian Lüdke et Tomasz Olszak (DEU)	Görlitz (DEU)	3-4 juill. 2010
Volleyball (salle)	85 h	SVU Volleybal (NLD)	Amstelveen (NLD)	27-30 déc. 2011
Wiffle ball	25 h 39 min 33 s	Chris Conrad, Julian Cordle, Gary Dunn, Donny Guy et Tom Mercier contre Bobby Heiken, Josh McDermott, Jeff Multanen, Rich Rosenthal et Cameron Williams (USA)	Medford (USA)	10-11 août 2013

SKI NAUTIQUE

HOMME	RECORD	NOM (NATIONALITÉ)	LIEU	DATE
Slalom	2,5 bouées | 9,75 m line | 58 km/h	Nate Smith (USA)	Covington (USA)	7 sept. 2013
Slalom pieds nus	20,6 croisements en 30 s	Keith St Onge (USA)	Bronkhorstspruit (ZAF)	6 janv. 2006
Figures	12 570 points	Alexi Zharnasek (BLR)	Isles of Lake Hancock (USA)	29 avril 2011
Figures pieds nus	12 150 points	David Small (GBR)	Adna (USA)	12 juin 2010
Saut	76,2 m	Freddy Krueger (USA)	Isles of Lake Hancock (USA)	1er mai 2014
Saut pieds nus	29,9 m	David Small (GBR)	Brandenburg (DEU)	11 août 2010
Vol	95,1 m	Freddy Krueger (USA)	Michigan (USA)	7 août 2015
Total	2 818,01 points*	Jaret Llewellyn (CAN)	Seffner (USA)	29 sept. 2002
FEMME	**RECORD**	**NOM (NATIONALITÉ)**	**LIEU**	**DATE**
Slalom	3,25 bouées | 10,25 m line | 55 km/h	Regina Jaquess (USA)	Cedar Ridge Lake (USA)	7 juin 2014
Slalom pieds nus	17,2 croisements en 30 s	Ashleigh Stebbings (AUS)	Perth (AUS)	8 oct. 2014
Figures	10 460 points	Erika Lang (USA)	Crystal Point (USA)	10 mai 2014
Figures pieds nus	10 100 points	Ashleigh Stebbings (AUS)	Mulwala (AUS)	13 mars 2014
Saut	59,1 m	Jacinta Carroll (AUS)	Groveland (USA)	17 mai 2015
Saut pieds nus	21,7 m	Ashleigh Stebbings (AUS)	Mulwala (AUS)	16 mars 2014
Vol	69,4 m	Elena Milakova (RUS)	Pine Mountain (USA)	26 mai 2002
Total	3 126,52 points**	Natalia Berdnikova (BLR)	Groveland (USA)	19 mai 2012

* 5@11,25 m, 10 730 figures, 71,7 m saut ** 3@11,25 m, 9 740 figures, 58,0 m saut

Le vol le plus long en ski nautique

Freddy Krueger (USA) a couvert une distance de 95,1 m, à Grand Rapids (Michigan, USA), le 7 août 2015. Le 1er mai 2014, il avait déjà réussi le **saut le plus long en ski nautique** : 76,2 m.

INDEX

REMERCIEMENTS

Éditeur en chef
Craig Glenday

Responsable éditorial
Stephen Fall

Mise en page
Rob Dimery, Alice Peebles

Responsables de projets
Ben Hollingum, Adam Millward

Éditeur Jeux vidéo
Stephen Daultrey

Relecteurs/Réviseurs
Ben Way, Matthew White

Indexation
Marie Lorimer

Responsable de l'iconographie et du graphisme
Michael Whitty

Éditeur iconographe
Fran Morales

Recherches Iconographiques
Saffron Fradley, Wilf Matos

Chercheurs de talents
Jenny Langridge, Victoria Tweedy

Conception graphique
Christian Gilliham (CGcreate),
Paul Wylie-Deacon, Richard Page
at 55design.co.uk

Maquettistes
Billy Waqar, Sue Michniewicz,
Jim Howard, Robin Stannard

Directeur général de l'édition
Jenny Heller

Directeur des acquisitions
Patricia Magill

Responsable de la production éditoriale
Jane Boatfield

Assistant de production éditoriale
Thomas McCurdy

Consultants de production
Roger Hawkins, Dennis Thon

Impression et façonnage
MOHN Media Mohndruck GmbH,
Gütersloh, Allemagne

Création de la couverture
Paul Deacon

Production de la couverture
Spectratek Technologies, Inc (Terry Conway et Mike Foster), API Laminates Ltd (Steven Emsley), GT Produktion (Bernd Salewski)

Reprographie
Res Kahraman de Born Group

Photographies originales
Richard Bradbury, Al Diaz, James Ellerker, Carley Garantziotis, Paul Michael Hughes, Ranald Mackechnie, Kevin Scott Ramos

Nous dédions ce livre à la mémoire de Kenneth Crutchlow, fondateur de l'Ocean Rowing Society

Les records ne sont faits pour être battus ; en effet, c'est l'un des critères clés pour composer une catégorie de record. Aussi, si vous pensez pouvoir battre un record, informez-nous en et présentez votre candidature. Contactez-nous toujours avant de vous lancer dans une tentative de record.

Retrouvez régulièrement sur le site www. guinnessworldrecords.com des informations sur les records et des vidéos des tentatives de record. Rejoignez la communauté en ligne GWR.

Développement durable
Le papier utilisé pour cette édition est fabriqué par UPM Plattling, Allemagne. Le site de production bénéficie d'une certification forestière et ses activités de la certification ISO14001, ainsi que du certificat EMAS.

Les papiers UPM sont d'authentiques produits Biofore, issus de matériaux renouvelables et recyclables.

Pour l'édition française

Responsable éditoriale : Anne Le Meur

Réalisation : Dédicace/NordCompo (Villeneuve-d'Ascq)

Traduction : Olivier Cechman, Karine Descamps, Charlotte Faraday, Alice Gallori, Cécile Giroldi, Laurent Laget, Armelle Lebrun, Agnès Letourneur, Guillaume Marlière, Christine Mignot, Anne-Marie Naboudet-Martin

Relecture : Anne-Fleur Drillon et Odile Raoul

Guinness World Records Limited a recours à des méthodes de vérication très précises pour certifier les records. Malgré ses efforts, des erreurs peuvent subsister. Guinness World Records Limited ne peut être tenu pour responsable des erreurs ou omissions que comporterait cette édition. Toute correction ou précision de la part des lecteurs est bienvenue.
Guinness World Records Limited utilise le système métrique dans cette édition. Pour la conversion des monnaies, lorsqu'une date précise est indiquée, nous appliquons le taux de change en vigueur à l'époque. Si seule l'année est mentionnée, nous appliquons le taux de change au 31 décembre de l'année. Il est important de prendre conseil auprès de personnes compétentes préalablement à toute tentative de record. Les candidats agissent à leurs risques et périls. Guinness World Records Limited conserve l'entière liberté d'inclure ou non un record dans ses ouvrages. Être détenteur d'un record ne garantit pas sa mention dans une publication de GuinnessWorld Records.

SIÈGE SOCIAL
Président-directeur général : Alistair Richards

Administration
Directeur financier : Alison Ozanne
Contrôleur financier : Andrew Wood
Responsable des comptes débiteurs : Lisa Gibbs
Comptable assistant : Jess Blake
Responsable des comptes créditeurs : Victoria Aweh
Comptabilité : Shabana Zaffar, Daniel Ralph
Responsable des analyses de ventes : Elizabeth Bishop
Directeur des affaires juridiques et commerciales : Raymond Marshall
Responsable des affaires juridiques et commerciales : Terence Tsang
Assistant des affaires juridiques et commerciales : Xiangyun Rablen
Directeur des ressources humaines : Farrella Ryan-Coker
Assistant des ressources humaines : Mehreen Saeed
Responsable administratif : Jackie Angus
Directeur informatique DSI : Rob Howe
Responsable du développement informatique : James Edwards
Développeur : Cenk Selim
Développeur assistant : Lewis Ayers
Support informatique : Ainul Ahmed/Alpha Serrant-Defoe
Directeur général des records : Marco Frigatti
Responsables de la gestion des catégories de record : Jacqui Sherlock/Shantha Chinniah
Responsable base de données et recherches : Carim Valerio
Responsables des records : Adam Brown, Corrinne Burns, Sam Golin, Victoria Tweedy, Tripp Yeoman
Consultants pour les records : Sam Mason, Tom Ibison

Stratégie de marque mondiale
Directeur général de la stratégie de marque mondiale : Samantha Fay

Marketing mondial
Directrice du marketing mondial : Katie Forde
Directeur de ka programmation TV et des ventes de programmes : Rob Molloy
Responsable de distribution audiovisuelle : Paul Glynn
Responsable du contenu audiovisuel : Jonathan Whitton
Responsable marketing des produits numériques : Veronica Irons
Éditeur Web : Kevin Lynch
Responsable des réseaux sociaux : Dan Thorne
Producteur de vidéos numériques : Matt Musson
Rédacteur Web : Rachel Swatman
Responsable Brand & Consumer Product : Lucy Acfield
Conception graphique : Rebecca Buchanan Smith
Assistant de conception graphique : Edward Dillon
Assistant marketing : Victor Fenes

EMEA & APAC
Directeur général EMEA APAC : Nadine Causey
Directeur de la création : Paul O'Neill
Responsable du développement des attractions : Louise Toms
Directeur relations presse : Jakki Lewis
Responsable relations presse : Doug Male
Publiciste : Madalyn Bielfeld
Responsable relations presse B2B : Melanie DeFries / Juliet Dawson
Attaché de presse RU & International : Amber-Georgina Gill
Directeur du marketing : Justine Tommey
Responsable Marketing B2B : Mawa Rodriguez
Responsable Marketing B2C : Christelle Betrong
Chargée de Marketing de contenu : Imelda Ngouala
Directeur des ventes livre : John Pilley
Responsable des ventes et de la distribution : Richard Stenning
Responsable des licences (édition) : Emma Davies
Directeur des comptes clés et licences : Sam Prosser
Responsables comptes clients : Lucie Pessereau, Jessica Rae, Inga Rasmussen, Sadie Smith
Assistant compte clients : Fay Edwards
Représentant commercial, Inde : Nikhil Shukla
Responsable pays, MENA : Talal Omar
Directeur RMT, MENA : Samer Khallouf
Responsable marketing B2B, MENA : Leila Issa
Responsable compte clé, MENA : Khalid Yassine
Directeur de la gestion des records, Europe & APAC : Ben Backhouse
Responsables des records : Mark McKinley, Christopher Lynch, Matilda Hagne, Antonio Gracia, Daniel Kidane
Responsables des services clients : Louise McLaren/Janet Craffey
Responsable de projet senior : Alan Pixsley
Responsable de projet : Paul Wiggins, Paulina Sapinska
Juges officiels : Ahmed Gamal Gabr, Anna Orford, Glenn Pollard, Jack Brockbank, Kimberley Dennis, Lena Kuhlmann, Lorenzo Veltri, Lucia Sinigagliesi, Pete Fairbairn, Pravin Patel, Rishi Nath, Şeyda Subaşı Gemici, Sofia Greenacre, Solvej Malouf, Swapnil Dangarikar

AMÉRIQUES
Directeur général Amérique : Peter Harper
Directeur général Marketing & Ventes : Keith Green
Directeur Amérique latine : Carlos Martinez
Directeur RMT – Amérique du Nord : Kimberly Partrick
Responsables seniors des comptes clients : Nicole Pando, Ralph Hannah
Directeur services clients : Amanda Mochan

Responsables des comptes clients : Alex Angert, Lindsay Doran, Lisa Tobia, Giovanni Bruna
Responsable de projets : Casey DeSantis
Responsable des relations presse : Kristen Ott
Coordinateur des relations presse : Sofia Rocher
Marketing B2B : Tavia Levy
Responsable des ventes (édition) : Lisa Corrado
Responsable des records : Michael Furnari, Hannah Ortman, Kaitlin Holl, Raquel Assis, Sarah Casson
Responsable des ressources humaines : Kellie Ferrick
Juges officiels : Christina Flounders Conlon, Evelyn Carrera, Jimmy Coggins, Michael Empric

JAPON
Directeur général Japon : Erika Ogawa
Administrateur : Fumiko Kitagawa
Directeur RMT : Kaoru Ishikawa
Responsable de projets : Aya McMillan
Responsable des records : Mariko Koike, Yoko Furuya
Conception graphique : Momoko Cunneen
Responsable des relations presse et de la promotion des ventes : Kazami Kamioka
Responsable des relations presse : Sawako Wasada
Responsable des contenus numériques et éditoriaux : Takafumi Suzuki
Directeur commercial et marketing : Vihag Kulshrestha
Assistant de marketing : Asumi Funatsu
Responsable comptes clés : Takuro Maruyama
Assistant comptes clés : Daisuke Katayama
Responsable des comptes clés & coordinateur événementiel : Minami Ito
Juges officiels : Justin Patterson, Mai McMillan, Rei Iwashita, Gulnaz Ukassova

CHINE & TAÏWAN
Président : Rowan Simons
Directeur commercial : Blythe Fitzwiliam
Responsable senior des comptes clés : Catherine Gao, Lessi Li
Responsable des comptes clés : Chloe Liu
Responsable numérique : Jacky Yuan
Directeur RMT : Charles Wharton
Responsable des records : Alicia Zhao
Consultant records : Lisa Hoffman
Responsable des relations extérieures : Dong Cheng
Responsable des records/coordinateur de projets : Fay Jiang
Responsable des ressources humaines : Tina Shi
Assistant administratif : Kate Wang
Directeur marketing : Wendy Wang
Responsable marketing B2B : Iris Hou
Assistant marketing : Tracy Cui
Directeur de contenu : Angela Wu
Juges officiels : Brittany Dunn, Joanne Brent, John Garland

Remerciements
Guinness World Records adresse ses remerciements pour leur aide dans la réalisation de cette édition à :

Professeur Gregory Ablavsky (Stanford Law School) ; Hans Åkerstedt (vice-président, Ballooning Commission (CIA), FAI Fédération Aéronautique Internationale) ; Dr Buzz Aldrin ; Andrea Bánfi ; Oliver Beatson ; Bechallenged (Australie) ; Tom Beckerlegge ; Akenabah Begay (US Census Bureau/Bureau du recensement des États-Unis) ; Jacques Berlo ; Bizgroup (ARE) ; Casey Blossom (LEGO®) ; Bluehat Group (Fiona Craven) ; Brandon Boatfield ; Joseph Boatfield ; Luke Boatfield ; Ryan Boatfield ; Charlie Bolden (NASA) ; Brighouse High School ; Rick Broadhead ; Saul Browne ; Alex Burrow ; Dr Randall Cerveny (Organisation météorologique mondiale) ; Katie Clark ; Prof John Collier (Central Laser Facility) ; Creative Urban Projects Inc. ; Nedra Darling (Bureau of Indian Affairs) ; Mrs M E Dimery ; Marcus Dorsey ; Joshua Dowling ; Roger Edwards (NOAA) ; Erden Eruç ; European Space Agency (Jules Grandsire, Alessandra Vallo), Benjamin Fall ; Rebecca Fall ; Jonathan de Ferranti ; FJT Logistics Ltd (Ray Harper, Gavin Hennessy) ; Forncett St Peter CE VA Primary School ; Filomena Gallo ; Marshall Gerometta ; Sam Gibbes (GIS Research Associate, World Resources Institute) ; Damien Gildea ; Jordan Greenwood ; Victoria Grimsell ; Chris Hadfield (Cheryl-Ann Horrocks, Julia Ostrowski) ; Markus Haggeney (directeur Sports et Marketing, FAI Fédération Aéronautique Internationale) ; Sophie Alexia Hannah ; Amy Cecilia Hannah ; Haven Holidays (Lucy Bargent, Steve Donnelly et Danny Hickson) ; Bob Headland ; The Himalayan Database ; Tamsin Holman ; Marsha K Hoover ; Alan Howard ; Dora Howard ; Tilly Howard ; Colin Hughes ; Integrated Colour Editions Europe (Roger Hawkins, Susie Hawkins) ; Invisible Means Management (David Ross) ; Res Kahraman ; Harry Kikstra ; Christina Korp ; Megan Krentz (WhiteWater) ; Denise Lalonde ; Kristina Langenbuch ; Orla Langton ; Thea Langton ; Frederick Horace Lazell ; LEGO® (LEGO, BIONICLE et LEGO Minifigure sont des marques déposées du groupe LEGO, reproduites ici avec son autorisation) ; Wolfgang Lintl (Président, Microlight and Paramotor Commission (CIMA), FAI Fédération Aéronautique Internationale) ; Rüdiger Lorenz ; Bruno MacDonald ; Alexander, Dominic et Henrietta Magill ; Christian de Marliave ; Chris Martin ; Missy Matilda ; Dave McAleer ; Prof John Monterverdi (San Francisco State University) ; Steven Munatones (Open Water Source) ; Glen O'Hara ; Oakleigh Park School of Swimming (notamment Jamie, Matt et Polly) ; OK Go (Bobbie Gale) ; Robert Pearlman (collectSPACE.com) ; Teddi Penland (Bureau d'Indian Affairs) ; Rachael Petersen (Research Analyst, World Resources Institute) ; Play With A Purpose (USA) ; Carmen Alfonzo Portillo ; Winter D Prosapio (Schlitterbahn Waterparks and Resorts) ; James Proud ; Robert Pullar ; Martyn Richards ; Perry Riggs (Navajo Nation Washington Office) ; Ripley Entertainment (Phyllis Calloway, John Corcoran, Lydia Dale, Brian Garner) ; Eric Sakowski ; Tore Sand ; Susanne Schödel (Secrétaire général, FAI Fédération Aéronautique Internationale) ; Milena Schoetzer (Coordinateur, FAI Fédération Aéronautique Internationale) ; Dr Nancy Segal ; Natasha Sheldon ; Bill Slaymaker ; Glenn Speer ; Bill Spindler ; Spotify (Alison Bonny et Martin Vacher) ; St Chads CE VA Primary School ; Ray Stevenson ; SynCardia Systems Inc. (Don Isaac) ; Martyn Tovey ; Julian Townsend ; Steven Trim BSc CBiol MRSB (Venomtech Limited) ; Bon Verweij ; Clemens Voigt ; Rich Walker ; Wensum Junior School ; Sevgi et Lara White ; WhiteWater West Industries Ltd (Megan Krentz) ; Beverley Williams ; WKF (Sara Wolff) ; World Puzzle Federation (Hana Koudelkova) ; Stephen Wrigley ; Madeleine Wuschech ; Garrett Wybrow

CRÉDITS ICONOGRAPHIQUES

4 Ludi Franck ; 5 Alamy ; Bill Slaymaker ; NASA ; 6 Phil Uhl ; 7 Jean-Christian Bonnici ; 8 Raul Sifuentes ; 9 Matt Alexander ; 10 Ranald Mackechnie/GWR, NASA ; 11 NASA, National Geographic, NASA ; 12 NASA, Macmillan ; 13 NASA, YouTube ; 14 NASA ; 16 Alamy, NASA ; 17 NASA, Science Photo Library, Ian Bull ; 18 ESO, NASA ; 19 Skyhawk 92, NASA ; 20 AP/PA, JHUAPL, NASA, Alamy ; 21 NASA, AP/PA ; 22 Getty, Alamy, NASA, Bill Slaymaker ; 23 NASA ; 24 NASA ; 25 NASA ; 26 Paramount, Instituto de Astrofísica de Canarias, Alamy ; 27 NOAO, NASA, ESO ; 28 Rex Features ; 29 Caters ; 30 Alamy, NASA ; 31 Alamy ; 32 Getty, Alamy ; 33 AP/PA, Getty, Alamy, Reuters ; 34 Alamy ; 35 NOAA, Mick Petroff, Alamy ; 36 Alamy, Gunter Welz, Getty ; 37 Alamy, Getty ; 38 Alamy ; 39 Alamy, US Navy ; 40 Operation Canopée – French Guyana 96, Alamy ; 41 Alamy, Survival International ; 42 Duesentrieb, Rajani Kurup, Alamy ; 43 Alamy, Gina Hamilton, Alamy ; 44 Andrey Gudkov ; 46 Alamy, Shutterstock ; 47 EPA, Alamy, Shutterstock, Shutterstock ; 48 Will Ericson/California Academy of Sciences, Alamy, Science Photo Library, Zach Lieberman/California Academy of Sciences ; 49 Robert Harding, Corbis, Nature PL, Geoff Gallice, Science Photo Library ; 50 Alamy, BNPS ; 51 Nature PL, Alamy, FLPA ; 52 Alamy, Corbis, James Ellerker/GWR ; 53 Alamy ; 54 Alamy, PA ; 55 Alamy, Ardea, Rex ; 56 Knud Andreas, Alamy ; 57 Alamy ; 58 Alamy, Nature PL ; 59 Corbis, Alamy ; 60 Ardea, FLPA, Shutterstock ; 61 Corbis, Ardea, Matjaž Kuntner, Photoshot, Nature PL ; 62 Alamy, Nobumichi Tamura ; 63 The Judith River Foundation, University of Colorado Boulder, Science Photo Library, Alamy ; 64 Carley Garantziotis/GWR, James Ellerker/GWR, Paul Michael Hughes/GWR ; 65 Al Diaz/GWR, Richard Bradbury/GWR, Paul Michael Hughes/GWR ; 66 Al Diaz/GWR, Richard Bradbury/GWR ; 67 Caters, Paul Michael Hughes/GWR ; 68 Richard Bradbury/GWR ; 70 Science Photo Library, Alamy ; 71 Alamy ; 72 Al Diaz/GWR, Paul Michael Hughes/GWR, Richard Bradbury/GWR ; 73 Javier Pierini/GWR, Paul Michael Hughes/GWR, Ranald Mackechnie/GWR ; 74 AP/PA ; 75 Getty, AP/PA ; 76 Dvir Rosen/GWR, Philip Robertson ; 77 SWNS, Mitchell Herbel, NASA ; 78 YouTube, Gerry Penny ; 79 AP/PA ; 80 Ranald Mackechnie/GWR, Kevin Scott Ramos/GWR, Paul Michael Hughes/GWR, John Wright/GWR, Owee Salva/GWR ; 81 Paul Michael Hughes/GWR, James Ellerker/GWR, Paul Michael Hughes/GWR ; 84 Richard Bradbury/GWR, Drew Gardner/GWR, Richard Bradbury/GWR, Alamy ; 85 Alamy, Ryan Schude/GWR, Richard Bradbury/GWR, Kevin Scott Ramos/GWR ; 86 Richard Bradbury/GWR ; 87 Luis Miranda, Dragos Toader ; 88 Alamy ; 89 Kevin Fortey, Rex ; 90 Christie's, Alamy ; 91 Alamy, Silvia Morara/GWR, Alamy ; 92 Al Diaz/GWR ; 93 Al Diaz/GWR ; 94 Danny Moloshok, Jaroslaw Nogal ; 95 Reuters ; 96 Alison Taggart-Barone ; 97 Corbis, Glenn Murphy, Paul Clarke ; 98 Kevin Scott Ramos/GWR ; 99 Richard Bradbury/GWR, James Ellerker/GWR ; 100 Kevin Scott Ramos/GWR ; 101 Alamy, Ranald Mackechnie/GWR ; 102 Susan Warner ; 103 Richard Bradbury/GWR ; 104 NASA ; 106 Rob Casserley, Reuters, Alamy, Getty, iStock ; 107 James Ellerker/GWR, Alamy, Shutterstock, Gear Patrol ; 108 Alamy ; 109 Alamy, Alamy, Getty, NASA, AP/PA ; 110 Alamy, Getty, National Geographic ; 111 Alamy, Getty, AP/PA ; 112 AP/PA, NASA, Getty, Alamy ; 113 AP/PA, Reuters, Getty ; 114 Reuters, Ryan Schude/GWR ; 115 Shinsuke Kamioka/GWR, Getty, Reuters ; 116 AP/PA ; 117 Alamy, Paul Michael Hughes/GWR, Alamy, Ted Martin ; 118 Richard Bradbury/GWR ; 120–127 Paul Michael Hughes/GWR ; 128–129 Richard Bradbury/GWR ; 131 Richard Bradbury/GWR, Shutterstock ; 132 Michel Bega, Richard Bradbury/GWR ; 133 Red Bull ; 134 John Wright/GWR ; 135 Richard Bradbury/GWR, Lucas Santucci ; 136 Paul Michael Hughes/GWR, Sam Christmas/GWR, Shutterstock ; 137 Paul Michael Hughes/GWR, Frank Packer ; 138 Paul Michael Hughes/GWR ; 140 NASA ; 141 AP/PA, Alamy, eBay ; 142 Ranald Machechnie/GWR, Sculpture Studios, Alamy ; 143 Alamy ; 144 Alamy, Richard Bradbury/GWR ; 145 AP/PA ; 146 YouTube, Marc Jacquemin ; 147 Purdue News Service ; 148 Christie's, Alamy, Vectis Auctions ; 149 Ranald Mackechnie/GWR, Alamy ; 152 Nick Gillott, Alamy ; 153 Alamy, Andrew Towe Parkway Photography, Rex, Paul Michael Hughes/GWR ; 154 Ryan Schude/GWR, Kevin Scott Ramos/GWR, Paul Michael Hughes/GWR ; 155 Paul Michael Hughes/GWR, James Ellerker/GWR, Ryan Schude/GWR ; 156 Richard Bradbury/GWR ; 158 iStock, Getty, Alamy ; 159 Alamy, Shutterstock ; 160 Alamy ; 161 Kevin Shea, Alamy ; 162 Alamy ; 163 Alamy ; 164 Alamy, Paul Michael Hughes/GWR ; 166 Alamy ; 167 Alamy, Mikie Farias ; 168 Alamy, Reuters ; 169 Getty, Rex, Alamy ; 170 Lucasfilm ; 172 Shutterstock, UTV, Lucasfilm, Warner Bros./Alamy, Getty, Alamy ; 173 Alamy, MGM/Kobal, Lucasfilm, Disney/Alamy, Summit Entertainment/Alamy, Dreamworks/Alamy, 123RF ; 174 Alamy, Getty ; 175 Alamy, AP/PA ; 176 Photostage, Paul Michael Hughes/GWR, Jessie Chapman ; 177 Alamy, Photostage, Alamy, Alamy, The Rose Theatre ; 178 Getty, Kai_Z_Feng, Alasdair McLellan ; 180 Alex Kirzhner, Getty ; 181 Carsten Windhorst, Getty ; 182 Kobal, Alamy, Lucasfilm ; 183 Lucasfilm, Kobal, MGM Studios ; 184 Alamy ; 185 Alamy, Disney ; 186 Rex, Alamy, Getty ; 187 Getty, Nickelodeon, AMC, HBO ; 188 YouTube, Alamy, Alamy ; 189 Instagram, YouTube, Alamy ; 190 Michael J P Hall ; 192 Alamy, AP/PA, Alamy, Advanced Cell Technology, Twentieth Century Fox, Apple, Shutterstock ; 193 Reuters, Alamy, Kobal ; 195 Gary Marshall ; 196 Apple, HP, Fitbit, Samsung, Garmin, Samsung ; 197 Ian Gavan, KOR-FX, Samsung, Amazon, Apple, LG, Lenovo ; 198 L Xingdu, AP/PA ; 200 Caltech ; 202 NASA ; 203 Laurie Hatch, Getty, Matt Frost ; 204 Reuters, Sean Hawkey, LIGO ; 205 Alamy, Megumu Tsujimoto (NIPR), CERN ; 206 Alamy ; 207 Reuters ; 208 Getty, Alamy, Reuters, Alamy, Shutterstock ; 209 Alamy, Getty, Alamy, Shutterstock ; 210 Getty, Alamy, Reuters ; 211 Alamy, Getty ; 212 Reuters, Photoshot ; 213 Alamy, Getty ; 214 Reuters, Getty ; 215 Getty ; 216 Alamy, AP/PA ; 217 Getty, Alamy ; 218 Red Bull, Reuters, Christian J Stewart, Alamy ; 219 ESPN, Mike Blabac ; 220 Alamy, Reuters, Alamy, AP/PA ; 221 Alamy, Reuters ; 222 Alamy, Getty ; 223 Alamy, Getty, PA, Reuters ; 224 Getty ; 225 Alamy, Reuters ; 226 Alamy, Getty ; 227 Alamy, Reuters, Alamy ; 228 Alamy ; 229 Alamy, Getty ; 230 Reuters, Alamy, Getty ; 231 Reuters, Alamy, Getty ; 232 Alamy, Reuters ; 233 Alamy ; 234 Alamy ; 235 Alamy, Getty ; 236 Daan Verhoeven, Alamy ; 237 Getty ; 238 Alamy ; 239 AP/PA, Getty ; 240 Alamy ; 241 ESPN ; 242 (GBR) Paul Michael Hughes/GWR, Stuart Wilson ; 242 (USA) Alamy, ESPN ; 243 (GBR) Steve Haywood, Diana Santamaria, Paul Michael Hughes/GWR ; 243 (USA) ESPN ; 244 (GBR) John Wright/GWR, Alamy ; 244 (USA) Getty, Alamy, Shutterstock ; 245 (GBR) Ranald Mackechnie/GWR, Paul Michael Hughes/GWR, John Wright/GWR, Raul Sifuentes ; 245 (USA) Alamy, The Sporting News Archives, Getty

PAGES DE GARDE

Gardes avant : 1re rangée
1. Le plus grand rassemblement de personnes en robe bavaroise
2. La plus grande course de chameaux
3. Le plus grand bain de balles
4. Le plus de bijoux sur une guitare
5. Le plus grand rassemblement de mariées
6. Le plus de sauts à la corde avec des palmes en 5 minutes
7. Record de temps pour empiler des dominos (équipe de deux personnes)

Gardes avant : 2e rangée
1. Le plus de sauts en parachute en tandem en 24 heures
2. Record de temps de saut à cloche pied sur un tapis roulant de sport
3. La plus grande sculpture de crustacé
4. Le 100 km pieds nus le plus rapide
5. Le plus grand rassemblement de personnes déguisées en princesses
6. Le plus de fleurs cueillies avec la bouche en contorsion arrière en 1 minute
7. Le plus grand rassemblement de pirates

Gardes avant : 3e rangée
1. Le plus grand feu d'artifice
2. Conduite à la plus haute altitude (moto)
3. La plus grande bulle de savon flottante (en intérieur)
4. Le plus grand ensemble de tambours
5. La plus grande collection d'objets Scooby Doo
6. Le plus grand singe en chaussettes
7. Les plus hauts poteaux de rugby

Gardes avant : 4e rangée
1. Le plus long téléphérique à trois câbles
2. La plus grande collection de baumes à lèvres
3. Le plus grand rassemblement de personnes déguisées en Albert Einstein
4. Le plus grand pull tricoté à la main
5. Le 100 m le plus rapide sur rollers avec un ballon de foot en équilibre sur la tête
6. Jonglage avec le plus de tasses shakers
7. Le plus de marches montées à vélo

Gardes avant : 5e rangée
1. Le 1er duo père et fille à faire l'ascension de l'Everest
2. La plus grande image en feu en utilisant des torches
3. Le plus de boîtes de céréales renversées
4. Le plus de cravates portées en même temps
5. Record de temps pour faire tourner un ballon de basket sur une brosse à dents

Gardes arrière : 1re rangée
1. La plus grande sculpture en fromage
2. Le plus de motos passant sur un corps couché sur un lit de clous (en 2 minutes)
3. La plus grande démonstration d'acrobaties aériennes
4. Le plus long club de golf utilisable
5. Le plus long paddleboard (SUP) dirigée par un homme et un chien sur une rivière
6. Le plus de demoiselles d'honneur pour une mariée
7. La figure de limbo skating la plus basse réalisée sur plus de 25 m

Gardes arrière : 2e rangée
1. La plus longue marche sous l'eau en prenant une seule respiration
2. Le plus grand château de cartes en 12 heures
3. Le plus long temps à contrôler un ballon de foot avec la plante des pieds en étant sur le toit d'une voiture en mouvement
4. Le plus de personnes assises sur une chaise
5. La plus haute pile de pancakes
6. La plus grande course de mascottes
7. Le plus de personnes faisant rebondir des balles de tennis sur une raquette

Gardes arrière : 3e rangée
1. Le plus grand parapluie
2. Le plus de tractions avec les petits doigts
3. Le plus haut saut sur un hydrofoil
4. Le plus long trajet en quad conduit sur 2 roues en tandem
5. Le plus de bunny hops consécutifs sur une bicyclette
6. La plus longue écharpe de football
7. La plus longue bicyclette

Gardes arrière : 4e rangée
1. Le plus de personnes sur des monocycles
2. Le plus grand rice cracker
3. Le plus d'adversaires simultanés au Scrabble
4. La plus grande image projetée
5. La plus grande distance parcourue en voiturette de golf
6. Le plus de torches allumées et éteintes en 30 secondes
7. La plus haute colonne de dés sur laquelle a été réalisé un pistol squat

Gardes arrière : 5e rangée
1. Le plus gros cochon tire-lire
2. Le plus long marathon de squash (individuels)
3. La plus longue traîne de mariée
4. Le plus de vendangeurs travaillant en même temps (dans un même champ)
5. le plus grand rassemblement de personnes déguisées en leprechauns d'Irlande

Pour plus d'informations sur ces records,voir **www.guinnessworldrecords/insidecover**

CONTRIBUTEURS

Docteur Mark Aston
FRAS ; CPhys ; MInstP ; Chercheur à l'University College, Londres

Mark est consultant en sciences et technologies pour le *GWR* depuis 2010. Il apporte près de 30 ans d'expérience dans la haute technologie et l'ingénierie pour veiller à ce que les records les plus à la pointe soient corrects et pertinents. Son travail tant pour le monde universitaire que pour les entreprises lui a permis de suivre une grande carrière dans l'optique, un domaine dans lequel il est l'auteur de nombreuses inventions brevetées.

Professeur Iain Borden
BA ; MA ; MSc ; PhD ; Hon FRIBA

Iain est professeur d'architecture et de cultures urbaines, et vice-doyen chargé de la communication à la Bartlett Faculty de l'University College de Londres. Il est l'auteur de plus de 100 livres et articles : de l'architecture à l'urbanisme en passant par la conduite automobile, le cinéma et le skateboard. Cet ancien résident d'Oxford et Los Angeles vit maintenant à Londres.

Dick Fiddy
Auteur et chercheur, Dick s'est spécialisé dans les archives télévisuelles. D'abord scénariste, il a ensuite travaillé comme consultant pour des organismes tels que la BBC et le British Film Institute (BFI).

David Fischer
Depuis 2006, David est consultant senior du *GWR* pour les sports. Il a publié dans *The New York Times* et *Sports Illustrated for Kids*, et a collaboré à *Sports Illustrated*, *National Sports Daily* et NBC Sports. David est l'auteur de *The Super Bowl : The First Fifty Years of America's Greatest Game* (2015) et *Derek Jeter #2 : Thanks for the Memories* (2014). Il était également rédacteur en chef de *Facing Mariano Rivera* (2014).

Mike Flynn
Mike est l'auteur de nombreux best-sellers, de sites Web récompensés et d'expositions avant-gardistes. Ancien conservateur du musée des Sciences de Londres, il a énormément publié dans les domaines suivants : sciences, technologie, mathématiques, histoire, culture populaire et musique. Ses écrits pour les musées sont disponibles sur 3 continents.

Justin Garvanovic
Cofondateur de The Roller Coaster Club of Great Britain en 1988, Justin a ensuite créé le magazine *First Drop* pour les fans de montagnes russes. En 1996, il fonde The European Coaster Club. Justin participe à la conception de nombreuses montagnes russes et photographie les attractions pour divers parcs et fabricants.

Ben Haggar
Né dans une famille de cinéphiles — son arrière-grand-père fut un pionnier du cinéma muet au pays de Galles —, la passion de Ben s'est éveillée après avoir vu *Le Livre de la jungle* à 3 ans, dans le cinéma de son père. Aujourd'hui, il passe toujours le plus clair de son temps à faire des recherches, à écrire et surtout à regarder des films. Il vit actuellement à Londres avec sa femme et 2 chats et s'intéresse à d'obscurs aspects du cinéma européen, japonais, britannique ou mexicain, même si, de son propre aveu, il devrait trouver des activités plus utiles.

Stuart Hampton-Reeves
Stuart est professeur d'études shakespeariennes à l'université de Central Lancashire et directeur de la British Shakespeare Association. Il a signé plusieurs livres sur les œuvres et les représentations de Shakespeare. Stuart est également responsable éditorial de la série de livres *Shakespeare in Practice*. Il écrit par ailleurs régulièrement et anime des conférences sur le barde d'Avon.

Ralph Hannah
Féru de sport et de statistiques depuis son enfance, Ralph conjugue ses passions dans sa fonction de consultant sportif pour le *GWR*. Collaborateur du *GWR* depuis 9 ans, il contribue à l'expansion de l'entreprise en Amérique latine. Ralph vit à Luque (Paraguay) avec sa femme et leurs 2 filles. En tant que fan d'Arsenal, son record préféré reste **l'invincibilité la plus longue en Premier League** : 49 matchs.

Dave Hawksett
Depuis 16 ans, Dave est notre principal contributeur et consultant scientifique. Ayant étudié l'astrophysique et la planétologie, il a une vraie passion pour la vulgarisation scientifique. Fondateur du UK Planetary Forum, il a travaillé pour la télévision et a enseigné. Il a aussi conseillé le gouvernement et l'industrie spatiale.

John Henderson
Cela fait bientôt 40 ans que John est LE spécialiste des mots croisés pour la presse nationale britannique. Il prépare les mots croisés hebdomadaires de l'*Inquisitor* ainsi que ceux liés à des événements particuliers. Il a récemment rejoint l'équipe qui rédige les questions pour l'émission de la BBC *Only Connect*. Il n'a pas remporté le championnat de mots croisés du *Times* aussi souvent que Mark Goodliffe, mais il détient le record du mot croisé du *Times* résolu le plus rapidement, soit 2 min et 53 s.

Eberhard Jurgalski
Depuis l'enfance, Eberhard est fasciné par les montagnes. En 1981, il répertorie officiellement les plus hautes montagnes d'Asie.

Il développe le système d'« Égalité de l'altitude », méthode universelle de classement des chaînes et pics montagneux. Son site Web, 8000ers.com, est devenu la source principale de statistiques consacrées à l'altitude de l'Himalaya et du Karakoram. Il est le coauteur de *Herausforderung 8000er*, le guide faisant autorité sur les 14 sommets mondiaux de plus de 8 000 m.

Rohan Mehra
BSc (Hons) en cybernétique et sciences informatiques ; MSc en science de la communication

Rohan se passionne pour tous les exploits scientifiques et technologiques. Couvrir les records modernes pour le *GWR* est donc un rêve devenu réalité ! Ses vastes connaissances en imprimerie 3D lui ont permis de traiter ce sujet pour le *GWR* cette année. Journaliste scientifique, il aime écrire sur la physique, l'ingénierie et la nature. Il s'intéresse aussi aux sciences dans les pays en développement.

Bruce Nash/ The Numbers
Président de Nash Information Services, LLC, il est le principal fournisseur de statistiques et conseils sur l'industrie du cinéma. Il gère 3 services : The Numbers (www.the-numbers.com), site fournissant le box-office et les statistiques des ventes de vidéo, l'OpusData, services de données cinématographiques, et un service de recherches destiné à toute l'industrie.

Ocean Rowing Society International (ORS Int.)
Elle a été créée en 1983 par Kenneth F. Crutchlow et Peter Bird, rejoints par Tom Lynch et Tatiana Rezvaya-Crutchlow. La société tient un fichier des tentatives de traversées océaniques à la rame (ainsi que des zones maritimes les plus vastes, telles que la mer de Tasmanie ou des Caraïbes, et des expéditions autour des îles Britanniques). L'ORS classe, vérifie et arbitre tous les exploits concernant les traversées océaniques à la rame.

Docteur Paul Parsons
DPhil en cosmologie théorique
Paul dispose de 20 ans d'expérience en tant que journaliste et auteur scientifique. Ancien rédacteur en chef de *Focus,* magazine de la BBC consacré à la science, il est l'auteur de *The Science of Doctor Who* (2006). Il aime appliquer les lois mathématiques et statistiques pour résoudre le plus grand mystère : les courses hippiques.

Docteur Clara Piccirillo
PhD en science des matériaux
Chercheuse en science des matériaux et microbiologie depuis une vingtaine d'années, elle s'intéresse à la vulgarisation scientifique et écrit des articles en ligne sur la recherche, les découvertes scientifiques et leurs applications pratiques dans notre vie quotidienne (www.decodedscience.org/author/clara-piccirillo). Elle collabore avec le *GWR* depuis 4 ans.

James Pratt
Joueur d'échecs de toujours, James était le plus jeune journaliste d'échecs en 1980. Il a été rédacteur en chef pour *The Chess Parrot* et *British Chess Magazine.* Il possède près de 700 livres sur les échecs, chez lui, à Basingstoke (GBR).

Will Shortz
Will est le verbicruciste en chef de *The New York Times,* gourou des énigmes pour la National Public Radio (NPR) et fondateur et directeur de l'American Crossword Puzzle Tournament. Il a fondé le World Puzzle Championship en 1992 et préside la World Puzzle Federation, qui supervise ce tournoi. Il détient le seul diplôme universitaire au monde en énigmatologie, l'étude des énigmes, qu'il a obtenu dans un cursus sur mesure à l'université d'Indiana en 1974. Will est auteur ou rédacteur de plus de 500 livres d'énigmes, dont *Brain Games, The Puzzlemaster Presents* et de nombreux recueils de sudoku.

Docteur Karl P. N. Shuker
BSc (Hons) en zoologie de l'université de Leeds ; PhD en zoologie et physiologie comparative à l'université de Birmingham ; membre de la Zoological Society of London ; membre de la Royal Entomological Society ; membre de la Society of Authors
Karl est zoologiste free-lance, consultant média et auteur de 25 ouvrages et plusieurs centaines d'articles couvrant tous les aspects de l'histoire naturelle. Il s'intéresse plus particulièrement aux animaux atypiques, et surtout aux espèces nouvelles, redécouvertes ou inconnues, et aux animaux incroyables (en termes de records), aux bêtes mythologiques, folkloriques et légendaires.

Matthew White
Consultant du *Guinness World Records* pour la musique, le cricket et le tennis, il a revu près de 36 000 records officiels en 9 éditions (2009-2017) de la **publication annuelle la plus vendue.** Parmi ses préférés figurent pêle-mêle la **plus grande île sur un lac sur une île sur un lac sur une île** (lac Taal aux Philippines), la **plus longue veille assis sur un pilier** (39 ans pour saint Siméon le Stylite !) et tous les records du joueur de cricket des Indes occidentales Chris Gayle. Ne reste plus qu'à trouver un pub où ces questions peuvent tomber pendant un quiz…

Robert D. Young
MA en gérontologie ; MA en histoire
Robert est le consultant senior de *GWR* pour la gérontologie. Il met à jour les listes des personnes les plus âgées du monde pour le Gerontology Research Group (GRG) depuis 1999, et a travaillé avec le Max Planck Institute for Demographic Research et l'International Database on Longevity. En 2015, il devient directeur du Supercentenarian Research and Database Division du Gerontology Research Group. Robert est l'auteur de *African-American Longevity Advantage : Myth or Reality ?* (2009).

CODES DES PAYS

ABW	Aruba	GIB	Gibraltar	PAK	Pakistan
AFG	Afghanistan	GIN	Guinée	PAN	Panama
AGO	Angola	GLP	Guadeloupe	PCN	Pitcairn (îles)
AIA	Anguilla	GMB	Gambie	PER	Pérou
ALB	Albanie	GNB	Guinée-Bissau	PHL	Philippines
AND	Andorre	GNQ	Guinée équatoriale	PLW	Palaos
ANT	Antilles néerlandaises	GRC	Grèce	PNG	Papouasie-Nouvelle-Guinée
ARE	Émirats arabes unis	GRD	Grenade	POL	Pologne
ARG	Argentine	GRL	Groenland	PRI	Porto Rico
ARM	Arménie	GTM	Guatemala	PRK	Corée, République populaire démocratique de
ASM	Samoa américaines	GUF	Guyane française		
ATA	Antarctique	GUM	Guam	PRT	Portugal
ATF	Terres australes et antarctiques françaises	GUY	Guyane	PRY	Paraguay
		HKG	Hong Kong	PYF	Polynésie française
		HMD	Heard-et-McDonald (îles)	QAT	Qatar
ATG	Antigua-et-Barbuda	HND	Honduras	REU	Réunion
AUS	Australie	HRV	Croatie	ROU	Roumanie
AUT	Autriche	HTI	Haïti	RUS	Russie
AZE	Azerbaïdjan	HUN	Hongrie	RWA	Rwanda
BDI	Burundi	IDN	Indonésie	SAU	Arabie saoudite
BEL	Belgique	IND	Inde	SDN	Soudan
BEN	Bénin	IOT	Territoire britannique de l'océan Indien	SEN	Sénégal
BFA	Burkina Faso			SGP	Singapour
BGD	Bangladesh			SGS	Géorgie du Sud et les îles Sandwich du Sud
BGR	Bulgarie	IRL	Irlande		
BHR	Bahreïn	IRN	Iran	SHN	Sainte-Hélène
BHS	Bahamas	IRQ	Irak	SJM	Svalbard et Jan Mayen
BIH	Bosnie-Herzégovine	ISL	Islande		
BLR	Biélorussie	ISR	Israël	SLB	Salomon (îles)
BLZ	Belize	ITA	Italie	SLE	Sierra Leone
BMU	Bermudes	JAM	Jamaïque	SLV	Salvador
BOL	Bolivie	JOR	Jordanie	SMR	Saint-Marin
BRA	Brésil	JPN	Japon	SOM	Somalie
BRB	La Barbade	KAZ	Kazakhstan	SPM	Saint-Pierre-et-Miquelon
BRN	Brunei Darussalam	KEN	Kenya		
BTN	Bhoutan	KGZ	Kirghizstan	SRB	Serbie
BVT	Bouvet (île)	KHM	Cambodge	SSD	Soudan du Sud
BWA	Botswana	KIR	Kiribati	STP	Sao Tomé-et-Principe
CAF	République centrafricaine	KNA	Saint-Christophe-et-Niévès	SUR	Suriname
				SVK	Slovaquie
CAN	Canada	KOR	Corée, République de	SVN	Slovénie
CCK	Cocos (îles)	KWT	Koweït	SWE	Suède
CHE	Suisse	LAO	Laos	SWZ	Swaziland
CHL	Chili	LBN	Liban	SYC	Seychelles
CHN	Chine	LBR	Liberia	SYR	Syrie
CIV	Côte d'Ivoire	LBY	Libye	TCA	Turques-et-Caïques (îles)
CMR	Cameroun	LCA	Sainte-Lucie		
COD	République démocratique du Congo	LIE	Liechtenstein	TCD	Tchad
		LKA	Sri Lanka	TGO	Togo
COG	Congo	LSO	Lesotho	THA	Thaïlande
COK	Cook (îles)	LTU	Lituanie	TJK	Tadjikistan
COL	Colombie	LUX	Luxembourg	TKL	Tokelau
COM	Comores	LVA	Lettonie	TKM	Turkménistan
CPV	Cap-Vert	MAC	Macao	TMP	Timor oriental
CRI	Costa Rica	MAR	Maroc	TON	Tonga
CUB	Cuba	MCO	Monaco	TPE	Taiwan (Taipei chinois)
CXR	Christmas (île)	MDA	Moldavie		
CYM	Caïmans (îles)	MDG	Madagascar	TTO	Trinité-et-Tobago
CYP	Chypre	MDV	Maldives	TUN	Tunisie
CZE	République tchèque	MEX	Mexique	TUR	Turquie
DEU	Allemagne	MHL	Marshall (îles)	TUV	Tuvalu
DJI	Djibouti	MKD	Macédoine	TZA	Tanzanie
DMA	Dominique	MLI	Mali	UGA	Ouganda
DNK	Danemark	MLT	Malte	UKR	Ukraine
DOM	République dominicaine	MMR	Myanmar (Birmanie)	UMI	îles mineures éloignées des États-Unis
		MNE	Monténégro		
DZA	Algérie	MNG	Mongolie		
ECU	Équateur	MNP	Îles Marianne du Nord	URY	Uruguay
EGY	Égypte			USA	États-Unis d'Amérique
ERI	Érythrée	MOZ	Mozambique	UZB	Ouzbékistan
ESH	Sahara occidental	MRT	Mauritanie	VAT	Saint-Siège (Vatican)
ESP	Espagne	MSR	Montserrat		
EST	Estonie	MTQ	Martinique	VCT	Saint-Vincent-et-les-Grenadines
ETH	Éthiopie	MUS	Maurice		
FIN	Finlande	MWI	Malawi	VEN	Venezuela
FJI	Fidji	MYT	Mayotte	VGB	Îles Vierges britanniques
FLK	Îles Malouines (Falkland/Malvinas)	MYS	Malaisie	VIR	Îles Vierges américaines
		NAM	Namibie		
FRA	France	NCL	Nouvelle-Calédonie	VNM	Vietnam
FRG	Allemagne de l'Ouest	NER	Niger	VUT	Vanuatu
FRO	Îles Féroé	NFK	Norfolk (île)	WLF	Wallis-et-Futuna
FSM	Micronésie, États fédérés	NGA	Nigeria	WSM	Samoa
FXX	France métropolitaine	NIC	Nicaragua	YEM	Yémen
		NIU	Niue	ZAF	Afrique du Sud
GAB	Gabon	NLD	Pays-Bas	ZMB	Zambie
GBR	Grande-Bretagne	NOR	Norvège	ZWE	Zimbabwe
GEO	Géorgie	NPL	Népal		
GHA	Ghana	NRU	Nauru		
		NZL	Nouvelle-Zélande		
		OMN	Oman		

DERNIÈRE MINUTE

Les records suivants ont été validés et ajoutés à notre base de données après la clôture officielle des candidatures pour cette année.

Le plus de personnes sous une douche en même temps

331 personnes ont pris une douche simultanément lors d'un rassemblement de Delta Faucet (USA), à Crawfordsville, USA, le 27 juin 2015.

Le plus d'attaques de requin en 1 an

D'après le Dossier international des attaques de requin (ISAF), 2015 a été marqué par 98 attaques non provoquées contre des humains sur 164 incidents. Les attaques sont répertoriées par le Muséum d'histoire naturelle de Floride, à l'université de Floride (USA), sous les auspices de l'American Elasmobranch Society.

Le plus de canettes ventousées sur la tête

Jamie Keeton (USA) s'est fait « ventouser » 8 canettes sur la tête, sur le plateau de *CCTV – Guinness World Records Special*, à Pékin (CHN), le 11 janvier 2016. Jamie aurait une pathologie qui fait que ses pores agissent comme des ventouses.

Le plus grand cours de cuisine à four solaire

4 780 personnes, disposant chacune d'un four solaire, se sont rassemblées pour un cours de cuisine, lors d'un événement organisé par Simplified Technologies for Life et Chamber of Marathwada Industries & Agriculture (tous 2 IND) à Aurangabad (IND), le 12 janvier 2016.

La plus grande collection liée à *La Petite Sirène*

Jacqueline Granda (ECU) possède 874 objets sur *La Petite Sirène* (USA, 1989), répertoriés à Quito (ECU), le 16 janvier 2016.

Le 100 m en saut à la corde le plus rapide

Rohollah Doshmanziari (IRN) a parcouru 100 m en 14,43 s, au stade Shahid Beheshti de Bushehr (IRN), le 21 janvier 2016.

La tour la plus élancée

La British Airways i360 mesure 160,47 m de haut et 3,9 m de large, soit un rapport de 41,15 pour 1, d'après les mesures prises le 26 janvier 2016, à Brighton (GBR).

Le plus vieux cacatoès

Âgé de 32 ans au 27 janvier 2016, Sunshine est le cacatoès le plus vieux. Il vit à Albuquerque (Nouveau-Mexique, USA) avec sa propriétaire, Vickie Aranda (USA), qui l'a acheté en 1983. Depuis, Sunshine et Vickie ne se sont jamais quittés.

Le plus grand igloo

Sponsorisés par Volvo (SWE), les 18 membres de l'équipe Iglu-Dorf (CHE) ont bâti un igloo géant d'un diamètre interne de 12,9 m, à Zermatt (CHE), le 30 janvier 2016.

Le plus long talk-show radio (équipe)

Du 2 au 4 février 2016, Jessy Abu Faysal (LBN) et Amjad Hijazin (JOR) ont tenu l'antenne pendant 60 h, 52 min et 8 s, au studio Sawt El Ghad d'Amman (JOR).

Le plus de tractions en 24 h

Les 6 et 7 février 2016, Joonas Mäkipelto (FIN) a enchaîné 5 050 tractions, au centre commercial Ideapark de Lempäälä (FIN).

La plus grande pile de pancakes

Le 8 février 2016, le Center Parcs Sherwood Forest (GBR) a monté une pile de 1,01 m de pancakes, à Rufford (Newark, GBR). James Haywood et Dave Nicholls (tous 2 GBR) ont cuisiné et empilé 213 pancakes.

La note vocale continue la plus longue

Alpaslan Durmuş (TUR) a tenu une note pendant 1 min et 52 s, au bureau Kipdaş Mühendislik d'Istanbul (TUR), le 8 février 2016.

Le plus de joueurs lors d'un match amical de hockey sur glace

Loblaw Companies Ltd (CAN) a organisé un match avec 433 joueurs, au Richcraft Sensplex d'Ottawa (Ontario, CAN), le 9 février 2016.

Le plus de joueurs lors d'un match de netball

England Netball (GBR) a rassemblé 1 322 joueurs pour un match amical à Londres (GBR), le 15 février 2016.

Le plus grand cours de handball

Ravindra Gaikwad (IND) a donné un cours devant 678 joueurs, à Solapur (Maharashtra, IND), le 28 février 2016

Le burn-out le plus long à moto

Joe Dryden (USA) a réalisé un burn-out de 3,58 km lors du Victory Octane 2017, à l'Orlando Speed World Dragway (Floride, USA), le 29 février 2016.

La tyrolienne la plus longue

The Monster est une tyrolienne au Toro Verde Adventure Park d'Orocovis (PRI) mesurant 2,205 km, soit plus que 20 terrains de football américain. Elle a été inaugurée le 2 mars 2016.

Le plus de passes de rugby en 1 min (à 2)

Drew Mitchell et Matt Giteau (tous 2 AUS) ont fait 98 passes en 60 s, pour *Sky Sports Rugby*, à Toulon (FRA), le 3 mars 2016.

Le même jour, au même endroit, Mitchell a couru le **100 m en sabots le plus rapide** en 14,43 s.

La plus grande course de chameaux

Le 7 mars 2016, 1 108 personnes ont participé à une course de chameaux organisée par le bureau du gouverneur d'Ömnögovi Aimag (MNG), à Dalanzadgad (MNG).

Le plus de pompes en 1 h (femmes)

Eva Clarke (AUS) a effectué 725 pompes en 1 h, à l'Al Wahda Mall d'Abu Dhabi (ARE), le 10 mars 2016.

La plus grande table de pique-nique

Le 11 mars 2016, Flags for Managing et Organizing Exhibitions and Conferences (KWT) ont dévoilé une table de 194,7 m de long, au Kuwait Shooting Club (KWT).

Le plus de joyaux sur une guitare

Aaron Shum Jewelry Ltd (HKG) a disposé 16 033 pierres précieuses sur une Fender Jazz Bass (vérifié à Bâle, CHE, le 11 mars 2016).

Le plus grand marathon (femmes)

19 607 coureuses ont participé au Nagoya Women's Marathon, à Nagoya (JPN), le 13 mars 2016.

La plus grande dégustation de bières

Le 15 mars 2016, The Publican Awards (GBR) a réuni 1 236 amateurs de bières, à Londres (GBR).

Le plus de personnes sur un tableau de tournoi sportif

Le 15 mars 2016, 298 personnes figuraient su un tableau de tournoi, un schéma démontrant la progression des équipes dans une compétition sportive. L'événement était organisé par Bing (USA), à Bellevue (Washington, USA).

Le plus rapide à terminer l'Iditarod Trail

Dallas Seavey (USA) a terminé la course de chiens de traîneaux en 8 jours, 11 h, 20 min et 16 s, à Nome (Alaska, USA), le 15 mars 2016.

Le plus grand château de cartes construit en 12 h

LG Electronics (KOR) et Bryan Berg (USA) ont érigé une tour de cartes de 48 étages en 12 h, à Séoul (KOR), les 15 et 16 mars 2016.

Le plus jeune milliardaire (actuel)

Au 16 mars 2016, la fortune d'Alexandra Andresen (NOR), âgée de 19 ans, était estimée à 1,18 milliard $ par Forbes.

Le plus grand cours de fitness

Balanga City (PHL) a organisé un cours de fitness pour 16 218 personnes, à Bataan (PHL), le 18 mars 2016.

Le plus de cosplays *Doctor Who*

Le 19 mars 2016, la chaîne télé Syfy Latinoamérica (MEX) a réuni 491 personnes déguisées en personnages de *Doctor Who,* au La Mole Comic-Con de Mexico.

Le plus rapide à gonfler un pneu de vélo

Le 20 mars 2016, à Londres (GBR), Steven Smith (GBR) a mis 20,5 s pour gonfler une chambre à air de vélo avec une pompe à main.

Le relais 4 x 50 m haies le plus rapide en unicycle

Le 20 mars 2016, « Voodoo Unicycles » (Jason Auld, Simon Berry, Mike Taylor et Rob Terry, tous GBR), ont terminé un relais 4 x 50 m haies en 1 min et 33,49 s, à Londres (GBR).

La plus grande mosaïque de confettis

Le centre culturel international Kurobe (JPN) a créé une mosaïque en confettis de 32,16 m² dans ses locaux, à Toyama (JPN), le 21 mai 2016.

La plus longue chaîne de papier en 1 h

Une équipe du Hong Kong Jockey Club (HKG) a réalisé une chaîne en papier de 3,74 km, lors du festival Riding High Together, au Sha Tin Racecourse de Hong Kong (CHN), le 26 mars 2016.

Le plus long rail-grind à ski

Le 27 mars 2016, Tom Wallisch (USA) a grindé sur 128,65 m en ski, au Seven Springs Mountain Resort de Seven Springs (Pennsylvanie, USA).

Le plus rapide à vélo sur un mur de la mort

Shanaze Reade (GBR) a roulé à 42,94 km/h sur un mur de la mort, pour l'émission britannique de Channel 4 *Guy Martin's Wall of Death : Live,* à Louth (GBR), le 28 mars 2016.

Le même jour, au même endroit, Guy Martin (GBR) a atteint la **vitesse la plus rapide sur un mur de la mort** : 125,77 km/h sur une moto custom « bitsa » avec un moteur BSA. Il était soumis à une force de 5,2 *g*.

La plus longue ligne de cartes postales

Le Shanghai Town & Country Club (CHN) a aligné 11 863 cartes postales, à Shanghai, le 19 avril 2016.

Réponse à l'énigme de la p. 151.

Le **plus de matchs comme titulaire en Premier League** est de 572, pour Gareth Barry (GBR), avec Aston Villa, Manchester City et Everton, du 2 mai 1998 au 11 mai 2016

Le plus de jeux télévisés produits

Au 31 mars 2016, Harry Friedman (USA) avait produit 11 128 jeux télévisés, à Los Angeles (Californie, USA).

Le plus grand chandelier floral

National Parks Board (SGP) a créé une décoration florale de 16,84 m de long sur 10,29 m de large et 8,16 m de haut. Composé de 60 000 fleurs, le chandelier a été monté au Marina Square Atrium de Singapour, le 1er avril 2016.

La plus grande empreinte digitale humaine

Storebrand Livsforsikring (NOR) a disposé 313 personnes en forme d'empreinte digitale, à Fornebu (NOR), le 2 avril 2016.

Le plus vieux chat vivant

Scooter (né le 26 mars 1986) avait 30 ans et 13 jours, au 8 avril 2016. Il vit avec son propriétaire, Gail Floyd (USA), à Mansfield (Texas, USA).

Le plus grand « bobblehead »

Haute de 4,69 m, la figurine « bobblehead » d'un Saint-Bernard a été dévoilée le 8 avril 2016, à Orlando (Floride, USA). Elle a été créée par le studio Dino Rentos pour le courtier en assurance Applied Underwriters (tous 2 USA).

Le plus de personnes en train de coudre

Le 9 avril 2016, 606 personnes se sont réunies pour coudre, lors d'un événement de Mostwell Sdn Bhd (MYS), à l'Auditorium Cempaka Sari de Putrajaya (MYS).

Le plus grand gâteau végétalien

Essentis Biohotel Berlin (DEU) a cuisiné un gâteau végétalien de 388,9 kg, à Berlin (DEU), le 9 avril 2016. Il aura fallu 31 personnes et 26 h.

Le plus grand club de golf utilisable

Le 9 avril 2016, un club de 7,65 m de long a été réalisé par Ashrita Furman (USA), puis mesuré et utilisé à Jamaica (New York, USA).

Le plus long visionnage de télé

Alejandro « AJ » Fragoso (USA) a regardé la télé pendant 94 h, à New York (USA), le 12 avril 2016.

Le trou le plus rapide en golf (équipe de 4)

Raphaël Jacquelin, Alex Lévy, Grégory Havret et Romain Wattel (tous FRA) n'ont mis que 34,87 s pour jouer le 4e trou du parcours de Valderrama, à Sotogrande (ESP), le 12 avril 2016.

Le véhicule le plus lourd déplacé en bras de fer

Kevin Fast (CAN) a tiré un camion de pompier de 14 470 kg sur 30,4 cm avec le bras, coude pausé sur une table de bras de fer, à Cobourg (Ontario, CAN), le 13 avril 2016.

Le plus de bougies allumées sur un gâteau

Le 13 avril 2016, Mike's Hard Lemonade (USA) a allumé 50 151 bougies sur un gâteau, à Los Angeles (USA).

La plus grande barre chocolatée

Čokoladnica Cukrček (SVN) a préparé une barre chocolatée de 142,32 m², mesurée à Radovljica (SVN), le 15 avril 2016.

Le plus grand cours de merengue

Le merengue est une danse dominicaine. Osteo Bi-Flex (USA) a organisé un cours avec 252 participants, au Fremont Street Experience de Las Vegas (Nevada, USA), le 15 avril 2016.

Le plus grand matelas à ressorts

Lijun Hou et son équipe (tous CHN) ont construit un matelas à ressorts de 20 m sur 18,18 m. Il a été mesuré à Harbin (Heilongjiang, CHN), le 15 avril 2016.

Le plus grand lancer de frisbees

Le 16 avril 2016, 958 personnes ont lancé leur frisbee, à Miura (Kanagawa, JPN), lors d'un événement organisé par le comité exécutif de Miura Beach 900 Challenge (JPN).

Le plus de balles de golf frappées en 30 s

Ashrita Furman (USA) a frappé 94 balles de golf avec un club en 30 s, à Jamaica (New York, USA), le 16 avril 2016.

La plus grosse profiterole

L'Associazione Conserva, en partenariat avec Etica Del Gusto, Despar, Uova Pascolo Fantoni et Crespi (tous ITA), a dévoilé une profiterole de 150 kg, au Gemona del Friuli, à Udine (ITA), le 17 avril 2016.

Le plus de personnes jouant du boomwhacker

Les boomwhackers sont des tubes de plastique creux de différentes longueurs produisant des notes de musique. P&G European Planning Service Center (POL) a rassemblé 661 personnes, chacune équipée d'un tube, pour jouer *Eye of the Tiger*, à Serock (POL), le 18 avril 2016.

Le plus grand pain naan

Loblaw Companies Ltd (CAN) a confectionné un naan de 32 kg, à Toronto (Ontario, CAN), le 19 avril 2016. Le pain mesurait 4,96 m de long et 1,26 m de large.

La plus vieille bouteille à la mer

Le 20 avril 2016, il a été annoncé qu'une bouteille contenant un message avait été retrouvée le 17 avril 2015 sur l'île d'Amrum (DEU), après 108 ans et 138 jours passés en mer. La bouteille avait été larguée en mer du Nord par la Marine Biological Association (GBR), le 20 novembre 1906. À l'intérieur, une carte postale demandait à ce que la carte soit renvoyée à l'association lors de sa découverte.

Le 1er à grimper les 7 sommets et à traverser les 7 mers

Martin Frey (USA) a escaladé le plus haut sommet de chaque continent du 21 août 2005 au 5 décembre 2012, puis traversé les 7 mers à la voile, du 25 février 2013 au 17 avril 2016.

Le plus de personnes faisant des s'mores en même temps

Le 21 avril 2016, à Huntington Beach (Californie, USA), 423 personnes ont préparé des s'mores, des marshmallows grillés surmontés de chocolat entre deux crackers. L'événement était sponsorisé par Hollister et SeriousFun Children's Network (USA).

La plus grande vague surfée (non tracté)

La plus grande vague surfée mesurait 19,2 m du creux à la crête, par Aaron Gold (USA), au large de Maui (Hawaï, USA), le 15 janvier 2016. Un exploit confirmé lors du gala 2016 World Surf League Big Wave Awards, au Grove Theater d'Anaheim (Californie, USA), le 24 avril 2016.

Les 1ers jumeaux nés dans des pays différents

Katherine Joanne Baines (née Roberts) et Heidi Hilane Gannon (toutes 2 GBR) sont nées le 23 septembre 1976. Heidi est arrivée à 9 h 05 au Welshpool Hospital, au pays de Galles, Jo à 10 h 45 après que leur mère a été transportée au Royal Shrewsbury Hospital, en Angleterre, suite à des complications. En avril 2016, le Dr Nancy Segal, professeure de psychologie et directrice du Twin Studies Center à la California State University, a confirmé que les jumelles étaient identiques.

La plus grande compétition de robots

VEX Worlds (USA) a attiré 1 075 équipes à son tournoi annuel de robots, à Louisville (Kentucky, USA), du 20 au 23 avril 2016. Venant de 30 pays, les équipes étaient composées d'élèves et d'étudiants de la primaire à l'université.

Le plus rapide au marathon de Londres (hommes)

Eliud Kipchoge (KEN) a terminé le marathon de Londres Virgin Money 2016 en 2 h, 3 min et 5 s, à Londres (GBR), le 24 avril 2016.

Le cinéma en fonction depuis le plus longtemps

Le State Theatre de Washington (Iowa, USA) a ouvert le 14 mai 1897 et n'a cessé de fonctionner depuis 118 ans et 348 jours au 26 avril 2016.

Le 50 m le plus rapide sur les mains, un ballon de foot entre les jambes

Zhang Shuang (CHN) a parcouru 50 m sur les mains, en tenant un ballon entre les jambes, en 26,09 s. Il a réalisé ce record à la China West Normal University de Nanchong (Sichuan, CHN), le 30 avril 2016.

Le plus d'albums dans le Top 10 américain

Au 14 mai 2016, Prince (né Prince Rogers Nelson, USA) comptait 5 albums dans le top 10 du *Billboard 200* : *The Very Best of Prince* (no 2), *Purple Rain* (no 3), *The Hits/ The B-Sides* (no 4), *Ultimate* (no 6) et *1999* (no 7). Pendant la semaine du 21-28 avril 2016, 4,41 millions de disques (albums et singles) de Prince se sont vendus aux États-Unis après l'annonce du décès de la star, chez lui, à Paisley Park (Minnesota, USA), le 21 avril 2016, à l'âge de 57 ans.

La meilleure progression d'un club de Premier League sur 2 saisons

Leicester City FC (GBR) avait fini 14e de la saison 2014/ 2015 de Premier League. Le 2 mai 2016, les « Foxes » ont été sacrés champions d'Angleterre, soit une progression de 13 places.

Le plus de nominations aux Tony Award pour une comédie musicale

Hamilton, la comédie musicale de Lin-Manuel Miranda (USA) sur la vie du père fondateur des États-Unis Alexander Hamilton, a reçu 16 nominations au 3 mai 2016.

La personne la plus âgée en vie

Au jour de la mise sous presse (12 mai 2016), Susannah Mushatt Jones (née le 6 juillet 1899), dernière Américaine née au xixe siècle, s'est éteinte à l'âge de 116 ans et 311 jours. Le consultant Robert Young recherche son successeur, qui pourrait être Emma Morano Martinuzzi (ITA, née le 29 novembre 1899), âgée de 116 ans et 165 jours au 12 mai.